科学的実在論を擁護する

Defending Scientific Realism

Kazuhisa Todayama
戸田山和久——著

名古屋大学出版会

科学的実在論を擁護する

目　次

序　章　科学的実在論論争とは何か——論争の原型

本章では二つのことを目指そう。第一に、科学的実在論論争とは何をめぐるどのような論争なのかを明確にする。第二に、論争のルーツを遡り、それが近代科学の発生にも、その後の展開にも深く関わりを持つ重要問題であったことを明らかにする。

一　科学的実在論論争とは何か

（1）素朴な科学的実在論

まず、一般向け科学雑誌などでよく見かける科学的説明の例から出発しよう。水の融点や沸点は異常に高いことが知られている。一気圧の下では、融点は〇℃で、沸点は一〇〇℃だ。これは、同じくらいの分子量のほかの物質に比べて、どちらもきわめて高い。たとえばメタンの沸点は、マイナス一六〇℃くらい、融点はマイナス一八〇℃くらいである。メタンに比べたら、水は沸点も融点もとんでもなく高いことになる。どうして水はそのような性質を持っているのだろう。それはおおむね次のように説明される。

図1の左が水（H_2O、Hが水素原子、Oが酸素原子）の分子モデル、右はメタン（CH_4、Cが炭素原子）の分子

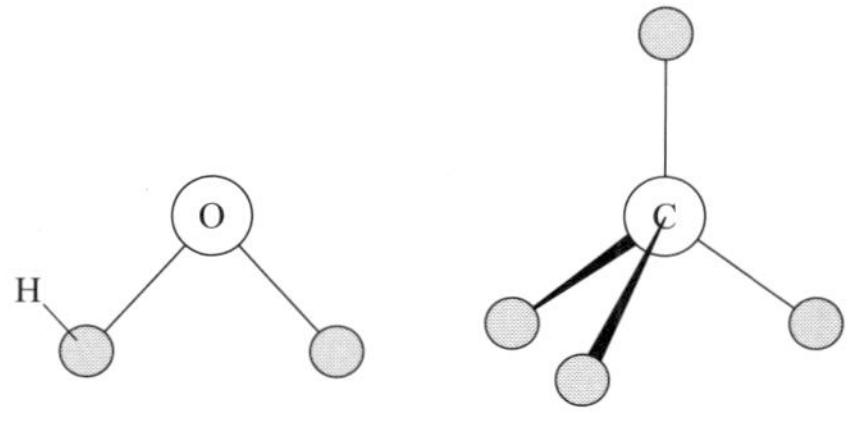

図1　水（H_2O）とメタン（CH_4）の分子モデル

モデルである。H_2Oの電子状態の中で最も安定な形を理論的に求めると、H-O間の結合距離が〇・九六五オングストローム、H-O-H間の角度が一〇四・五度となる。このとき、マイナスの電気をもつ電子の分布が酸素側に偏ることになり、酸素原子側がややマイナスの電気を帯び、水素原子側はプラスの電気を帯びる。つまり、水の分子は正負の電荷が分極した電気双極子になる。そうすると、水分子同士はお互いにプラスの部分とマイナスの部分で引き合う力を及ぼしあう。これを水素結合と言う。さて一方、沸騰するとは、液体の中から個々の分子が自由になって、空気中に出てくることを意味する。水は水素結合という形でゆるやかに手を握りあっているから、自由にはなりづらい。握りあっている手を断ち切って外へ飛び出させるためには、その分たくさんのエネルギー、つまり熱を加えなければいけない。だから、沸点が高くなる。これに対してメタンは対称性が高いため電気双極子にはならない。したがって水に比べて沸点はきわめて低くなる。

　こうした説明は科学的説明の一つの典型である。説明されていることは水の沸点がメタンに比べて高いということだ。これは目に見えるマクロな性質だと言える。われわれは、常温で沼の底からメタンガスが立ち上ってくるのを見ることができる。匂いをかぐこともできる。一方、水が常温で液体であることも、沸騰させるにはかなり長時間熱する必要があることも、沸騰した水が高温であることも、見たり触ったりすればわかる。これらの性質を哲学では「観察可能（observable）」と言う。[1] 右の説明は、その観察可能な性質の由来を、水が分子からできていること、水分子が水素原子二個と酸素原子一個の結合したものであること、「へ」の字型の構造をしていること、それゆえ電気双極子であること、したがって水分子間には水素結合が生じることなどに訴えて説明している。これらは、直接目に見ることはできない。先ほど定義した意味では「観察不可能」な対象ないし性質である。

さて、われわれはふつう、こうした説明を文字通り理解し受容する。つまり、目には見えないが、本当は水は水分子というものからできていて、その分子はしかじかの形をしていて、電気を帯びている……といったことを「本当の」話として受け入れる。同様に、生物の細胞の核の中にはＤＮＡという分子がある（目には見えないけど）、核分裂性の物質からはアルファ線とかベータ線が出ている（目には見えないけど）、そしてその正体はそれぞれヘリウムの原子核だったり電子だったりする（そうは見えないけど）といったことを、文字通りこの世がそうなっている話として受け入れている。

こうした常識的な態度をとっている限りにおいて、われわれは知らないうちに科学的実在論の立場に立っている。科学的実在論論争とは、とりあえず、こうした立場がどの程度厳密な議論に耐えられる立場なのかを見極めようとする論争だと言うことができる。しかし、こうした素朴な立場は、分析してみるといくつもの異なるテーゼの寄せ集めに他ならない。そこでまず、科学的実在論という立場がどのような「哲学的」立場の集積なのかを明らかにしておこう。

（2）一つではない科学的実在論

まず、「実在論」という用語を定義しておかねばならない。大雑把に言って、「○○は人間の知覚や思考・心とは独立に存在し、それについての事実もそれらとは独立に決まっている」と考える立場を「○○にかんする実在論(realism)」と言う。外界についての実在論、物体についての実在論、因果関係についての実在論、他人の心についての実在論、などさまざまな実在論がありうる。

次に、観察可能な物的対象に注目しよう。目の前の他人、自分の身体、山、川、樹木、机、その上のコーヒーカップやパソコン、こうした対象のほとんどは心と独立に存在する、このように考える立場を常識的実在論と呼んでおく。わざわざこうした考え方を取り上げて名前をつけるのは、哲学にはこれに反対する立場もあるからだ。そういう立場はとりあえず「観念論（idealism）」と呼ぶ。たとえば、ジョージ・バークリーという一八世紀アイルランドの哲学者（George Berkeley 一六八五～一七五三）は、存在するとは知覚されることである（*esse est percipi*）、とし、知覚されていないときの事物の存在を認めようとしなかった。

先に、素朴な科学的実在論は常識的な立場だということを強調したが、科学的実在論はこのような意味での常識的実在論を主張するわけではない。科学的実在論論争で問われているのは、観察可能なミドルサイズの物的対象の存在ではない。科学に登場する理論的対象の存在性格こそが問われている。科学にはさまざまな対象が登場する。まず、人体・ボール・月などの観察可能な対象がある。これらが心と独立に存在することは、科学的実在論論争にかかわるどの立場も認めている。この論争は常識的実在論を不問に付した上での対立なのである。

一方、説明・予測・計算のための虚構であることがはっきりしているものもある。地軸や重心を例に挙げればよいだろう。剛体の形と質量分布が与えられれば、その重心がどこにあるかは完全に客観的に決まる。しかし客観的に決まるということと実在するということは違う。本当に重心なるものがこの世にあって、そこに物体の質量が集中しているのか、と問われれば、そうではない、これは計算の便宜だと答えるだろう。

問題となるのは、理論的対象と呼ばれる対象たちだ。これは、じかに目で見たり触ったりすることができないという意味で観察不可能だが、この世界にはそれがあって、あるいはこの世界はそれでできていて、何らかの性質をもち、それによって観察可能な現象を生み出している「かのように」語られるものたちである。たとえば、電磁場、原子、原子核、電子、クォーク、電子、光子といったものたちが典型例だ。

これらの理論的対象は、観察可能な対象に近いのだろうか、それとも説明・予測・計算のための虚構に近いのだろうか。これが科学的実在論論争の問いを最もラフに述べたものである。しかし、これは大雑把な特徴づけにすぎない。科学的実在論の主張は次のようにいくつかの観点から複数のサブテーゼに分割できる（cf. Papineau 1996b, Psillos 2000）。

(i)何について実在性を主張するか

【対象実在論（entity realism）】成功した科学理論に不可欠な理論的対象（観察不可能な対象）のほとんどは心と独立に存在する。

ほとんどの実在論者は、この対象実在論よりもう少し強いことを言おうとしている。たとえば、

【事実実在論（fact realism）】成功した科学理論がその理論的対象について述べていることがら（法則など）は近似的に真である。

他にも、存在するのは性質だ、いや、構造だ等々、いろいろな変種がありうる（本書第II部参照）。

(ii)どのような局面で実在論を主張するか

【意味論的テーゼ】理論語の指示対象や、理論言明が何を述べているか、理論言明の真理などについて話をする局面では、科学的実在論は次の主張になる。つまり、科学理論は額面通り解釈すべきである（観察不可能な領域についても真偽を語っている、理論語は指示している）。

【認識論的テーゼ】世界についてどのくらい知りうるかという話をする局面では、次のようになる。成功した科学理論が述べていることがらは世界について近似的に真である。われわれは世界の直接観察できない部分についてもある程度真理を知りうると主張するわけだから、これは認識論的楽観主義（epistemic optimism）という名がふさわしいかもしれない。

【形而上学的テーゼ】世界に何があるのかについて話をする局面では、科学的実在論は次の主張をすることになる。世界は心と独立に確定した構造をもっている。

【価値論的テーゼ】これは、科学の目的は何かについて話をする局面でのテーゼである。すなわち、科学の目的は、われわれとは独立に存在する世界について、観察できないところも含め真理を見いだすことにある。

価値論的テーゼは、論争の中では比較的最近になって明確になってきたテーゼである。科学理論は間違いうるということを重く見るなら、現行の理論は間違いかもしれない。そうすると、認識論的テーゼや形而上学的テーゼは分が悪くなるだろう。その際でも、科学の目的についてのテーゼとして科学的実在論を主張することはできる。つまり、まだ実現できていないが科学の究極目的は真理を見いだすことにある、と言えるだろうからだ。

これらのテーゼはお互いに深く関連しているが、とりあえずは独立である。したがって、さまざまな組み合わせが可能になる。つまり、科学的実在論は一つの立場ではない。これらのテーゼのすべて、または一部を受け入れない立場を本書ではとりあえず「反実在論（anti-realism）」と総称しておく。「反」というといかにも実在論に反するポジティブな主張をしているように思われるかもしれないが、実在論に与することだけを避けるという消極的・不可知論的態度も含めて反実在論と呼ばれることに注意しよう。したがって、反実在論にも何通りもありうることは言うまでもない。しかも、両者の中間地帯には実在論のようでもあり反実在論のようでもある領域が広がる。科学的実在論論争は、きれいに分かれた二つの陣営の争いというよりは、どのようなバージョンの実在論なら受け入れ可能か、つまりどの程度の実在論的な態度選択（「コミットメント」と言う）が妥当なのかを探り当てようとする営みだとも言える。本書もそうである。

二　科学的実在論論争の起源

すでに述べたように、科学的実在論は、科学の述べていることを文字通りに受け取ろうとする比較的素朴で常識的な立場である。理科の教室ではわれわれはみな科学的実在論者として振る舞う。だとするなら、なぜこのような常識的立場をめぐって、ことさら哲学的論争が闘わされるという事態になったのだろうか。それは、きわめて反実在論的な色彩の強い有力な哲学的立場が伝統的に存在してきたからだ。つまり、経験主義（empiricism）の伝統である。そして、重要なことに、経験主義は実在論的な科学のいわば外野から哲学的批判を仕掛ける立場なのではない。近代科学の不可欠の構成要素であり、近代科学の誕生に大きな役割を果たした哲学でもある。これが話をややこしくしている。

（1）「近代科学ドレッシング説」？

近代科学は、実のところ容易には混ざり合わないはずの二つの要素、合理主義的形而上学と経験主義的実験哲学が、どういうわけだか偶然混ざり合ってできたと見ることもできる。前者は古代ギリシアにおける形而上学とプラトニズムの伝統にまで、後者はアリストテレスの自然観察を重視する姿勢にまで遡ることができるかもしれない。つまり、世界の本当のありさま（実在）は見たとおり（現象）とは限らないという考え方と、われわれの知識は究極的にはよく見ること（経験）に由来するという考え方である。この二つが混ざり合うと、目には直接見ることのできない世界の隠れた本当のありさまを、たんなる思弁ではなく実験と観察を通じて実証的に明らかにする、という通俗的な科学のイメージが成立する。

しかし、これから見るように、この二つの要素は、本来それほど簡単には混ざり合わないはずのものだ。酢と油のようなものである。うまく混ざり合っていないので、ときどき分離する。一九世紀末のアトミスティーク（原子論）とエネルゲティーク（反原子論者）の対立もその分離のヒトコマだと言えるだろうし、現在進行中の科学的実在論論争もその分離の現れとして位置づけることもできるだろう。ここでは科学的実在論論争を近代科学の成立時から伏在しているかなり根本的な対立の延長線上に位置づけてみたい。そのために必要な限りにおいて、合理主義的形而上学と経験主義的実験哲学の要点をスケッチしておくことにする。

(2) デカルトの数理的自然観と実在論

近代科学のサラダオイル（どっちがどっちでもよいのだが）である合理主義的形而上学を代表するのはルネ・デカルト（René Descartes 一五九六～一六五〇）だ。デカルトの主著の一つ『省察』を科学哲学書として読みなおす試みは、小林道夫らによって精力的に進められてきた（小林 一九九三、一九九五）。

『省察』を科学基礎論として読む読み方のポイントを単純化を恐れずに示してみよう。周知の通り『省察』は、学問を確固不易な基盤の上に再構築するためのスクラップ・アンド・ビルドの試みだ。そのためのスクラップ作業の方法として、デカルトは方法的懐疑を採用する。少しでも疑いを挟むことができる知識のソースはとりあえず一切信頼しない、というやり方である。これによって、まず第一に感覚が無効宣言される。見間違いや錯覚により感覚は時折われわれを欺くからだ。方法的懐疑により、感覚にもとづく外界の事物についての信念は信頼できないことになる。こうした手続きをエスカレートさせてゆき、外界の存在そのもの（夢論法）、そして数学的知識（悪霊の想定）も確実性を奪われる。

鮮やかなのは次のステップだ。万能の悪霊が、私の思いをつねにモニターし、その内容をすべて間違いに書き換えることができるとしても、私が何か（その内容は間違いであるにしても）を思っているという事実そのものは確実である。こうして、ただ一つ確実な事実が析出される。

この後にビルド作業が始まる。信頼して良いのは、私にさまざまな思いが浮かんだり消えたりしているというだけの事実である。デカルトは、これだけの貧弱な（しかし確実ではある）材料だけを用いて、神の存在証明に取りかかる。しかし、因果の鎖を遡っていって、第一原因の神に至るとか、この世界の見事な出来映えから知的設計者としての神の存在に至る、といった類の証明はできない。方法論的懐疑を経たこの段階では、外界も因果関係もあるかどうかわからないからだ。残されたのは、「完全な存在」という神の概念（これは私の心に浮かんでいる）だけから神の存在を導く、いわゆる存在論的証明だけである。

神の存在が証明されたら、いくつかのことが信頼性をとりもどす。まず、悪霊ではなく、この上なく善であり欺くことのない神が私の心を造ったのだから、私の心の中で行われる数学は信頼できる。そして、神が外界も創造したのだから、私が明晰判明に理解する数学と同型の構造を自然に与えることもできたはずだし、またそうしたに違いない。

このようにして、神の存在証明を介して、デカルトは外界の存在へと戻ってくるのだが、戻ってきた世界は出発前と同じではない。なぜなら、デカルトは、この段階でも感覚への懐疑を解除せずにまだ残しているからである。つまり、世界の本当のありさまは感覚では捉えることができない。感覚から隠された世界の本当のありさまは数学的秩序であり、それは数理的方法によってのみ捉えることが可能である。こうして、『省察』は、数理的自然観と数理科学の理念に哲学的基礎づけを与えようとした試みとして読むことができる。しかし、それは感覚の証拠能力を拒否することと表裏一体になっていた。

(3) 実験的自然学とロックの経験主義[2]

目を大陸から英国に移すと近代科学のもう一つの重要な要素が見えてくる。それは、王立協会(Royal Society)を舞台とする実験的自然学の流れである。王立協会は正式名称を「自然の知識を改善するためのロンドン王立協会(The Royal Socicty of London for Improving Natural Knowledge)」と言う。一六六〇年に設立された英国最古の学会である。初期のメンバーには、ロバート・ボイル(Robert Boyle 一六二七～九一)、ボイルの弟子のロバート・フック(Robert Hooke 一六三五～一七〇三)など約一〇〇名が名を連ねた。アイザック・ニュートン(Isaac Newton 一六四三～一七二七)も一六七二年にメンバーになり、のちに会長も務めている。一六六五年には学会誌 *Philosophical Transactions* を創刊し、これは現在も続く学会誌としては最古のものだ。

王立協会に集った実験的自然学者のイデオロギーを端的に表しているのが「word から work へ」という標語である。スコラ的な問答や言葉の定義によって自然を研究することはできない。言葉上の対立は、身体を動かして観察・実験をするという実地の作業を通じてはじめて決着をつけることができる。こうして、王立協会は近代実験科学の理念のいわば揺りかごとなった。

ジョン・ロック(John Locke 一六三二～一七〇四)は、王立協会のメンバーとして、その実験的自然学の理念に哲学的基礎づけを与えようとした。一六九〇年の『人間知性論(*Essay concerning human understanding*)』は、実験的自然学者の活動を擁護する目的で書かれたものとして読むことができる。その議論は、感覚的実在論と呼ばれる実在論的パートと、懐疑論的な反実在論的パートからなる。

ロックの感覚的実在論とは次のような考え方である。まず、心の作用の直接の対象を観念(idea)と呼ぼう。そして、感覚に与えられる単純な観念は個々の事物の実在性を示している。ようするに、私が赤い観念をもったら、何らかの赤いものがあると考えてよい。つまり、ロックは、デカルトの感覚に対する懐疑を拒否しているわけである。同様に、ものを押さえると、われわれは抵抗を感じる。ロックは、そこにものがあると言うためには、これで十分な証拠になるとする。なぜなら、このことを疑うとわれわれは生きていけないからだ。

こうした感覚的実在論の背景には、認識を実践の場面で捉えようとするある種のプラグマティズムがあることに注目しよう。認識機能は、疑いを免れた確実な知識を得るためにあるのではない。それは生存のためにある。感覚に対する全面的な懐疑はたしかに論理的には可能だ。しかしそれは、生存の役に立たないため実践的に不適切なのである。炎に指を突っ込んで痛みを感じたとき、炎の存在を疑ってかかるのは、生きるために何の役にも立たない。

> 結論すると、感覚は不可入の延長した実体が存在することを確信させる。内省は思考する実体が存在することを確信させる。経験はそういう存在者の実在を保証している。(Locke 1975 p.312)
> だれも自分が見たり触ったりするものの存在を絶対確実としないほど、まじめに懐疑的であることはできない。
> (Locke 1975 p.631)

興味深いことに、デカルトが、数の生得観念と自然の数理的構造の媒介者として神を要請したように、ロックも、神がわれわれの感覚と事物の一致を保証してくれると考えている。

> 我々と、我々の周りの事物のすべてを考案した無限に賢明な者［＝神］は、我々の感覚・機能・器官を、生活の便宜と、この世で我々がなすべき仕事にうまく適合するようにした。(Locke 1975 p.302)

ところが、この引用箇所にすぐに続けて、ロックは次のように述べる。

> しかし、これら固有の源泉から受け取られる観念を超えては、我々の機能は届かない。我々がこれらの実体の

> 本性、原因、様態をさらに探求しようとしても、延長の本性を思考の本性より明晰に知覚できるわけではない。……このことから、感覚と内省を通じて受け取られる単純観念が我々の思考の限界をなしているということは確からしいと私には思われる。（Locke 1975 p.312）

個々の事実の感覚的経験を超えて、事実の因果的把握や本性についての理論的理解へ進むことはできないというわけだ。つまり、経験と理論にはギャップがある。感覚は何らかの事物が存在することを教えてくれる。そしてそれを疑うことは実践上不適切である。しかし、何らかの理論体系の下でしか成立しない因果や事物の本性についての説明を信じる理由は、これに比べると薄弱なのである。個別的事実の認識は感覚により直接に、そして理論とは独立に把握できる。しかし、理論的認識は、概念枠に相対的で嘘が混ざる。これはロックのみならず、一七世紀の実験的自然学者にとっては共通理解だった。実在の本性・原因への言及は、観察可能な範囲を超えてしまえば、スコラ的な空虚な思弁や議論にふけることと同義と見なされたのである。

（4）経験主義の反実在論への傾斜

このように、近代科学の誕生時にあたって、経験主義は、感覚の対象の実在性を保証することで、経験が知識の源泉としてもつ信頼性をデカルト的懐疑から擁護し、実験的自然学の基礎づけを与えるという役割を果たしていた。しかしその後、経験主義は徐々に反実在論への傾斜を強めていく。すでに見たように、この傾向の萌芽はロックにも見られる。ロックは、感覚的実在論を擁護することを目的としていたが、そのために「観念」というデカルトから借りた概念を使った。これはあまり適切な選択ではなかった。デカルトの観念は、ロックが考えたように外の事物からやってくるものではなく、そもそも心の中に宿っており、外界の懐疑をしても残るものだったからである。

観念をこのように理解すると、単純観念をもつからといって外に対応する事物があるとは限らないことになる。

このように、すでにロックに見られた感覚を超えた理論的知識への懐疑は、経験主義のその後の展開の中で、より深まっていくことになる。こうして経験主義は、知識の源泉としての感覚に対する信頼にもとづき、「どんな知識も究極的には実験・観察にもとづいて正当化されなければならない」とするポジティブな立場を離れていく。むしろ経験主義は、目に見えない理論的対象、経験とは独立の物体が存在するかどうかは知りえないという懐疑論的傾向を強め、それら理論的対象を、感覚から構成されたものとして還元的に定義し直すか、感覚の束をまとめるために導入されたフィクション・道具として消去することを目指す哲学的プロジェクトに変質していく。

たとえば、一八世紀スコットランドのデイヴィッド・ヒューム（David Hume 一七一一～七六）は次のように論じた（ヒューム 一九九五）。心の中の印象や観念に注目する限り、ある出来事の印象と、それに続いて起こった別の出来事の印象に加えて、前者を原因、後者を結果とするような因果関係そのもの、または両者の必然的結合の印象は存在しない。因果なるものは、われわれの心の習慣が形成した一種の虚構にすぎない。知覚的性質と区別した「物体そのもの」という観念も、自我という観念も、同様に心の癖が生み出したフィクションである。つまり、経験主義は、経験への信頼から、経験を超えた知識への懐疑へ、感覚的実在論から感覚を超えた理論的対象についての反実在論へと変質していくのである。

この流れは、ヒュームの影響によりカント主義を捨てたエルンスト・マッハの感覚主義を経由して、マッハの圧倒的影響力の下に出発した論理実証主義にまでつながっている。そして、制度化された科学哲学の起源が論理実証主義に求められるとするならば、科学哲学の「重要問題」とされる科学的実在論論争は、そのそもそもの始まりから、きわめて強い反実在論的バイアスのもとで論じられることになる。この点は、第1章で明らかにされるだろう。

(5) ドレッシングは分離する

さて、近代科学ドレッシング説によれば、近代科学はそもそも折り合いが悪いはずの経験主義（感覚への信頼と理論への懐疑）の流れと合理主義（理論への信頼と感覚への懐疑）の混合物として生まれた。実験・観察を通じて、この世界の目には見えない本当の姿を探り当てる、と言うのはたやすいが、両者には簡単には超えがたいギャップがある。

以後、近代科学の歴史において、ときおりこのギャップが問題として浮上し、経験主義的反実在論と合理主義的実在論の対立構造が露わになることがある。重要なのは、そうした論争は、科学の営みから離れた哲学論争としてではなく、科学者自身によって、或る特定の理論的対象の存在性格をめぐって争われるという点である。科学的実在論論争は、科学についての論争であると同時に、科学内部で生じ、科学の動因となる論争でもある。ここでは、そうした科学内部に生じた実在論論争の事例として、一九世紀末から二〇世紀初頭にかけて、アトミスティーク（原子論者）と反原子論者の間で闘わされた論争を取り上げよう。

アトミスティークとは、統計力学の創始者の一人とされるウィーン生まれのオーストリアの物理学者、ルートヴィヒ・ボルツマン（Ludwig Bolzmann 一八四四～一九〇六）およびその賛同者の立場を指す。ボルツマンは気体分子運動論を仮説として採用した。つまり、気体は高速で飛び回る多数のミクロの粒子に他ならず、熱や圧力その他の現象をミクロの粒子の運動と衝突という力学的モデルによって理解しようとする仮説である。この背景仮説の下に、一八七二年にはH定理を証明して熱力学第二法則（いわゆるエントロピー増大則）に分子運動論的な基礎づけを与えた。また、一八七七年には、エントロピーを状態数の対数として定義できるとするボルツマンの原理（エントロピーの確率的解釈）に到達した。

とはいえ、ボルツマンは単に原子の存在を信じる素朴な実在論者というわけではなかった。一八八〇年代から彼は、原子論はアナロジーであります種のモデルだと繰り返し述べている（cf. Regt 1999）。原子論は、気体の熱現象を理解するシンプルで実り豊かな方法だと考えていたわけだ。むしろボルツマンが問おうとしていたのは、原子論仮説と反原子論仮説のどちらがよりよい仮説かという問題だった。一切の仮説を避けてしまうと、科学においては成功を収めることはできないし、原子論を採らない科学者も或る別の仮説に依拠しているはずである。問題はどちらの仮説がよりよいかである。ボルツマンが目指したのは、ミクロな原子（分子）の運動という仮説を置いてマクロな現象を説明するという戦略を擁護することだった。そのために、彼はこの戦略がもたらすことのできた実り豊かな成果として、一八七三年のファン・デア・ワールスの状態方程式、自分自身のボルツマンの原理などを挙げている。ボルツマンの原子論は当時、プランク、クライン、マイヤーらによって支持された。

こうした、すべての物理現象を究極的には原子の力学的運動によって説明しようとする力学的自然観と、それにもとづく研究戦略が、批判の的になったのだった。ボルツマン批判の先頭に立ったのは、エネルゲティークを唱道するフリートリヒ・オストヴァルト（Friedrich Wilhelm Ostwald 一八五三～一九三二）とエルンスト・マッハ（Ernst Mach 一八三八～一九一六）だった。ただし、以下に見るように二人の批判の根拠はそれぞれ異なっている。

オストヴァルトはリガ（ラトヴィア）生まれのドイツの物理化学者である。一九〇九年にノーベル化学賞を受賞している。オストヴァルトによる原子論批判の最大の根拠は、可逆的な性格をもつ力学法則からは不可逆的な熱力学第二法則を導けないはずだという考えだった。原子論に対して彼は、物質や力に関する自然法則を、対応するエネルギーとそのさまざまな形態の相互変換（位置エネルギーから運動エネルギーへ、あるいは運動エネルギーから電気エネルギーへ）に関する法則に還元することを主張した。背景には熱力学の発展がある。熱力学は気体が何でできているかといった特定の力学的モデルに依存せずに、熱、温度、圧力など測定可能な量にもとづいて、現象論的に熱現象を取り扱うことのできる体系としてほとんど完成していた。つまり、観察不可能な対象の存在をあえて仮定しなくても、保存則も成り立ち、さまざまな形態間の等価性がすでに確立しているエネルギーにもとづいてすべての現象は証明される、というわけだ。ここから、オストヴァルトは、物質ではなくエネルギーこそが最も基本的な物理的実在であり、物理的過程はエネルギーの形態の変換として表現できると考えた。これがエネルギー一元論、つまりエネルゲティークの基本的発想である。オストヴァルトは、ドイツ一元論者連盟（Deutscher Monistenband）を主宰し、エネルゲティークの普及に努めた。こうした立場からオストヴァルトは、エネルギーとその相互変換をミクロな粒子を想定することで力学的に理解しようとするボルツマンの原子論に反対したわけである。

一方、マッハも同様に、原子論と力学的自然観を熾烈に批判していた。マッハは原子論者に出会うと、相手の話を遮って「あなたはそれを見たのか」と詰問し、立ち往生させるのが常だったという（ブローダ 一九五七、一二三頁）。しかしマッハは、エネルゲティークのようにエネルギーの概念で物理法則を定式化し直すことは考えていなかった。彼のボルツマン批判はむしろ、科学の目的に関するものだった。第1章で詳述するように、実証主義者のマッハは、科学の目的は多様な現象を思惟経済の原理に則って記述することにあると考えていた。これで排除されるのは、科学の目的を理論的対象の措定によって現象に説明を与えることにあるとする考え方である。マッハは原子仮説を、現象に経済的記述を与える限りの道具としてのみ認めようとした。原子仮説は、この世界が何でできているかを語るような種類のものであってはならないのである。こうした観点から、マッハは原子論と力学的自然観に批判的だった。

ボルツマンと反原子論者との論争はかなり熾烈なものとなった。エンゲルベルト・ブローダのボルツマン伝によれば、これらの批判にさらされたボルツマンは一八八七年に、ガリレイに倣って「それでも分子は動くのだ」と書きつけたとされる（ブローダ 一九五七、六四頁）。このようなエピソードを読むと、あたかもボルツマンは、最終的には正しかった理論に対して、無理解かつ理不尽な多数派から批判を浴びせられた「論争の被害者」に見える。しかし、事実はそうでもないらしい。エネルゲティークは決して多数派ではなかったし、論争はかなり積極的にボルツマン自身が仕掛けたものでもあった（cf. Uffink 2014）。

一八九五年にバルト海に面する北ドイツのリューベックで開催された、物理学者、化学者、生物学者、医師の集まる年次大会（Natureforscherversammlung）において、エネルゲティークの現状に関する特別セッションが組まれた。そこでのオストヴァルトの講演「科学的唯物論の克服」が論争の発端とされている。ところがこのオストヴァルトの講演は、プログラム委員であり、すでに私信のやりとりでオストヴァルトのエネルゲティークに関心を抱いていたボルツマン自身の発案によるものだった。前年に英国科学振興協会（ＢＡＡＳ）の例会に出席して、会議のもち方に感銘を受けたボルツマンの発案で、セッションは、発表原稿を互いに交換して前もって読んでおく「イギリス式」で行うことになった。オストヴァルトはオープンな雰囲気で議論できると思っていたが、当日いきなりボルツマンが激烈な批判を投げつけたというのが真相らしい（cf. Uffink 2014）。エネルゲティーク陣営は、これをボルツマンによる不意打ちと受け止めた。にもかかわらず、ボルツマンとオストヴァルトは終生友人であり続けたと言う。

この論争を通して重要なことは、原子論をめぐる対立は、「原子はあるのか」という問いをめぐる、科学内部での対立に見えながら、科学とは何を目的としているのか、記述か説明か、われわれはどこまで知りうるか、どこまで知りえたところで満足すべきかといった根深い対立、「哲学的」と言うのが不適切なら、すぐれてメタ科学的な対立をも含んでいたということである。経験主義・反実在論と実在論という、近代科学成立時にすでに顕在化していた対立は、科学内部の議論としても、科学についての議論としても、形を変えながら何度も繰り返し変奏される。科学的実在論論争を、もっぱら科学を外部から眺める好事家の哲学者だけが関心をもつ論争と見なすのは、したがって不正確なのである。本書は、科学的実在論論争をいかに科学内部にもういちど持ち込むかを試みる書物でもある。

第Ⅰ部　論争はいかにして始まったか

第1章　還元主義と消去主義

一　論理実証主義はいかに科学をモデル化したか

実在論と反実在論の対立が科学哲学の中心問題として位置づけられ、盛んに議論されるようになった一因は、科学哲学のディシプリンとしての自立が、一九二〇年代にはじまる論理実証主義（logical positivism）運動に遡ること、そしてその論理実証主義がきわめて反実在論的色彩の強い哲学的立場だったことに求められる。論理実証主義は良くも悪くもその後の科学哲学の問題設定や問題解決手法に大きな影響をもたらした。そこで、本章では現代的な科学的実在論論争のはじまりを確認するために、論理実証主義がどのような立場だったのかを確認しておこう。

論理実証主義運動は、一九二〇年代後半にオーストリア、ドイツ、ポーランドで生まれた。その中心的メンバーとしては、次の人々がいる。多くのメンバーは自然科学者としてトレーニングを受け、後に哲学に転向している。このように、論理実証主義は多くの哲学者・科学者を巻き込んだ哲学的運動であって、その主張は必ずしも一枚岩ではない。したがって、以下に提示するのは、その後の科学的実在論論争の展開という視点から後知恵的に再構成された論理実証主義像であることをあらかじめ断っておく(1)。

ウィーン学団のメンバー（論理実証主義者）

カルナップ（Rudolf Carnap　一八九一～一九七〇）
シュリック（Molitz Schlick　一八八二～一九三六）
ハーン（Hans Hahn　一八七九～一九三四）
ノイラート（Otto Neurath　一八八二～一九四五）
ファイグル（Herbert Feigl　一九〇二～八八）
ヘンペル（Carl Hempel　一九〇五～九七）
ベルリンのグループ（論理経験主義者　logical empiricist）
ライヘンバッハ（Hans Reichenbach　一八九一～一九五三）
イギリスでの賛同者
エイヤー（Alfred J. Ayer　一九一〇～八九）

（1）公理系としての科学

言うまでもなく、科学という活動はきわめて複雑な営みである。この活動に理論的にアプローチするには、科学そのものを抽象化・理想化して「科学のモデル」を構築する必要がある。そこで、数学・物理学畑のメンバーが多かった論理実証主義が武器としたのが、当時生まれつつあった現代論理学、とりわけ公理的方法だった。公理的方法は、ある分野の知識をコンパクトに組織化した上で分析するための方法である。まず、当該分野の基本的な知識を述べるいくつかの文を公理（axiom）として選び、そこから他の知識を述べる文を推論規則に従って導き出せるようにする。公理から導出される文のことを定理（theorem）と言う。

一九世紀末から二〇世紀初頭にかけて、数学の基礎をめぐる考察においては、こうした公理的方法の威力がめざましかった。公理的方法は、数学が数学自身を厳密に反省するための手段だとも言える。数学による数学の反省のためには、数学という営みじたいを数学で扱える対象にする必要がある。そこで、数学を記号の列とし、数学における証明を記号列への変形操作とすることによって、数学的証明そのものを脱心理化し、数学を適用しやすい単なる記号の並びという「モノ」（統語論的対象と言う）にしたわけだ。

　これを科学とは何かの分析に使わない手はない。そこで、論理実証主義者は公理的方法を用いて、科学を脱神秘化しその構造を明らかにしようとした。というわけで、論理実証主義にあっては、科学はまずもって文の集まりすなわち公理系としてモデル化された。公理系とはどういうものかを見るために、例として自然数論の公理系（ロビンソン算術）を取り上げよう（戸田山 二〇〇〇参照）。

(i)公理的理論を特定するには、まず語彙を定める必要がある。ロビンソン算術の語彙は次の四種類からなる。

①どんな公理系にも共通の論理記号：＝、→、∧、∨、¬、∀、∃（それぞれ、同じである、ならば、かつ、または、～でない、すべての、或る、に相当する）

②個体変項（変数記号）：x、y、…

③固有の記号：個体定項（定数記号）、0（ゼロを意味することを意図されている）、関数記号s ＋ ・（それぞれ後続者関数[2]、加法、乗法を意味することを意図されている）

④補助記号：(，)

次に、これらの語彙をどのように並べればその公理系で「文法に合致した」文がつくれるかについての規則が提示される。この規則についてはここでは省略する。

(ii)次に二種類の公理を置く。

①論理公理：A→A　∀x(x=x)　など、特定の領域によらず成立するいわゆる論理的真理。

②固有公理：これによって、固有の記号0　s　＋　・に意図している意味が与えられる。ロビンソン算術では次の七つの固有公理が置かれる。

N1　$\forall xy(sx=sy\rightarrow x=y)$

N2　$\forall x(\neg(0=sx))$

N3　$\forall x(\neg(x=0)\rightarrow\exists y(x=sy))$

N4　$\forall x(x+0=x)$

N5　$\forall xy(x+sy=s(x+y))$

N6　$\forall x(x\cdot 0=0)$

N7　$\forall xy(x\cdot sy=((x\cdot y)+x))$

たとえば、N1はsが一対一関数であることを述べていると解釈できる。N2は0がいかなる自然数の後続者でもないこと、N3は0以外の自然数にはかならず一つ前の数があることを述べている。N4とN5はあわせて加法の帰納約定義を与えている。N6とN7はあわせて乗法の帰納的定義を与えている。

(iii)次いで、これらの公理から新たな文を導き出すための変形規則が与えられる。この規則は「推論規則(rules of inference)」と呼ばれる。

①MP　Modus Ponens　A→BとAが得られたら、Bを書いてよい

②Gen　Generalization　A→Bが得られたら、A→∀xBを書いてよい

(iv)定理：公理から出発して推論規則を繰り返し当てはめて得られる文のことである。たとえば、次の文はロビンソン算術の定理である。

$s0+s0=ss0$　ようするに1＋1＝2に相当する。

$\neg(0=s0)$　$0\neq1$に相当する。

自然数についてのすべての真理が、ここに示した七つの公理から定理として得られるなら好都合だが、そうはいかない。実際、たとえば次の文（加法についての交換法則）はロビンソン算術の定理ではない。

$\forall xy(x+y=y+x)$

論理実証主義者は経験科学の理論もおおむね数学の公理系に倣って公理化できると考えていた（cf. Reichenbach 1924）。つまり、科学理論は論理学の形式言語における文の集まりである、と考える。

(i)理論の語彙は次の通り。

①論理記号：∧、∨、→、¬、≡、∀、∃、＝

②定数を表す数学的記号（重力定数、アヴォガドロ数、プランク定数、円周率、……）

③数学的記号でも論理記号でもない実質的な記号。これは以下の二種類に分かれる。

a．観察語：観察可能な対象、出来事、性質を指す記号

b．理論語：直接に観察不可能な対象、出来事、性質を指す記号

(ii)③で語彙を二種類に分けたことによって、公理も二種類になる。第一に、自然法則（law）である。自然法則は理論語で書かれる。

自然法則は科学において非常に重要なものであると考えられてきた。それは、自然界に因果的秩序を与え、科学的説明を可能にする。ルネサンス以来、自然法則とは何かということはずっと哲学の関心事になってきた。神の命令だろうか、それとも自然界の事物の間の必然的結合だろうか。論理実証主義は、公理論的モデル化つまり統語論

的立場をとることにより、この問いにきわめてあっさり答えてしまう。自然法則は普遍量化された条件文、つまり、

どんなxについても、もしxが……ならばxは～である　$\forall x(Px \rightarrow Qx)$

という形の文にすぎない、と。

論理実証主義者がモデル化した科学理論は、理論語で書かれた自然法則を公理として、観察語で書かれた観察文（しかじかの実験・観測を行えばかくかくの観察がなされる）を定理として導くものに他ならない。しかし、自然法則は理論語しか含まないため、そのままでは観察文を帰結することはありえない。このため、法則を観察に結びつけることができなくなる。そこで、すべての理論語は観察語だけからなる定義（操作的定義）をもたなくてはならない。この定義は対応規則（correspondence-rule）とも呼ばれる。これが第二の種類の公理になる。

論理実証主義者は、このような公理系としての科学のモデルにもとづいて、理論の検証、還元、説明といった科学についてのメタ概念に厳密な定義を与えようとしたのである。

(2) 意味の検証理論

論理実証主義の第二の特徴は、意味の検証理論（verification theory of meaning）と呼ばれる独特の意味理論である。

【検証主義基準】文Sの意味は、Sはどのようにして検証されるか、つまりSの検証条件である。

そして語の意味は、それが現れる有意味な文の中でのその語の役割とされる。これは、語単位で意味を考え、それを観念（idea）とする伝統的哲学からの決別宣言でもあった。

ここからはただちに文の有意味性の基準が導かれる。有意味な文は検証可能な文であり、検証不可能な文は無意

味だということになる。さらに、論理実証主義では、この有意味／無意味の区別が科学／非科学の区別と重ねられる。つまり、神学・宗教・形而上学・伝統的哲学・道徳・美学に現れる文はすべて検証不可能なのでナンセンスな疑似命題である。神学などでの論争は実質的な論争ではなく、混乱した言語使用にもとづく無意味なものにすぎない、というわけだ。このように論理実証主義では、科学と非科学の線引き（demarcation）の基準が意味論的な基準として与えられることになった。[3]

カルナップは一九三二年の論文「言語の論理分析による形而上学の克服」（Carnap 1932）で次のように述べている。

> 言明の意味はその検証の方法にある。言明はそれに関して検証可能なものしか主張しない。それゆえ、文は何かを主張するのに使われているかぎり、経験的な命題を主張するのにだけ使えるのである。もし万一何かが原理的に可能な経験を越えるものであれば、それは言えないし考えられないし問われえないであろう（カルナップ 一九七七、二七頁）。

> 形而上学は「迷信」なのではない。真および偽な命題を信じることは可能であるが、無意味な単語の列を信じることはできない。（カルナップ 一九七七、二三頁）

カルナップはハイデガーの『形而上学とは何か』（*Was ist Metaphysik?* 一九二九）の一節をとりあげ、それが疑似命題の集積にすぎないことを明らかにしようとする（カルナップ 一九七七、二〇〜二一頁）。

> 探究されるべきものは存在だけであって、それ以外のなにものでもない。存在だけであって、それ以上は、無

である。ただ存在だけ、しかも存在を超える。無、この無とは何か。この無はないからつまり否定が実在するからこそ実在するのか。否定とないは無が実在するからこそ実在するのか。われわれは主張する。無は、ないと否定に先立つ、と。われわれはどこで無を捜すのか。われわれはどうやって無を見つけるのか。われわれは無を知っている。不安が無をあらわにする。われわれが切望したもの、そしてそのために心配したもの、それは「本当は」なんでもなかった。実際、無そのものはそのようなものとして現存した。この無についてはどうか。無そのものが無化するのだ。

どうしてこのような疑似言明に導かれるのだろう。それは、日常言語が論理的欠陥をもっているからだ。「外に何があるか？」と問われて「外には犬がいる（A dog is outside）」「外には何もない（Nothing is outside）」と答えるのはいずれも有意味だ。問題は、日常言語では「無（nothing）」が「犬」と同じ名詞のカテゴリーに属することにある。どちらも名詞なので、「この犬とは何か」「この無とは何か」「われわれは犬を知っている」と同様に「われわれは無を知っている」といった文がつくられてしまう。

これは日常言語の欠陥によるものに他ならない。「Nothing is outside」は、ただしくは、「There is not anything which is outside」$\neg\exists x Out(x)$と書くべきだったのだ。こうした論理的に正しい記号言語では、「この無とは何か」「われわれは無を知っている」のようなハイデガーからの引用を飾っている文はそもそも書くことすらできない。

二　還元的経験主義とその破綻

（1）操作的定義と還元的経験主義

すでに見たように、論理実証主義の科学モデルは、観察文と理論文の区別に大きく依存している。しかし、「観察により直接検証が可能な文」（プロトコル文と呼ばれた）というカテゴリーに具体的にどのような文が属するのだろう。この点については論理実証主義者の間でも意見が分かれた。たとえば、カルナップ（Carnap 1928）は、現象的経験について述べる「青いものが見える」のような文（センスデータ言語の文）に限定しようとした。センスデータ[4]という考え方は、後述するマッハの感覚主義に由来する。

一方、ベルリングループのライヘンバッハたちはこうした感覚主義・現象主義を認めなかった。ライヘンバッハにとっては、中くらいの大きさの物理的対象が「ある」のであって、感覚的要素なるものの方がむしろ心理学による理論的構築物という位置づけになる。したがって、彼は論理実証主義ではなく、論理経験主義と呼ばれている。ウィーンのノイラート（Neurath 1932）も、「太陽が輝いている」のような観察可能な適切なサイズの外的なものについての文（物言語の文）は直接に検証できるとした。

しかしいずれにせよ、原子、電磁場など直接見ることのできない理論的対象について語る文は、理論文として位置づけられることには違いはない。こうした理論文は、意味の検証可能性基準を素直に当てはめるなら無意味だということになってしまう。そこで、理論文を何らかの仕方で直接検証可能な観察文に結びつけ、理論文も間接的には検証可能だと言わねばならない。そこで論理実証主義者は、理論文が有意味なのはなぜかを説明するにあたり、理論文は偽装された語り方であって、本当は観察可能な対象についての観察文に書き直すことができる、という方

表1　科学に現れる三種類の文

観察文	対応規則	理論文
直接検証可能	検証されるようなものではないが言語規約により真	直接検証不可能だが観察文に還元
有意味	有意味	間接的に有意味

針をとることになった。理論文は一見、観察できない対象について語っているように見えるが、その真理条件は観察語だけで与えられるというわけである。

理論文を観察文に言い直すこと、つまり理論文を観察文に還元することができれば、理論文は長い観察文の省略形にすぎないことになる。還元が成功すれば、科学の理論文の意味を直接観察不可能な対象の存在を前提しない仕方で理解できることになり、経験主義のプログラムがうまく遂行できる。

理論文を観察文に還元する最も手っ取り早い方法は、理論文に含まれる理論語のそれぞれに対して、観察語だけからなる明示的定義を与えることである。たとえば、理論語の例として「Qx：液体xの温度が摂氏一〇度である」をとってみよう。温度が一〇度であることは直接見ることはできない。つまりこれは理論語ということになる。この述語Qの明示的定義は次のような形式をもつことになるだろう。

【操作的定義】∀x(Qx↔(Sx→Ox))

Sxはxがテスト条件Sを満たしていることを表している。この場合では、たとえば「xに温度計が差し込まれる」がそれに相当するだろう。また、Oxは、xが直接観察可能な反応Oを示すことを表す。この例では「xに差し込んだ温度計の読みが摂氏一〇度である」としておけばよい。このような形式の明示的定義を操作的定義と言う。

それぞれの理論語に操作的定義を与え、それを対応規則として採用すれば、すべての理論文はその対応規則を介して観察文に還元できるはずだ。こうして、理論に現れる観察文、理論文はともに有意味になる。一方、対応規則は言語規約を表すことになるので、「規約による真理」を認めるならばやはり有意味ということになるだろう（表1）。

（2）操作的定義の難点

しかし、こうした操作的定義による還元は以下の四つの理由によりうまくいかない。

まず第一に、測定方法の数だけ温度概念があることになってしまう。温度の測り方は一通りではない。熱膨張を利用した水銀温度計、アルコール温度計、空気温度計だけではなく、たとえば白金温度計は、温度によって電気抵抗が変わることを利用している。その他にも熱電対を利用するものもあり、そこで使われる二種類の金属線をどう選ぶかにより、タングステン・レニウム、銅・コンスタンタンなど何種類もの温度計がある。温度という物理量が測り方と独立に実在することを認めるなら、これらの測定方法はすべて「同じ物理量を測っている」のだと言える。しかし、操作的定義によって意図していたのは、理論語を観察語に還元することによって、理論語の指示対象（ここでは温度という目に見えない物理量そのもの）をなしで済ますことだったはずだ。したがって、測り方の数だけ操作的定義があり、そして操作的定義の数だけ温度概念があるという帰結をどうしても飲み込まざるをえなくなる。実際、操作的定義という考え方を導入した物理学者パーシー・ブリッジマン（Percy Bridgman 一八八二〜一九六一）はこの帰結を受け入れたように見える。[5] しかし、どうひいき目に見ても、これが科学の実践と著しく反することは否定できないだろう。

第二、第三の問題点は、この明示的定義に現れる論理結合子「→」の解釈にかかわる。まず、この結合子を質料含意（material implication）として読むことはできるだろうか。質料含意は真理関数的に捉えた「ならば」のことである。つまり、質料含意A→Bの真理値は、前件Aと後件Bの真理値の組み合わせだけで決まる。とくに前件Aが偽の場合、後件Bの真理値にかかわらず全体は真になる。ということは、テスト条件Sが満たされないときには、Sx→Oxはつねに真になる。したがって、この場合Qxも真になる。このことは、液体のサンプルaに温度計が差し込まれていないなら、自動的にそのサンプルaは摂氏一〇度だということになってしまうことを意味する（実際にはaの温度が何度であったとしても）。さらに悪いことに、このことはQxだけについて当てはまるわけではない。したがって、aに温度計が差し込まれていない、つまりテスト条件が満たされていないときには、aには好きな温度を帰属できてしまうことになる。というわけで、操作的定義の「→」を質料含意として読むことはできない。

では、「→」を反事実条件法（counterfactual conditional）として読むとどうなるだろう。この場合、テスト条件Sが満たされないときに自動的にSx→Oxが真になる、ということはなくなる。「現にSは満たされていないとしても、もしかりにSが満たされたなら、Oである」と読むことになるからである。このサンプルaには温度計が差し込まれていないが、もしかりに差し込まれていたなら、その読みは一〇になるだろう、という反事実条件法が成り立っているなら、aの温度はそれに温度計が差し込まれていなくとも一〇度ということになる。

しかし、この場合、反事実条件法にどんな真理条件（意味論）を与えたらよいのかということが問題になる。[6] 反事実条件法の真理条件は、質料含意のように前件と後件の真理値の組み合わせでは定義できない。いまここに、フェーリング液とアルデヒド基をもつ還元性物質のサンプルがあるとする。これらは混ぜ合わせられてはいない（し、ひょっとすると永遠に混ぜ合わされることはないかもしれない）。しかし、もしかりにこれらを混ぜ合わせて熱すると、酸化銅(I)（Cu_2O）の赤色沈殿が生成するはずだ。いわゆるフェーリング反応である。この反事実条件文は前件も後件も偽だが（現実には混ぜ合わせられていないから）、全体としては真だと考えて良いだろう。高校化学の教科書に載っている事実だ。一方、「これらのフェーリング液とアルデヒド基をもつ還元性物質のサンプルを混ぜ合わせて熱すると、金ができる」は、同様に前件も後件も偽だが、全体としては偽だと考えられる。このように、反事実条件法は真理関数的ではない。

そうすると、この両者を区別するには、真理条件に、前件と後件との間の法則的つながりを要求することになるだろう。現実には混ぜ合わせられていないのに、前者の反事実条件文が真になるのは、フェーリング液とアルデヒド基をもつ物質の混合・加熱と酸化銅の生成とを結びつける法則があるからだ。そして後者においてはそのような法則がないので偽になる、というわけだ。しかし、法則的つながり、あるいは自然法則は観察不可能なものの典型例である。なぜなら、われわれが直接に観察できるのは、或るサンプルを混ぜ合わせ熱したことと、赤い沈殿が生じたこととの組み合わせだけであって、両者の法則的つながりそのものは見えないからだ。こうした「つながり」は、経験主義者ならできるかぎりなしで済ませたいものに他ならない。

第四の問題点は、すべての理論語に操作的な明示的定義を与えることはできそうにない、ということである。直接目には見えないが測定可能な量Xについては、標準的な測定手続きによりその量を操作的に定義し、何であれこの手続きで測れるものをXと呼ぼう、とすることはできる。実際、心理学ではさまざまな心理的属性に標準的な尺度・測定法が定められ、それらの属性がその尺度によって操作的に定義されている。知能とは、そもそも標準的なＩＱテストで測られるところのものであり、攻撃性とはBuss & Perryの尺度で測られるところのものだ。こうした言い方は、そもそもＩＱテストで本当に知能が測られているのか、と批判された心理学者がよく使う言い抜けの方法にすらなっている[7]（戸田山 二〇一二参照）。

しかし、科学に現れる理論語のすべてがこのような直接的な仕方で観察手続きに結びついているわけではない。たとえば「世界線」、「重力ポテンシャル」などは観察からの距離がもっと大きい。このような語に操作的定義を与えるにはどうすべきか、必ずしも明らかではない（cf. Psillos 1999 p.6）。

以上のような理由で、還元主義の旗手だったカルナップ自身、一九三六年の段階で論文「テスト可能性と意味」

を書き、明示的定義による還元的経験主義の試みはおそらくうまくいかないことを認めるに至った（Carnap 1936, 1937；カルナップ 一九七七、九八〜一八九頁）。このことの意義は何だろうか。理論語の意味は観察語の意味によって尽くされることはない、ということである。

ここでもう一つ指摘しておくべきことは、明示的定義路線の破綻とほぼ同時に還元的経験主義の背景にあった検証主義も破産したということである。検証主義基準では、単称観察文でさえ厳密に言えば検証可能ではないことになってしまう。たとえば「カラスが庭にいる」という単称観察文をとろう。いかなる観察証拠もこの言明を論理的に含意することはできない。幻覚のケースがあるからだ。言い換えれば、すべての証拠はこの言明の否定と論理的に両立可能なのである。つまり、命題の検証は不可能なのだ。

こうして、カルナップは意味の検証理論を捨てることになった。検証に代えて彼は「確証（confirmation）」という概念を用いるようになる。確証はある文とその証拠となる文の関係であり、後者が前者をより「確からしく」することである。その上で、有意味性の基準として、確証可能性をもつことを採用するようになった（Carnap 1936）。

（3）カルナップの転向(8)

以上の困難は理論文に対する論理実証主義者の態度を変えた。明示的定義による理論語の観察語への還元はあきらめざるをえない。カルナップも、理論語は科学に不可欠だと結論するに至った。しかし、彼は、理論語を観察可能なものに言及することによって導入しようという方針は捨てなかった。つまり、可能な観察と何らかの仕方で結びついていない限り、理論語は科学言語の中で許してはいけないとしつつ、その結びつきを、明示的定義でないものによってつけようという戦略である。こうして注目されるようになったのが次の形式の文だ。

【還元文】 $\forall x(Sx \to (Qx \leftrightarrow Ox))$

先の操作的定義との違いは、条件法と双条件法が入れ替わっているところである。テスト条件Sが満たされたなら（つまりaに温度計を差し込んだなら）、aが摂氏一〇度であるということはaに差し込んだ温度計の読みが摂氏一〇度であるということに他ならない、と読める。

これにより明示的定義の困難を一部回避することができる。テスト条件Sが満たされないときに、任意の温度が帰属できるようになるということは起こらない、このとき空虚に真になるのは $Qa \leftrightarrow Oa$ であって、Qa ではないからである。また、この還元文はQの定義ではない。Qの必要十分条件を与えているわけではないからだ。還元文からQであるための条件について引き出せるのは

$$(Sa \land Oa) \to Qa$$

$$(Sa \land \neg Oa) \to \neg Qa \quad \text{つまり} \quad Qa \to \neg(Sa \land \neg Oa)$$

だけである。Qa の必要条件 $\neg(Sa \land \neg Oa)$ と十分条件 $(Sa \land Oa)$ は異なっている。還元文は理論語Qの真理条件を与えているわけではない、と言ってもよい。

ということは、Qの意味を観察語だけで完全に特定したわけではないということだ。還元文は理論語Qを観察語（SとO）に結びつけてはいるが、Qはそれで定義されてしまうわけではない。理論語は観察語に尽きない余分な意味をもっていることを認めているのである。

理論文を観察文に還元するのは、理論文の意味つまり検証条件を与えるためだった。しかし、これはどうもダメそうだということがわかった。それでも論理実証主義者にとって、理論文が有意味なのはそれが確証可能だからで

ある、という論点は捨てがたい。還元文はこの論点を擁護するためにある程度の働きをしてくれる。というのも、還元文は理論語Qの意味を与えてくれるわけではないが、理論語Qをどのような状況で使って良いかを、観察語だけを使って述べてくれているからだ。つまりQを当てはめてよいのは $\neg(S \wedge \neg O)$ が成り立っている場合に限り、そしてその上で $(S \wedge O)$ も成り立っているなら当てはめてよい。このように、理論語をどのような観察可能な状況で当てはめてよいかの条件を還元文が与えてくれている、という意味において、理論文は確証可能だと言える。還元文は、理論文の（意味ではなく）確証が、どのように観察可能な予言の確証に還元できるかを示している。

三　消去的道具主義の栄光と没落

（1）新たな問いと消去的道具主義

カルナップの転向は、論理実証主義者の経験主義的プログラムに転機をもたらした。理論文を完全に観察文に還元することはできず、理論語は観察語に尽きない内容を持つのだとしたら、次の問いが浮かび上がってくる。

【問い】だとしたら、観察可能なものだけでなく観察不可能なものに対するコミットメントも必要になるのか？

観察可能なものへのコミットメントだけを認めることは、もはや論理実証主義の内部でさえ自明ではなくなってしまった、というわけだ。そこで三つの立場が現れることになった。まず第一に、初期論理実証主義の意味論的反実在論（還元主義）を捨てて、意味論については実在論を採用しようという立場がある。ウィーン学団のメンバーだったファイグルがこの立場を選択した。理論文は額面通りに受け取るべきである。つまり、理論語が観察不可能なものを指示する表現であること、理論文が観察不可能なものの観察不可能な属性を述べる文であることを認めよう。つまり、「どのクォークにも対応するレプトンがある」の真理条件を、長い観察文で与えられると考えるのではなく、まさしくどのクォークにも対応するレプトンがあること、と考えよう。

この提案は、還元主義とは対照的だ。還元主義では、観察文は文字通りに受け取られるが、理論文はそうではない。長い観察文の省略形と見なされる。意味論的テーゼとしての実在論では、観察文も理論文も同じような意味論・真理条件を与えられる。ファイグルは、経験主義はこれまでずっと次の二つの問いを混同してきたと見なす(Feigl 1950)。つまり、言明の真理のための証拠は何か（言明の検証・確証条件は何か）と、何がその言明を真にするか（言明の真理条件は何か／言明の意味は何か）である。前者の問いに対して、観察に特権的地位を与えて答えること（経験主義）と、後者の問いに対して理論語を観察語で定義することで答えようとすること（還元主義・検証主義）は異なる。経験主義者はこうした検証条件と真理条件の混同を清算すべし、というわけだ。こうしてファイグルは、現代実在論の一つのルーツとなった。

第二の答え方は、一九五〇年代のカルナップ自身の立場、つまり中立主義（neutralism）である（Carnap 1950, 1956, cf. Psillos 1999 chap.3）。カルナップは、かなりユニークな仕方で、科学理論についての道具主義的捉え方とある意味で実在論的な捉え方とを両立させることで、還元主義の破産に対処しようと試みた。中立主義によれば、科学理論の存在論的含意については次のような答えをすることになる。科学理論は、観察不可能な対象への存在論的コミットメントを強いるようなものではない。しかし一方で、単に観察文を導くための（つまり予言のための）道具にとどまるものでもない。この世の観察不可能な部分がどうなっているかについて述べている、つまり余分な内容をもつ。

こうした曲芸を演じるために、カルナップは言語的枠組みの選択という装置を導入する。数、集合、時空点、電子など、さまざまな種類の対象を量化するさまざまな言語がありうる。われわれは効率性、実り豊かさ、単純さなどの実践的考慮によって、何らかの言語的枠組みを選択する。およそ数なるもの一般が存在するか、といった形而上学的な問いは、じつはナンセンスな疑似問題にすぎない。それは、数なるものの本性に訴えて答えるべき問題ではない。たんに、われわれがどんな言語的枠組みを選択したかによって答えられる問題である。電子なるもの一般の実在性を認めるとは、電子への量化を許すような言語を選んだということでしかない。一方、いったん或る特定の言語的枠組みを選択すると、たとえば、電子なるもの一般ではなく特定の電子の存在についても語れるようになる。「この箱の中に電子が満ちている」とか「このビームは電子の流れでできている」といった具合である。これらの文に、われわれは真理値を与えることができる。「この」ビームが陽子のビームであれば、電子の流れであると述べる文は間違っている。この場合、ここに電子（のビーム）が実在するということは、われわれが、その選択した言語の中で電子の存在を述べる文を真として受け入れるということに他ならない。

このようにして、カルナップは「理論的対象の実在」という問いを二重化することで、或る理論的対象一般が実在するかという問題を、どんな言語的枠組みを道具として採用したかについての問題に解消してしまう。その一方で、特定の場所・時間に特定の理論的対象が存在するかという問題を、言語的枠組みが選択されてはじめて述べることも探求することも可能になる経験的問題として位置づける。こうした立場が維持できるなら、科学者が特定の機会に特定の理論的対象について「ある」「ない」と存在論的な語り方をしきりにする一方で、およそ理論的対象は実在するのかといった形而上学的問題にはきわめて冷淡な態度をとる（あるいはこの問題はナンセンスだと見なす）といった傾向ときわめて整合的な立場になるだろう。

第三の答え方は、単に道具主義、または消去的道具主義（eliminative instrumentalism）と呼ばれる。理論語を記述や推論のための道具と見なすことによって、理論語が観察語に還元できないこと（意味論的な実在論につながる考え方）と理論語が存在論的なコミットメントをもたないこと（形而上学的な反実在論）を両立させようというものだ。理論的対象への存在論的コミットメントをあくまでも認めようとしないわけだから、これが三つの回答のうち最も反実在論的傾向、つまり本来の経験主義的傾向が強いものだと言える。そこで以下では、この消去的道具主義がどのような運命を辿ったかをまとめておくことにしよう。

消去的道具主義の基本的アイディアは次のようにまとめられる。まず、理論文は観察文に還元できないということは認める。したがって、かりに理論文が意味・内容をもつとするなら、理論文は観察を超えた余分な内容をもつことになる。しかし、理論文が内容をもつというのは見せかけにすぎない。それどころか理論文はそもそも言明ですらない。ただの統語論的構築物、たんなる記号の配列であり内容をもたないのである。というわけで、理論文はそもそも何も語っていないのだから、それが語っているとされる理論的対象にコミットする必要はない。

しかしこれだけでは「言いっぱなし」にすぎない。こうした基本的アイディアに形を与えるには、次の作業が必要となる。

(i)理論文が内容空虚だとしたら、なぜわれわれの科学理論は理論文を含んでいるのだろうか。理論文は理論において何の役に立っているのかを説明する必要がある。

(ii)理論文が、世界について何も実質的なことを述べてはおらず、理論にとっての便利な道具にすぎないのだとするなら、理論文は理論から消去できるはずである。その消去が可能であることを示し、できるならその消去のための手続きを示す必要がある。

このうち、(i)については、論理実証主義者に直接の影響を与えたエルンスト・マッハの感覚主義的道具主義にまで遡ることができる。[9] (ii)の作業に対する実質的な貢献となったのは、ウィリアム・クレイグの博士論文である。以下ではこれらを順次検討することにしよう。

(2) 消去的道具主義者としてのマッハ[10]

マッハはモラヴィア生まれのオーストリアの物理学者である。ウィーン大学に学び、グラーツ大学で数学、プラハ大学で物理学を講じた後、一八九五年「帰納的科学の歴史と理論」担当教授としてウィーン大学に戻った。一八八六年に衝撃波の写真撮影に成功するなど、超音速およびジェットの研究で業績がある。音速程度の速度の単位として現在も「マッハ数」が使われている。

マッハの世界観は、「要素一元論」あるいは「感覚主義」、「現象主義（phenomenalism）」、「経験批判論」などと呼ばれている。マッハ自身はマッハ哲学なるものは存在しないと繰り返し言明しているし、素朴実在論ではすまないときに要素一元論を採るといった具合に、目的と文脈に応じて見方を変えているので、これを厳密な意味で「世界観」と呼んでよいのか疑問は残るが、ここでは、消去的道具主義という一つの考え方の典型として要素一元論を取り扱うことにしよう。

要素一元論は一八八六年の『感覚の分析』で明確に展開されている（マッハ　一九七一 a）。従来の実体・因果の概念を排し、世界を形づくるのは物的でも心的でもない中性的な感覚的要素（sinnliche Elemente）、たとえば色、音、熱である。これらの要素は、それ以上分解できないし、他のものに還元することもできない。重要なのは、感覚は実在が主観に働きかけた結果として心の中に生じる主観的なもの、という考え方を採らないという点だ。常識的には、ものがまずあって、そこから反射した光が目に入って、心の中に色や形の知覚が生じる、と考える。しかし、マッハはそのようには考えない。ここで言う「感覚的要素」は心の中にある感覚ではない。この世界を直接に構成している要素なのである。物体も自我もすべて要素の複合体として成り立っている。したがって、マッハの要素一元論は「中性的一元論」とも呼ばれる。マッハは、ヒュームの強い影響によりこうした考えに至った。廣松渉は、マッハを「経験論復興運動における一巨峰」と評している（廣松 一九七一a、三三九頁）。

では、こうしたマッハ的な世界観に立った場合、直接見ることのできない対象への言及を明らかに含む科学はどのように捉え直されるのだろうか。マッハによれば、世界を形づくる根源的所与である要素は、互いに関数的依存関係にある。赤い色とパチパチいう音と熱はともなって現れやすい（炎を思い浮かべて欲しい）。色合いが変わると音と熱も変化する。科学の目的は、根源的要素である感覚間の関数的依存関係を思惟経済の原理にもとづいてできるだけ完全に記述することに他ならない。つまり、できるかぎり少なく単純な概念装置や数学的仕掛けなどを使うことで、現象を簡潔で体系立った仕方で分類しできるだけ完全な記述を与えることが科学の任務である。

ここでマッハが斥けようとしているのは、科学の目的が説明、とくに因果的説明にあるという考え方だ。科学の目的は記述であって説明ではない。また通常、説明と思われているものもその実は記述に他ならない（記述主義）。説明と呼ばれているものは、近似方程式を立て、変数の値を措定することに他ならない。これを説明と呼びたければ呼んでも良いが、その本質は現象間の依存関係を縮約的・統一的に記述したものにすぎない。

この意味で、まさにマッハ哲学は「経験主義復興」なのである。マッハが因果的説明の体系としての科学という考え方を批判する理由はおおむね二つある。第一に、因果は原始的な擬人化にほかならないからである。ビリヤード玉が止まっているもう一つの玉に衝突して、衝突された玉が動き出す。これを第一の玉が第二の玉を「動かした」と捉えるのは、玉に行為者性を投影した擬人化にすぎない。第二に、自然における連関は一つの原因と一つの結果とを挙げることができるほど単純ではないからである。世界は諸要素が関数的に連関しあっている総体なのであって、因果的な把握はその連関の一側面を不完全な仕方で把握したものにすぎない。

因果に限らず、いわゆる「自然法則」や観察不可能な「対象」は、現象に経済的記述を与えるための便利な装置にすぎない。自然の中には、たとえば屈折の法則は存在しない。さまざまな個々の屈折があるだけである。屈折の法則は、われわれがこうした個々の事実を心的に再構成・再生産することを容易にし、われわれの予期にあらかじめ制約をかけ、現実に直面して立ち往生することなく適切に行動しよう、というわれわれの要求を満たすためにつくった簡潔な規則にすぎない。観察不可能な対象も同様である。観察不可能な対象の存在は、現象の「法則」を経済的に分類・体系化する道具（暫定的な補助）としてのみ認められる。

もともとマッハには、認識を生物の適応活動の一種として捉えるという自然主義的な傾向があるが、ここでは、法則が生物学的適応の一形式として位置づけられている。したがって、自然法則なるものがどのような形になるかは、文化の水準によって異なる。最初は、擬人的・神話的な形で法則が表現されているが、そののち、容易さ・単純さ・美しさが重視されるようになり、最終的には完全さ・精密さが要求されるようになる。

マッハによれば、科学が本当に目指すべきなのは、広大な事実の領域の直接描写（事実の現象主義的描写）である。理論文や理論的対象はその描写をコンパクトに体系化するための補助手段・道具として役立つ。こうした現象主義は観念論的に見えるため、唯物論者の神経を逆なでした。レーニンが『唯物論と経験批判論』（一九〇八）でマッハ主義をブルジョア思想だとして批判したのはよく知られている（レーニン 一九九九）。

さて、なぜマッハは観察不可能なものに訴えることを嫌ったのだろうか。まず指摘しておくべきことは、マッハは素朴な主観的観念論からは距離を置こうとしていたという点だ。じかに知覚されたときにのみ、ものは存在する、というバークリー流観念論は科学にとっては狭すぎる。マッハは、弾性のある金属棒の例を挙げて次のように説明する（マッハ 一九六九、四四五〜六頁）。金属棒の下端を万力に挟んで、上部を指ではじくと振動するのが見える。この棒を徐々に短くしていくと、だんだん振動は速くなり、やがて振動しているようには見えなくなる。輪郭がはっきりしない棒の像が見えるだけだ。ここで新しい現象（見え）が生じたと言える。では、振動しているように見えないとき、棒は振動をやめたのか。そうではない。見えないが振動していると言うべきだろう。なぜなら、その棒に触れると、かすかに振動していることがわかるからである。そして、さらに棒を短くすると、その触覚も変化する。最終的には音を発するようになる。さらに新しい現象が生じたわけだ。

そして、このことをわれわれは予言することもできる（「触るとぶるぶるしているよ」）。このようにして、見えない振動の存在を認めることは、感覚に現れるいくつもの現象を体系化・組織化・予測する役に立つ。こうした思惟経済上の役割を果たす限りにおいて、見えないものを措定することは許される。

だとすると、不思議なのは、こんな風に考えていたのに、なぜマッハは原子のような見えない理論的対象も存在すると考えなかったのだろうという点だ。マッハは細かすぎて見えない振動の想定と原子の想定は根本的に異なると考える。見えない振動は他の手段（触覚）で知覚できるが、原子はいかなる感覚でも知覚することができないからである。

マッハはここで次の原理を用いている（マッハ 一九六九、四四五頁）。

【連続の原理】条件を徐々に変えていっても最初に達した捉え方にできるだけ忠実であろうとせよ。

金属棒の振動はこの原理を満たすが、原子の場合は連続の原理に違反している。化学・電気・熱現象から原子の存在に移行するとき、それまで物体に観察してきた性質とはまったく矛盾する性質を持った原子を想定することになるからだ。つまり、説明されるべき現象の記述に現れる概念と、原子の概念は断絶している。だから原子の方は心的構成物であり、暫定的に使ってもかまわないが、究極的には消去されるべきものと位置づけられるのである。

こうしたマッハの連続の原理の使い方は恣意的ではないかという批判はできるだろう。マッハは観察可能なものと原子との性質がまったく矛盾すると強調するが、そうとは限らない。両者は共通の性質・属性をもちうる。たとえば、質量がそうである。そしてこれらは同じような仕方で測定することすら可能である。

科学史的にはマッハの反実在論、すなわち原子論への抵抗は成功しなかった。ジャン・ペランの実験とそれによるノーベル賞受賞（一九二六年）で、一九二〇年代までには原子の存在はほぼコンセンサスが得られていたからである（ペラン 一九七八）。一方、その哲学的影響はより長く続くことになった。論理実証主義運動は一九二八年に「マッハ協会」という名の下に旗揚げされた。このことからもわかるように、論理実証主義、そして現代の科学的実在論論争はマッハ主義の直接の影響下にスタートしたのである。

(3) クレイグの定理と消去的道具主義

さて、消去的道具主義の第二の課題に話題を移そう。理論文や理論的対象の措定が、現象記述の経済的な体系化・組織化、簡潔な予言のための道具にすぎないという論点はわかった。しかし、マッハはそう主張しただけだった。次にはそのことを示さねばならない。つまり本当は暫定的補助にすぎないのなら、実際に消去してみせないといけない。

ここでお手本になるのがヒルベルトのプログラムである。この世界には無限はなさそうだ。それなのに数学には無限が頻出する。このうち無限小・無限大は極限の概念に還元された。極限の概念はワイアーシュトラースらの ε-δ論法を介して実数全体の集合を論議領域とする量化子の使用に還元できた。数学に残る無限は、実数全体の集合のような無限集合と、その上を走る量化子になる。これらをどう理解すべきか。ヒルベルトの答えは、これらの無限は、有限についての推論を能率的に行うため推論をショートカットする道具だというものだ。こうした道具は理想元（ideal element）と名づけられた。

ヒルベルトは、この道具主義を数学として展開するために、有限数学に理想元を付け加えても保存拡大になっていることを証明するという課題を設定した。有限数学の理論をFとし、それに理想元を付け加えて拡大した理論をF＋Iとする。このとき、Fから証明できる有限数学の文の集合とF＋Iから証明できる有限数学の文の集合がぴったり一致するとき、F＋IはFの保存拡大（conservative extension）であると言う。つまり、無限を理想元として付け加えても、有限数学について証明できることがらはじつは何も増えていないということだ。このとき、理想元は有限数学に対して、推論をスッキリさせるための道具の役割だけを果たしていると言ってよいだろう。

ウィリアム・クレイグ（William Craig）が一九五一年に書いた博士論文は、ヒルベルトに沿った仕方で、理論から理論語と理論文を消去するやり方を示した。これにより、クレイグは消去的道具主義に実質を与えることになったのである。まず、クレイグが証明した定理を見てみよう（cf. Craig 1953, 1956；Suppe 2000）。

【クレイグの定理】任意の一階の理論Tと、任意の実効的に特定されたTの語彙の部分集合Oとについて、次のような、実効的に公理化可能な理論T′を構成できる。

T′はOの語彙しか含まない

T′の定理の集合＝Oに含まれる定項以外の定項を含まないTの定理の集合

ただし、クレイグはこの定理が成り立つために次の二つの条件を置いていることに注意しよう。

(i)もとの理論Tの非論理定項は二種類に実効的に分割できる。

(ii)理論Tは実効的に公理化可能である、そしてTにおける証明の集合は実効的に定義できる。

クレイグの定理を理解するためには少しばかり寄り道が必要だ。定理に使われている論理学的概念について解説しておこう。

(i)理論：論理学では、論理的帰結の関係について閉じている文の集合を「理論」と言う。文の集合Tに含まれる文から論理的に出てくる文がすべてTに含まれているとき、Tを理論と言う。さらに、Tに含まれる文がすべて第一階の述語論理（つまり、個体変項x、yなどだけを量化する量化子だけを含む論理。雑に言えば、「すべてのもの」という量化はできるが、「すべての性質」とか、「すべての関係」といった量化は表現できない論理）の論理式になっていれば、それを一階の理論（first-order theory）と言う。先に例に挙げたロビンソン算術は一階の理論である。

(ii)理論が実効的に公理化可能：(i)で定義された意味での理論が、それに含まれる文そしてそれだけがすべていくつかの公理から推論規則によって定理として得られるとき、理論は公理化可能（axiomatizable）と言う。とくに、その公理が有限個のとき、理論は「有限的に（finitely）公理化可能」と言われる。ロビンソン算術は有限的に公理化されている。

また、公理が無限にたくさんになっても、任意の文についてそれが公理かどうかを判定するアルゴリズムがある場合、理論は「実効的に（effectively）公理化可能」あるいは「再帰的に公理化可能」と言う。

(iii)実効的に特定されたTの語彙の部分集合O：これも(ii)と同様に、Tの語彙の中からOの要素とすべきものを選び出すアルゴリズムがある、ということを意味している。

(iv)Tにおける証明の集合は実効的に定義できる：Tにおける定理Aの証明とは、Tのいくつかの公理から出発し、推論規則に従って得られる文を並べていき、最終的にAに至る文の列のことだ。この意味でTにおける証明になっている文の列の集まりが、実効的に定義できるということ。つまり、ある文の列が与えられたとき、それが証明になっているかどうかをチェックするためのアルゴリズムがある、ということを意味している。たとえば無限に長い証明を許してしまうと、Tにおける証明の集合は実効的に定義されないことになる。

クレイグの定理は消去的道具主義に対してどのような意味をもつのかを考えてみよう。Tを科学理論として、その語彙を理論語彙Vtと観察語彙Voに分けたとする。クレイグの定理は、Tがある条件を満たしているなら、Tの定理で観察語彙Voだけを含むものすべて、そしてそれだけを定理とする理論T′がある、ということを意味している。このような理論T′をCraig(T)と呼ぶことにしよう。残念ながら、Tがどんなに単純でも、Craig(T)の公理は無限にたくさんになる。しかし、クレイグの定理は、Craig(T)が実効的に公理化可能であることは保証してくれる。ここがポイントである。Tの定理で観察語彙Voだけからなる定理をすべて含む公理的理論がたんに欲しいだけなら、Tの定理で観察語彙Voだけからなる定理をすべて公理にしてしまえばよい。しかしこの場合、理論は実効的に公理化可能でなくなる。それぞれの文について、これがこの「理論」の公理なのかどうかを判定するアルゴリズムはない。

クレイグの定理が科学哲学に対してもつ重要性に気づいたのはカール・ヘンペルだった（Hempel 1958）。クレイグの定理を使ってCraig(T)を作れば、理論Tから理論語を消去できる。だとするなら、観察文同士の演繹関係は保ったまま、理論語を一斉に消去できることになる。このようにそもそも理論語は理論から何も失うことなく消去できるのだから、その意味や指示に頭を悩ませる必要はない。

興味深いことに、ヘンペルはクレイグの定理の重要性をディレンマの形で提示し「理論家のディレンマ（dilemma for the theoretician）」と呼んでいる。つまり、理論の理論語が経験的帰結の演繹的体系化という目的に役立たないのなら理論語はいらない。しかし、クレイグの定理によれば、その目的を果たしているときですら、消去できる。ということは、理論語が目的を果たしていようがいまいがなしで済ますことができる、というわけだ。

このようにクレイグの定理は、消去的道具主義の主張に数理論理学的裏づけを与えるものとして反実在論者によって便利に使われた。しかし、現在の視点から振り返ってみると、クレイグの定理が実在論批判に果たす役割を過大評価することはとてもできない。次に、シロスの指摘に依拠しながら、この点を確認しておこう（Psillos 1999 pp. 25–6）。

(1)まず、クレイグの定理は、科学の言語を二種類の語彙に分けることができる、しかも実効的に分けることができると前提している。しかしながら、科学の言語を観察語と理論語に二分するまともな基準はおそらく存在しないだろうと考えられる。この点については第5章においてより広い文脈で再論することになるが、ここでは最小限のことを述べておく。

たとえば、「電子」という語をとってみよう。この語は、霧箱の軌跡を説明するときは理論語として使われる。霧箱の軌跡は目に見える。なぜそのような現象が観察されるのかを説明しようとすると以下のようになる。空気中を飛んでいるベータ線（電子）が霧箱に飛び込むと、電子のもっている電荷により霧箱中の気体粒子がイオン化し、それが凝結核となって過飽和状態にある水蒸気を引きつけ、液滴を形成するので、それが飛行機雲のような飛跡となって肉眼で観察される。ここでは、「直接観察可能な霧箱中の白い飛跡を説明する観察されざる理論的対象」として電子が想定されていると言って言えないことはない。しかしながら、加速器で電子ビームをつくり、それを標的にぶつけて理論的に想定されている他の素粒子を検出しようとしているときなどは、電子は存在の怪しい理論的想定上の存在ではなく、むしろ観察可能で操作可能な存在として扱われており、「電子」はむしろ加速器や測定装置の一部をなすものとして、観察語のグループに入るだろう（第7章参照）。むしろ、観察語は、その使用状況において、対象のあるなしが感覚・基本的な機器、広く受け入れられた背景理論などによって、たやすく同意できるもの、理論語は、その使用状況において、それが指す対象が間接的にのみ検出される、ないし推論されるにすぎないもの、と区別しておくことがよいだろう。

また、われわれは理論語を使って観察可能な現象を記述することもできる。たとえばわれわれは、プラグに濡れた指を突っ込んだ男は感電した、と日常的にも言う。この出来事は観察可能な現象だが、「感電」は経験主義者の分類ではおそらく理論語に属することになるだろう。

ヒラリー・パトナムは、「観察語」が原理的に観察可能なものを指すためだけに使う言葉だとするならば観察語などというものはないとまで言っている (Putnam 1962 p.218)。観察語がないというのはもちろん背理法的な言い方であり、言いたいことは、おそらく両者に厳密な線は引けないということだろう。

とはいえ、観察語と理論語には区別がないとか、厳密な線が引けないということが重要なのではない。かりに曖昧さはないとしても、両者の区別は文脈依存的であり、プラグマティックな考慮にもとづくということがポイントである。このような文脈依存的な区別に、認識論的・意味論的含みを持たせることの妥当性が問われるべきなのである。

(2)第二に、Craig(T) はTのもっていた重要かつ有益な特徴を失ってしまうことにも注意すべきである。もとのTがどんなにエレガントで簡潔に公理化されていても、Craig(T) の公理は無限になるということはすでに述べた。それどころか、シロスによれば、Craig(T) は新たな予言を出し続ける能力を失ってしまう (Psillos 1999 pp.25–6)。それは以下のような議論によって示される。

二つの理論T_1とT_2があるとする。どちらも同じ理論語彙と観察語彙をもつものとしよう。さらに、どちらも無矛盾であり、両者を合わせても無矛盾であるとする。ここで二つの理論を合わせた複合理論$T_1 \wedge T_2$をつくる。一般に、この複合理論$T_1 \wedge T_2$は、T_1とT_2がそれぞれ単独では含意できなかった観察文を帰結することができる。

次に、Craig(T_1) とCraig(T_2) についても同様の複合理論を作ってみる。クレイグの定理によれば、Craig(T_1) が帰結する観察文の集合はT_1のそれと同じであり、Craig(T_2) とT_2についても同様のことが成り立つ。しかしながら、複合理論Craig(T_1)∧Craig(T_2)が導く観察文の集合は、$T_1 \wedge T_2$から帰結する観察文の真部分集合であることが証明できる。したがって、Craig(T_1)∧Craig(T_2)は$T_1 \wedge T_2$が出せる予言が出せないという可能性が生じてしまう。

そうすると、通時的に見ると、TはCraig(T)よりもポテンシャルが高いということになる。Tはその後、他の補助的理論と組み合わさることによって、Craig(T)が導出できない予言を出せる可能性がある。しかし、そのクレイグ化されたバージョンはその可能性を失うのである。

(3)クレイグの定理にもとづく消去手続きは、観察文から（理論文を経て）観察文に至る移りゆきが演繹のときだけ使える。しかし、われわれは帰納的にその移りゆきを行うことも多いはずだ。そのときは理論文は消去可能ではなくなる。この点を指摘したのはヘンペルである（Hempel 1958, cf. Psillos 1999 p.26）。理論的仮説Hからは観察文O_1、O_2、…、O_nが演繹できるとする。このとき、O_1、O_2、…、O_nからはHが演繹できないにもかかわらず、帰納的にHを認めることはありうる（と言うより、仮説の信憑性を認めるときはほとんどこのような場合だろう）。さてここで、さらにHと他の補助仮説から、新しい予言O_{n+1}が演繹できるとしよう。このO_{n+1}はO_1、O_2、…、O_nからは得られない、ということがありうる。O_{n+1}は帰納的に推論された理論的仮説Hによってはじめて得られるわけである。このようなとき、Hはすでに存在しているO_1、O_2、…、O_nとO_{n+1}とのつながりを簡略化しているのではない。HがなければO_1、O_2、…、O_nとO_{n+1}との間につながりはないのであり、理論的仮説Hは観察文O_1、O_2、…、O_nとO_{n+1}との帰納的つながりをつけるのに不可欠に使われている。しかし、こうしたことは、理論文を消去してしまったCraig(H)には決してできない芸当である。

四　結局、論理実証主義とは何であったのか

（1）経験主義のリベンジとしての論理実証主義

本章の最後に、論理実証主義運動について総括的な評価をしておこう。論理実証主義を二〇世紀における最も組織的・包括的な経験主義プロジェクトと捉えることはそれほど的外れではないだろう。経験主義は、スティーヴン・トゥールミンの言う「証拠と理論の間のタイプ跳躍（type-jump）」（トゥールミン 二〇一一）を深刻に受け止めることから出発する。われわれが主張する理論的知識主張とそれがもとづく証拠の間には、タイプのズレがあることが普通である。われわれは、現在手に入る証拠にもとづいて遠い過去について知識主張を行う。地球上で観察できる証拠にもとづいて遠くの星雲について何事かを主張する。マクロな観察にもとづいて、ミクロな理論的対象の性質について主張する。しかし、タイプ飛躍があることによって、証拠から理論的主張は論理的に帰結することができない。

日常的には、分野ごとの慣例により、このタイプ跳躍は大目に見られる。つまり、これだけ証拠がそろったら、結論をわかったものとして主張してよいだろうとされる。しかし、経験主義は、理論的知識に対する懐疑論的傾きをもつために、このタイプ跳躍は容易には乗り越えられないと考えてしまう。経験主義は、タイプ跳躍の乗り越え可能性に関して実在論者より悲観的なのである。ここで取りうる方向はいくつかある。一つはロック的不可知論だ。われわれは、観察を超えた理論的対象の存在と本性については知りえないと考える。もう一つの方向は還元主義である。還元主義においては、タイプ跳躍の存在そのものが否定される。観察文で書かれた証拠と、理論文で書かれた知識主張の間にはじつはタイプのギャップはない。なぜなら、ギャップがあるように見えるのは見せかけで、実

は理論文は長い観察文の省略形だからだ。証拠と理論的知識主張は同じタイプなのである。

この意味で、論理実証主義の還元的経験主義は、自我、物体、因果を感覚の束によって還元的に定義しようとしたヒュームの試みに再度挑戦（リベンジ）したものと見なすことができる。ヒュームが失敗したプロジェクトに、自分たちは成功すると考えることができたのは、ヒュームにはなかった数理論理学の手法を彼らが手にしていたからだ。

（2）観察文への還元がもつポジティブな意義

現代の科学的実在論論争の観点からだけ見ていると、論理実証主義者の観察文への還元主義は、たんに理論的対象へのコミットメントをなしで済ませるための、ネガティブな働きを果たしただけのように見える。しかし、おそらくはそうではない。そのことは、彼らの仕事を歴史的文脈の中に置き直してみるとわかる。

カルナップがシュリックの招きでウィーン大学講師となった一九二六年は、シュレーディンガーが波動方程式を発表した年でもあった。二八年にはマッハ協会が設立され、カルナップの主著の一つである『世界の論理的構成』が書かれている。そして二九年には『科学的世界把握──ウィーン学団』を発行し、マッハ協会を母体としてウィーン学団が正式に旗揚げされている。三〇年には、ウイーン学団とベルリン・グループが協同で機関誌『認識（*Erkenntnis*）』を発刊し、三一年にはベルリンで科学哲学会が結成された。しかし三三年にナチス政権が樹立すると、ライヘンバッハは亡命を余儀なくされ、三五年にはカルナップも亡命、さらに三六年にはシュリックが大学構内で学生に射殺され、運動としての論理実証主義は十年にも満たないうちに解体してしまう。

このように、論理実証主義運動が展開された時期は、ナチズムの台頭と量子力学と相対論という物理学の革命の時期ときれいに重なっている。ここで注目すべきは「ゲルマン科学」ないし「ドイツ科学」と呼ばれる民族主義的科学運動の存在である。[11]

ドイツ科学運動の担い手になったのは、フィリップ・レーナルト（Philipp Lenard 一八六二〜一九四七）とヨハネス・シュタルク（Johannes Stark 一八七四〜一九五七）という実験物理学者たちだった。レーナルトは、陰極線の研究で一九〇五年にノーベル物理学賞を受賞しており、シュタルクも一九一九年に水素スペクトル線の研究によりノーベル物理学賞を受けている。いずれも当時のドイツを代表する物理学者だった。ともに熱烈な愛国主義者であると同時に実験物理学の強力な擁護者であり、アインシュタイン、シュレーディンガーなどユダヤ系物理学者が多く関係していた理論物理学の革命に対しては懐疑的な態度をくずさなかった。一九二一年に、アインシュタインがノーベル賞を受賞すると、さっそくレーナルトはスウェーデン科学アカデミーに抗議している。

また一九二二年にシュタルクは論文「ドイツ物理学の現代的危機」を執筆し、相対性理論や量子論の流行により理論物理学が過度に重んぜられるようになったが、人間的表象や数学的式は物理学においてはそれ自身が目的ではなく、経験の叙述と獲得の手段にすぎない。したがって、われわれは真の経験的真理を求めることのできる実験物理学を重んじるべきであると論陣を張った（本多 一九八一、二六一頁）。

その後二人は、実験の裏づけが乏しく思弁的な新物理学はユダヤ科学だとして、反対運動を激化させると同時に、台頭しつつあったナチスに近づいていく。レーナルトはナチスが有力になり流行する前に党員になっている。一九二四年に二人は連名で「ヒットラー精神と科学」なる論文を書いている。一九三三年一月にナチス政権が誕生すると、二人はナチスからのサポートを得て、大学からユダヤ人、新物理学の信奉者を追い出し、自分たち好みの物理学者に入れ替える活動に乗り出す。一九三四年には、シュタルクは「ナチズムと科学」を書き、理論物理は「ユダヤ的」であり、ドイツの科学は純血ドイツ人でのみ担われるべきとし、量子力学をすべて「ドグマ的理論」として排斥する論陣を張った。

論理実証主義は、こうしたドイツ科学運動とファシズムに対抗する思想運動としても理解すべきだろう。そのように考えると、カルナップがいささか偏狭な検証主義基準を振りかざしてナンセンスと断じる対象として選んだのが、ナチズムに加担していたハイデガーだったことも理解できる。そして、観察文への還元主義がもつポジティブな意義も見えてくる。ひと言で言って、それは新物理学をレーナルト、シュタルクによる批判から擁護する議論と見なすことができる。新しい理論物理学はたしかに抽象的で高度に理論的だが、その理論文は観察文に還元できる。現実から遊離しているように見えるのは見かけだけで、新物理学は経験に根ざしている。と言うより、経験以外何も語ってはいないのだ。

第2章　奇跡論法による実在論の復興

一　実在論的転回と奇跡論法

前章で指摘したように、分野として制度化された科学哲学は、きわめてラディカルな経験主義である論理実証主義により始まった。このため、科学哲学には最初からきわめて強い経験主義的バイアスがかかっていた。が、還元的経験主義と消去的道具主義が挫折したことにより、一九六〇年代ころから実在論が息を吹き返してきた。これを実在論的転回と呼ぼう。

実在論的転回には、一九六〇年代のウィルフリッド・セラーズ（Wilfrid Sellars）の仕事も大きく寄与した（Sellars 1963, 1967, 1977）。セラーズに続いたのは、グローヴァー・マクスウェル（Maxwell 1962）、J・S・C・スマート（Smart 1963）、ポール・チャーチランド（チャーチランド 一九八六）などである。彼らに共通していたのは、いまでは奇跡論法と呼ばれるようになった論法であり、これが科学的実在論を擁護するための最も知られた定番の議論となった。

（1）奇跡論法

奇跡論法（no miracles argument）は「科学の成功からの議論」とも呼ばれる。その骨子は次のように定式化できる。

【科学の成功からの議論】広く受容された科学理論はさまざまな意味で成功している。その成功は、その理論が（近似的に）真であることによって最もよく説明できる。したがって、その科学理論は（近似的に）真であるだろう。

ここで言われる科学理論の「成功」とは何だろうか。論者によって微妙な違いがあるが、おおよそ以下のものが含まれる。①その理論が技術開発に応用され有用な装置や方法を生み出したこと。②その理論から導かれる予言がよく当たってきたこと。③いろいろな方法でいろいろな科学者が行ってきた実験の結果がそろっていること（収束と呼ばれる）。

たとえば、電子について理論から導かれた予言はよく当たってきた。電子について行われた実験の結果は、あたかも電子があってその同じ電子なるものについて多くの科学者が実験したかのようにうまくつじつまがあっている。そして、電子についての理論を用いてブラウン管が作られ、テレビが開発され、よく映っている。なぜ、こんなことが起こりえたのか。それは、電子というものが本当にあって、理論はその電子の存在とその性質について近似的に真なることを述べていたからだ、と考える他はない。逆に、理論が近似的に真ではなく、電子が存在しないなら、あるいは電子が理論が述べているような性質を全く持たないなら、こうした電子理論の成功は、ほとんど奇跡になってしまう。

奇跡論法を提唱したヒラリー・パトナムは次のようにスローガンの形で述べている。「ここでも、実在論は科学の成功を奇跡にしてしまわない唯一の哲学だと私は信ずる。」（Putnam 1975a p.73）

（2）奇跡論法と最良の説明への推論

奇跡論法の推論としての特質についてはいくつか指摘しておくべきことがある。まず第一に、奇跡論法は、科学理論の成功から科学的実在論が導かれると言っているだけではない。理論の成功を最もうまく説明できるのが科学的実在論だと主張している。したがって第二に、奇跡論法は「最良の説明への推論（inference to the best explanation）：ＩＢＥ」あるいはパースが「アブダクション（abduction）」と呼んだ推論形式になっている（cf. Douven 2011）。

第三に、最良の説明への推論は、科学内部においても頻繁に使われる推論形式である。マクマリンなどは、この推論形式が「科学を作り上げている推論」だとまで述べている（McMullin 1992）。科学における最良の説明への推論の使用から、代表的な例を挙げておこう。一七八一年に天王星が発見された。パリ天文台に務めるユルバン・ルヴェリエ（Urbain Le Verrier 一八一一～七七）は、当時の台長だった物理学者フランソワ・アラゴ（Dominique François Jean Arago 一七八六～一八五三）の提案に応じて、天王星の観測上の軌道とニュートン力学から予言される理論的軌道との間に小さいが規則的なズレがあることを明らかにする計算を行った。そのことは知らずに、イギリスのジョン・アダムズ（John Adams 一八一九～九二）も同時期に同じ計算を行っていた。ルヴェリエは、天王星の軌道のズレは未発見の惑星によるものだと考え、計算結果を一八四六年の八月三一日にフランスアカデミーに公表した。これは、アダムズが同様の結果をグリニッジ天文台に報告するわずか二日前だった。ルヴェリエはさらに計算結果を私信でベルリン天文台のヨハン・ガレ（Johann Galle 一八一二～一九一〇）に報告し、一八四六年九月の手紙の届いたその日にガレはルヴェリエの予言からわずか一度以内の位置に新しい惑星（海王星）を発見した。

この科学史上有名なエピソードで、ルヴェリエは次のような推論を行ったと整理できる。

天王星の観測軌道が理論上予測される軌道と合わない

これは、天王星の外側にもう一つ惑星があって、天王星の軌道を乱していると考えると説明がつく
したがって、天王星の外側にもう一つ惑星があるだろう

この推論は、一般化すると⑴これまでに分かっていることがらからは説明のつかない新奇な現象Eが生じている、⑵ある仮説Hを仮定すれば、その現象Eがうまく説明できる、そして⑶その仮説H以外にいまのところその現象を説明できるより良い仮説がない（あるいは、HはEを説明する他の仮説のどれよりも良くEを説明する）、という前提から、⑷仮説Hは、他のどの仮説よりも真理に近いだろう、という結論をみちびく推論である。

もう一つ例を挙げるなら、トムソン（Joseph Thomson　一八五六～一九四〇）の「電子の発見」がある。トムソン自身は次のように推論している。

陰極線は負の電荷を運ぶ、そしてそれ自身が負電荷を帯びているかのように静電気力で曲げられる。そして、磁気力がそれに作用することもできる。その仕方はまさしく、磁気力が陰極線に沿って運動する負の電荷をもった物体に作用する仕方と同じである。以上のことから、私は陰極線は微粒子によって運ばれる負電荷なのだという結論に至らざるをえない。（Thomson 1897 p.302）

これらはもちろん、演繹のように必然的（より正しくは真理保存的）な推論ではない。前提の正しさは必ずしも結論の正しさを保証しないからだ。帰納のような蓋然的な推論の仲間である。じっさい、ギルバート・ハーマン（Harman 1965）は、むしろ帰納の方が、最良の説明への推論の一種だと述べている。たしかに、「神経細胞には核がある。表皮細胞には核がある。精子には核がある。肝細胞には核がある。……（これはすべての細胞には核があるという仮説を仮定すれば説明できる）したがって、すべての細胞には核があるのだろう」のカッコ内を補えば、枚挙的

帰納法は最良の説明への推論の形式に書き直すことができる。

　第四のコメントとして次が指摘できる。もちろんこの推論形式は、何をもって「良い説明」とするかの基準までをも定めるものではない。しかしながら、単に現象ないし観察データを説明できるというだけではなく、それが「良い説明」であることを求めていることには重要な意味がある。この条件がないと、結論を一つに絞ることができなくなり、いわゆる決定不全性の餌食になってしまうからだ（この点は第6章で再論する）。一般に観察データからそれを説明する仮説は一つに決まらない。同じ観察データを導くことのできる複数の仮説が可能だ。たとえば、マイケルソン＝モーリーの実験結果（静止エーテルに対する地球の速度を測定したところ、速度はゼロという結果が出た）を説明する仮説は複数ありうる。アインシュタインの特殊相対性理論とローレンツ＝フィッツジェラルド短縮（エーテル中を運動する物体は運動方向に一定の割合で縮むという仮説）は、どちらも正確にマイケルソン＝モーリーの実験結果を説明する。

　どちらの仮説も同じ予言を導くとしても、さらに「良い説明」の満たすべき条件として、正体不明の存在者の措定をできるだけ含まないシンプルなものであること（ontological parsimony）という条件を課すならば、特殊相対性理論の方がライバルよりも「良い説明」を与えているということになり、少なくともこの二つの仮説間での決定不全性は回避される。

　さて、奇跡論法は科学で一般的に用いられている推論形式を科学じたいに適用したものになっている。つまり、奇跡論法は、ア・プリオリな哲学的議論ではなく、科学が成功を収めてきたという珍しい経験的現象（科学の歴史と現状について調査すればわかる）から、それを説明するものとして導かれる経験的仮説として科学的実在論を位置づけている。奇跡論法は科学的実在論を経験的仮説として擁護していることになる。

　最後に、最良の説明への推論が科学の実践においてしばしばなされている、ということは事実だとしても、そのことと、この推論形式が正当化されているということとは別である。最良の説明への推論が単独でその結論を信じる理由を与えるかどうかは、検討してみなければならない。つまり、ルヴェリエの例で言うなら、天王星の外側にもう一つ未発見の惑星があるだろうという仮説を最良の説明への推論によって形成するのはよいとしても、そうやって形成された仮説への支持をこの推論が与えているかは議論の余地がある。この仮説を置くと観測値と予測値のズレが説明できてつじつまが合う、というだけの理由で、仮説が確からしくなるか、という問題だ。ルヴェリエの場合は、ガレが海王星をじっさいに発見したという、別ルートでの検証が行われてはじめてこの仮説が受け入れられたようにも思われる。もし、最良の説明への推論に仮説形成の役割だけ認めて、仮説支持の役割を認めないなら、奇跡論法だけでは科学的実在論を信じる理由を与えるには足りないことになる。このことは次節で重要な論点になる。

二　奇跡論法のいくつかのバージョン

（1）初期のバージョン

次に奇跡論法の具体例を検討することにしよう。まずは初期のバージョンを二つとりあげる。

ⓐJ・J・C・スマートの道具主義批判（Smart 1963）

スマートは、道具主義者を批判する文脈で、奇跡論法に近い論法を用いた。その概略は次の通りである。理論的対象は観察結果を経済的に記述するための道具にすぎないと見なす道具主義者の観点では、理論から得られる新しい予言が当たるのはまったくの偶然の一致（cosmic coincidence）になってしまう。道具主義者はこうした宇宙スケールでの偶然を信じなければならなくなるが、実在論者はそういうものを必要としない。したがって、実在論の方が優れた立場だと言える。

このスマートの議論は、表面上はパトナムの奇跡論法に似ている。しかし、次の三つの点では異なっている。第一に、スマートは偶然の一致という形而上学的な言い回しで議論を提示している。第二に、明示的に最良の説明への推論の形式で議論を定式化しているわけではない。とはいえ、「偶然の一致」とは説明のない一致のことであるから、この違いはそれほど本質的ではないかもしれない。重要なのは第三の違いである。スマートの議論は、経験的仮説として科学的実在論を擁護しようとしていない。むしろスマートは、実在論擁護はア・プリオリになされるべきだと考えていたようである。自分の議論を、何がありそうかについての直観に依拠した哲学的議論（plausibility argument）の一種だと見なしていた。

ⓑマクスウェルが成功の説明に注目（Maxwell 1962）

科学的実在論を擁護するのに説明という観点を持ち出した最初の人がマクスウェルである。つまり、科学の成功をそれじたい説明を要する事実ととらえる。道具主義者は、理論を、真なる観察文を入力すると別の真なる観察文が出てくるブラックボックスのようなものと見なしている。たしかにそのように見なすことができないわけではない。しかしながら、それだけではなぜそのブラックボックスが有効なのかの説明がない。その上で次のように論じる。理論の成功の唯一の理に適った説明は、よく確証された理論はよく確証された真正の言明の連言であり、それらが指示している対象がおそらく存在している、というものである。

スマートとの違いは明らかだ。マクスウェルは、スマートが依拠していた「何がありそうかについての直観」に根拠を与えねばならないと考えている。そして、そのような根拠はとりわけ哲学的というわけでもないと考える。したがって、マクスウェルの議論は、ある意味でスマートのア・プリオリな議論と自然主義[1]的なパトナム流奇跡論法の橋渡しをしたことになるだろう。

マクスウェルは実在論的な説明の方がよいという直観にベイズ的な議論を用いて根拠を与えようとする。Rを実在論的説明、Sを科学理論が成功しているという事実、Iを道具主義的説明としよう。議論を簡単にするために、とりあえず、実在論も道具主義も科学の成功を含意するものとしておく。つまり、

$$P(S|R) = P(S|I) = 1$$

である。

ここで、ベイズの定理により

$$P(R|S) = P(R) \cdot P(S|R)/P(S) = P(R)/P(S)$$

$$P(I|S) = P(I) \cdot P(S|I)/P(S) = P(I)/P(S)$$

が導かれる。これらのうちどちらが大きいかは、事前確率P(R)とP(I)の大小による。

実在論的説明と道具主義的説明のどちらの事前確率が大きいと考えるべきだろう。マクスウェルの考えだとこうなる。単純さ、包括性、アドホック（その場しのぎ）でないことなどは理論の信憑性を高めると考えられる。実在論による科学の成功の説明は、こうした単純さ、包括性、アドホック性のなさを備えているので、P(R)の方が大きい。

この議論は、科学の成功を実在論、道具主義どちらが上手に説明しているかを比べている。しかも、その際に、科学において説明を選択する基準と同じものを用いているという点で自然主義的な議論になっている。科学でも単純さ、包括性、アドホック性のなさなどを基準として、拮抗する仮説に優劣をつけている。哲学の議論は、科学の

議論に比べて質的に異なったりより難しかったりするわけではない。同じやり方をすればよいのである。じっさい、マクスウェルは、自分が実在論を受け入れる理由は、科学で同じ証拠を説明する二つの理論から一方を選ぶときの理由と同じ種類だ、と述べている。

ⓒ初期バージョンの欠点

さて、こうしたスマートとマクスウェルの議論は、確かに消去的道具主義を仮想敵とする場合には有効かもしれない。しかし、第5章で扱うファン＝フラーセンのような洗練された反実在論的経験主義には有効ではない。スマートとマクスウェルの標的は消去的道具主義なので、理論文は実在論的に解釈されるべきだとだけ言っておけばよい。そのため、スマートは哲学的直観に訴えて済ませたのだし、マクスウェルは説明に注目して最良の説明への推論を潜在的に用いたにもかかわらず、この推論形式じたいの信頼性を保証することはしなかった。

消去的道具主義や還元的経験主義を相手にしているときには、それでよい。理論が実在論的に解釈されるべきだということになれば、あとはその理論が確証されているかどうかという問題だけが残る。しかしながら、後で見るように、ファン＝フラーセンは、消去的道具主義や還元的経験主義は成り立たないという点までは実在論者と共有し、科学理論を実在論的に読むことは受け入れた上で、それが措定する理論的対象の実在を信じる合理性を疑う。その一つの論拠が、科学で多用される最良の説明への推論が信用ならないということなのである。したがって、たんに最良の説明への推論を使って実在論を擁護するだけでなく、同時に最良の説明への推論を使用することに正当化を与える議論もしないと、こうした洗練された経験主義には歯が立たないことになる。

（2）奇跡論法を強化したボイド

こうした初期バージョンの欠点をふまえて、奇跡論法をＩＢＥの信頼性と合理性を擁護する試みにまで強化しようとしたのがリチャード・ボイドである（Boyd 1981, 1984, 1989, 1990)。ボイドは自らの立場を「実在論の説明主義的擁護（explanationist defense of realism)：ＥＤＲ」と名づけている。説明主義的と呼ぶ理由は、科学理論はおおむね真だという実在論的テーゼが、科学の経験的成功の最良の説明だという主張にもとづいているからである。

ボイドは明確に、実在論者の認識論は自然主義的でなければならないと認めている。つまり、「科学理論が理論的真理をもたらすことができるということを、この世界でたまたま成り立っている事実だと考える」「科学が認識論的に信用できるものだということを示すにあたって、科学も採用している方法以外のものを使わない」という二つの要件を実在論擁護の方法に課すわけである。その上で、ボイドの議論はおおよそ次のように進む。

(i)科学の方法は理論負荷的である。つまり、仮説から予言を引き出す、テストの方法を選ぶ、実験をデザインする、機器をカリブレートする、実験データを整理して評価する、対立仮説から一方を選ぶ、何をするにも背景理論に依存せざるをえない。

(ii)こうした背景理論に依存した理論負荷的な科学方法論が、正しい予言を生み、実験を成功させる。つまり科学の成功をもたらしている。これは説明を要求する事実である。では、どのように説明すべきだろうか。

(iii)科学的方法の道具としての信頼性にたいする最良の説明は次のようなものである。科学的方法が成功する予言を生み、実験を成功させるために使っているメカニズムや因果連鎖についての背景理論の理論的言明がおおむね正しいからだ。

これは、最良の説明への推論を用いた奇跡論法である。科学的方法が成功することを説明する最も良い仮説は、科学的方法が依存している背景理論が近似的に真であることである、ということから、理論の真理が結論される。

さらに、ボイドの議論は非常に巧みに作られている。なぜなら、ボイドの議論は、同時に真なる理論を生み出すのに科学的方法が信頼できることの説明も与えている。このため、科学的方法を擁護するための議論にもなっている。しかも、この科学的方法の中には推論形式としての最良の説明への推論それじたいも含まれる。この議論によって近似的に真だろうとされる理論はほとんど最良の説明への推論によって得られた。ということは、実在論の説明主義的擁護（ＥＤＲ）は、最良の説明への推論が信頼できる推論規則だと擁護する議論（メタアブダクション）にもなっている。

三　ＥＤＲへの批判とそれへの応答

（1）悪循環ではないか（アーサー・ファインの批判）

ボイドの議論は、それじたいが最良の説明への推論でありながら、同時に最良の説明への推論への正当化を与える議論となっている。当然のことながら、最良の説明への推論を最良の説明への推論によって正当化するのは悪循環（vicious circle）ではないかという反論が寄せられることになった（cf. Fine 1986b p.161）。しかし、そもそも悪循環とは何だろうか。考え直してみよう。

推論において、たとえば「地球は丸い、なぜなら地球は丸いからだ」のように、前提に結論と同じ文が含まれていると悪循環と言われる。たしかにこれは循環している。しかし、それが認識論的によろしくない「悪」循環かどうかは、推論の形だけでは決まらない。その推論を使って何をしたいのかによる。「ＰゆえにＰ」は、もし文は自分自身を論理的に帰結するということを示したいなら悪循環ではない。Ｐの正しさを立証したいなら悪循環になるだろう。とはいえ、ボイドの議論はこの意味で悪循環でないばかりか、循環もしていない。前提と結論に同じ文があるわけではないからだ。

そこで、シロスは次の区別を導入することによって、ボイドの議論を悪循環との批判から救い出そうとした（Psillos 1999 pp.81–90）。つまり、前提における循環と規則における循環の区別だ。これはもともとブレイスウェイト（Braithwaithe 1953）が、帰納法の正当化のために置いた区別である（戸田山 二〇〇三も参照）。

①前提における循環（premiss-circular）：Pが真であることを言うのにPを前提すること

②規則における循環（rule-circular）：推論規則Rが信頼できるという結論を、Rを使った推論で示すこと

前提における循環は、右で悪循環と呼んだものである。これは確かに認識論的に許容できないだろう。しかし、②はただちに悪循環とは言えない。規則における循環を含んだ論証の結論は、①のように前提に含まれているわけではないからだ。

ボイドの奇跡論法は、前提における循環を含んでいないが、たしかに規則における循環は含んでいる。問題は、そのことがこの論法の信憑性を奪うかということである。あるいは次のように言ってもよい。規則における循環をもつ論証は認識論的な欠陥を含んでおり、禁じられるべきなのか。禁じられるべきではないとして、ではどの程度の強さをもった論証なのか。

この問いに対する答えはきわめて微妙である。そこで、まずは、規則における循環をもつ論証を禁じる理由はないという方向でどのような議論ができるかを考えてみよう。可能な議論の方針は、規則を使うときに、その規則の信頼性を前もって確立しておかねばならないということを拒否するというものである。

実のところ、これはより広い文脈で、認識論的外在主義者がとる戦略に他ならない。認識論的外在主義とは、信念の正当化に認識者がアクセスできなくても、現に信頼できるプロセスで形成されたのであれば、その信念は正当化されているとして良いとする立場である。[2] 知覚的知識の例をとって説明しよう。私は息子がビールを冷蔵庫に入れているのをいましがた見たので、「冷蔵庫にビールがある」と信じるに至ったとしよう。息子がビールを冷蔵庫

に入れているのを見た、というのが私の信念に正当化を与える。しかし、私は「息子がビールを入れているのを見た」と思っているだけかもしれない。これにも証拠があるだろうか。私は寝ぼけていなかったし、私の視力に異常はない。しかし、私は自分の視力は正常だと思っているだけかもしれない。この信念の根拠を私はもっているだろうか。とりわけ、心に抱かれる可能な信念としてもっているだろうか。「私の水晶体には濁りがないし、網膜剥離もないし、視神経も異常なし、脳の視覚野も大丈夫……」といったことを私は知らない。こうしたことを知りたかったら、医者の診断を受けないといけない。しかし、こうしたことをすべて知っていて、それを根拠にしてはじめて「冷蔵庫にビールが入っている」ことを知っていると言って良い、というのが外在主義に対立する認識論的内在主義なのだ。どこかがおかしい。

知識について外在主義の立場に立つと、知っているためにもつべき正当化を、本人が意識的にアクセスできる形でもっていなくてもよいことになる。水晶体に濁りがなく、視神経も異常なく、脳の視覚野も大丈夫、ということを私が知らなくても、事実として私の視覚システムがちゃんとしていれば、私は視覚を通していろんなことを「知っている」と言って良い。

同様の外在主義的立場を、視覚システムではなく推論規則に当てはめてみよう。あるルールが前提と結論をつなぐものとして与えられたとき、重要なのはそのルールが現に信頼できるかどうかであって、そのルールの信頼性が示されているということではない、と考えても良いことになる。つまり、ルールの客観的性質として、現に信頼できるなら、真な前提からそのルールによって得られた結論は真である。結論の正しさにとって、ルールの信頼性が示されている、ということは無関係なのである。ようするに、正当化のために、信頼性の証明をもっていることを要求するか否かが内在主義と外在主義の分かれ目である。外在主義者はこうした要求は不適切だと考える。

しかし、内在主義者はこれを認めないだろう。したがって、外在主義者はもう少し強い議論をしなければならない。どのような議論が可能だろうか。内在主義者は、正当化は信頼性と真理につきるとは思っていない。信頼できることを知っていることが必要だと考える。そうすると、あらかじめ、推論規則の信頼性の正当化がされていないと、結論の正しさが正当化されないと考える。このように考えると、たしかに規則における循環を含む論証は悪循環的になる。しかしながら、内在主義者は、基本的な推論規則に対して、彼らが必要とするような〈循環的でない正当化〉を与えることができるだろうか。問題は、最良の説明への推論にとどまらない。帰納法に対して、内在主義者は循環的でない正当化を与えることができただろうか。おそらくその正当化は無理だろう。この点に関して内在主義者は外在主義者に比べて圧倒的に不利な立場にいる。なぜなら、推論規則やその他の認識の方法に対する内在主義的な正当化が与えられたなら、外在主義者はそれをすべて利用できるのに対し、その逆は成り立たないからである。とするなら、内在主義者の要求の方が間違っていたということになるだろう。推論規則に信頼性があることを、その推論規則を使わずに示すという要求は過大なのである。ルイス・キャロルのアキレスと亀のエピソードで知られるように、この要求を満たそうとすると、帰納どころか演繹ですら信頼性を示せない（Carroll 1895）。

(2) いくつかの再批判に答える

以上で確認できたことは、外在主義者の視点では、ボイド型の奇跡論法は最良の説明への推論の信頼性をあらかじめ立証しておく必要はないということだ。奇跡論法で実在論を擁護するつもりなら、外在主義にコミットする必要がある。ここで、こうした路線に対して可能な二つの再批判に答えておこう。

(1)外在主義をとろうとも、やっぱり奇跡論法は最良の説明への推論の信頼性を前提に使っているのではないか。なぜなら、もし奇跡論法が最良の説明への推論の信頼性を前提していないのだとしたら、なぜ奇跡論法は他の推論規則ではなく最良の説明への推論を使うのだろうか？　そして、奇跡論法が最良の説明への推論の信頼性を前提しているのだとしたら、それには独立の正当化が必要なはずだ。

これに対しては、次のように答えることができるだろう。最良の説明への推論が信用できないとわかっているのにそれを使うとしたら、それは適切ではない。しかしこれは、それを使う前に最良の説明への推論の信頼性を証明しておかなくてはいけないということを意味しない。いまのところ最良の説明への推論が信頼できないという理由をわれわれはもっていない。そうであるうちは使い続けて良い。

これは、他の知識獲得方法全般に当てはまる。われわれはふつう記憶が正しかったかをチェックするのに記憶を使う。記憶がどんな場合にどのくらい信頼できるのかを調べるのに記憶を使うのには、何ら問題はない。記憶が全面的に信頼できないということになるまでは、これをやって良いし、記憶の正しさについて最初に証明しておかなくてはならないということはない。

(2)もし外在主義をとるなら、なぜそもそも実在論者は奇跡論法にこだわるのか。奇跡論法は最良の説明への推論の信頼性を立証するものなのではないか？　だとしたら実在論者は奇跡論法をすることによって、やっぱり最良の説明への推論を正当化しようとしていることになる。

これに対しては、次のように答えよう。この反論は奇跡論法がやっていることを誤解している。奇跡論法は信頼性のまだない最良の説明への推論を信頼できるようにしているのではない。また、最良の説明への推論がすでに信頼できるものであったとして、その信頼性に何かを付け加えようとしているのでもない。それはただ、最良の説明への推論の信頼性についての新しい別の信念を追加しているのだ。その信念は最良の説明への推論が信頼できるときにかぎって正当化されるような信念であるが。

この意味では、奇跡論法は最良の説明への推論の正当化ではないかもしれない。それは、最良の説明への推論を使わない人・あるいは最良の説明への推論を使うことを熟慮の上やめた人を説得して使わせるだけの力はない。

以上の二つの問いと答えは、規則における循環を含んだ「正当化」にどの程度のことができるのかという問題に一般化できる。イゴール・ドーヴェン（Douven 2002）がこの点について、興味深い思考実験をしている。

想像上の科学者コミュニティが、最良の説明への推論ではなく、「最悪の説明への推論」と呼ばれる規則に従って推論していると仮定しよう。最悪の説明への推論とは、いま手許にあるデータないし現象から、それを説明する最も出来の悪い説明へと推論することを命じる推論規則である。この規則を使っているかぎり、このコミュニティは成功しない理論ばかりを生み出すと前提して良いだろう。にもかかわらず、このコミュニティでは、最悪の説明への推論の信頼性を次のような議論によって「正当化」できてしまうように思われる。

われわれの科学理論はたいてい成功していない。これらの理論は最悪の説明への推論を適用した結果である。ところで、最悪の説明への推論は信頼できる推論規則だ（つまり、真なる前提からたいていの場合真なる結論を生み出す）という仮説は、われわれの理論がこんなに成功していないことを説明する最悪の説明だ。したがって、われわれの科学理論はたいてい成功していないというデータに最悪の説明への推論を適用するなら、最悪の説明への推論は信頼できる推論規則であることになる。

これは馬鹿げた結論だ。これは何を意味しているだろうか。まず言えるのは、規則における循環をおかした議論は、それだけの理由でその規則の信頼性を立証する議論には決してならないということだ。これは、前提における循環とは好対照である。この想像上のコミュニティにおける議論は、規則における循環を含んでいるが、その規則が信頼できることを立証してはいない。規則における循環は、それだけではその規則の正しさを証拠立てる安上がりの議論にはならないのである。

では、ボイドと架空の科学者たちの推論の違いはどこにあるのだろう。それは、ボイドの推論においては、そもそも最良の説明への推論の信頼性を疑うにたる理由がないのに対して、最悪の説明への推論の信頼性を疑う理由はたくさんあるという点だ。実は、架空の科学者たちの推論がどこかおかしい、と思われるのは、「この規則を使っているかぎり、このコミュニティは成功しない理論ばかりを生み出すと前提して良いだろう」という箇所で、最悪の説明への推論が信頼できないことを前提していたからなのである。

そうすると、次のことが言える。ボイドの議論は、最良の説明への推論への信頼をじつは前提している、という点でやはりある意味で循環してはいる。悪循環ではないとしても、その循環ゆえに、ボイドの議論は最良の説明への推論の批判者を改宗させるほどの力は持たない。

ここまで論じてきて、たとえばシロスのような論者は開き直ってしまう（Psillos 1999 p.89）。哲学的議論のポイントは、つねに反対派を納得させ、改宗させることにあるのではないしその必要もない。ときには、自分の立場を再度裏書きするというより謙虚な目的で行われてもよい。ボイドの議論は、すでに最良の説明への推論への信頼を抱いている人に、あらためてその規則を正当化するための議論と見なすべきだ。

さてそうすると、より直接的に最良の説明への推論を擁護する試みはないだろうか。たとえば、枚挙的帰納法を使うのはどうだろう。科学の歴史を振り返り、最良の説明への推論がうまくいったケースを次々に見つけてくる。成功例が積み重なるたびに、それは最良の説明への推論が概して信頼できるという仮説をより確からしくする。この手続きには、最良の説明への推論は含まれていない。そのため、もしうまくいけば、ボイドの議論とは異なり、最良の説明への推論を信じていない相手にも有効な議論になるはずだ。しかし、これが思ったほど簡単ではないことを、われわれは次章で見ることになるだろう。

四　科学の成功を安上がりに「説明する」試み

奇跡論法は細部の違いはあれ、科学理論の成功という事実は説明を必要としているという前提からスタートする。その説明のうち最良のものはその科学理論がおおむね真であるということだ、と論を進めるわけである。さて、こうした論法を疑うもう一つの方法として考えられるのは、科学の成功を「説明する」とはいかなることかを問い直すことだ。実在論者は「説明」を強くとりすぎている。そのために科学理論の真という過剰な説明装置にコミットすることになるのだ。もっと、安上がりで小さなコミットメントで済む説明の概念を用いることにすれば、実在論的コミットメントなしに科学の成功が「説明」できてしまうのではないだろうか。というわけで以下では、説明についてのより弱い見解をとることで、実在論的結論を回避することができるかを検討しよう。

(1) アーサー・ファインのデフレ的説明観

アーサー・ファインは実在論者は説明に多くを求めすぎていると考え、説明を予言 (prediction) とレトロディクション (retrodiction) に縮減してしまうことを提案している (cf. Fine 1986b, 1991)。予言とはたとえば、現在の地球・太陽・月の位置に関する観測データと、天体の運動法則、光の直進の法則、数学的法則などから、未来に起こるはずの日食の時刻と観察できる場所とを導き出すことである。逆に、現在の観測データと法則から、過去に起きた日食の時刻と場所とを導き出せば、これをレトロディクションと言う。

このような推論形式を説明と呼ぶのであれば、次のように、理論の真にコミットせずに、たとえば最良の説明への推論がなぜ有効かを「説明」できる。

A１　過去の最良の説明への推論は、経験的に成功した理論を生み出してきた
　ここから普通の帰納をして
A２　これからも最良の説明への推論は経験的に成功した理論を生み出すだろう

こうした提案についてはとりあえず次の二点を指摘することができる。まず、こうした縮減された説明観は現に論理実証主義者が抱いていたものに他ならない。代表例としては演繹的・法則的モデル（deductive-nomological model, DN-model）あるいは被覆法則モデル（covering law model）と呼ばれるものがそれである。一九四八年にカール・G・ヘンペルとポール・オッペンハイムは、公理系として科学理論を捉える論理実証主義の枠組みの中で、説明とは何かについての厳密なモデルを提案した。これは、J・S・ミルの考え方をさらに展開、洗練させたものだ（Hempel & Oppenheim 1948）。

【定義】説明は次の四つの条件を満たす推論である。
(1)その推論は、説明項を前提として被説明項を導出する、論理的に妥当な演繹的推論である。
(2)説明項は少なくとも一つの一般法則を含んでおり、それは被説明項（説明されるべきことがら）を導き出すのに不可欠のものでなくてはならない。
(3)説明項は経験的にテスト可能でなくてはならない。
(4)説明項に含まれる文は真でなくてはならない。

このモデルでは、説明と予言、レトロディクションとの論理的違いはなくなる。出来事が起こる前に行われると予言、起きてから行われると説明、というだけの違い、つまり使い道の違いである。これはヘンペルらが説明をも

っぱら認識論的に捉えていたということを意味している。彼らにとって説明とは、しかじかのことが起きたこと、あるいは起こるだろうことを信じる理由を与えることに他ならない。

しかし、一九六〇年代になると演繹的・法則的モデルに対する批判が噴出し、いまやこの説明観は気息奄々と言ってよい状態にある。そもそもレトロディクションを説明と呼ぶことは著しく直観に反するだろう。一一八三年の源平合戦のさなかに日食が起こり、源氏側が混乱して敗走したという史実があるが、この年のいつごろにどこで日食が観察されたはずかをレトロディクションしたとしても、それは源氏を敗走させた日食がなぜ起こったのかの説明ではあるまい。演繹的・法則的モデルは、過去のことは未来のことを説明できるが、その逆のことは成り立たないという、説明の時間的非対称性をうまく反映していない。

さらに演繹的・法則的モデルは、説明における関連性（relevance）をうまく扱えない。次の二つの推論を見よう。

【推論A】
避妊薬を飲み続けている人は妊娠しない
私は避妊薬を飲み続けている
∴私は妊娠しない

【推論B】
避妊薬を飲み続けている人は妊娠しない
私は男である
私は避妊薬を飲み続けている
∴私は妊娠しない

どちらもヘンペルの四条件を満たしている。しかし、後者は説明としてはおかしいだろう。避妊薬は私が妊娠しないこととは無関係のはずだ。私が妊娠しないのは男だからであって、避妊薬を飲んでいるからではない。このことは、説明というのは非常に敏感なもので、余計なことを付け加えると推論としては妥当なままでも説明としてはおかしなものになってしまうことを明らかにしている。たとえば、箸が曲がって見えることを、それが水につっこまれていることに言及して説明するのはOKだとしても、それが司祭が祝福を与えた水につっこまれているということに言及すると、説明としてはおかしくなってしまう。一方で、演繹的推論は単調性[3]をもつ。単調性が、余計なことを付け加えてはいけないという説明の性質と衝突している。

また、次のような反例もある。幼児の体中に赤い小さな発疹が現れたことから、この子は高熱を発するだろうということが演繹できるとしよう。しかし、発疹が、高熱の説明になるわけではない。両者を説明するのは、はしかのウイルスである。二つのことが法則的に結びついているからといって、一方が他方を説明するとは限らない。

以上のような反例のほかにも、第10章で述べるような大きな難点があり、演繹的・法則的モデルは少なくとも科学的説明の主要なモデルの座をすでに追われていると見なすのが適切だろう。さらに、ファインの提案する帰納的一般化にしても、完全に実在論へのコミットメントを免れているわけではない。ネルソン・グッドマン（Nelson Goodman 一九〇六～九八）の「グルーのパラドクス」が示しているのは、帰納はどんなときにでもして良いというわけではないということだ[4]。これまでに調べたエメラルドがすべてグリーンだったことから、次に調査する予定のエメラルドもグリーンだと結論することは良いが、これまでに調査したエメラルドがすべて調査済みであることから、次に調査する予定のエメラルドも調査済みだと結論することはできない。用いられる述語（「グリーン」か「調査済み」か）に応じて、帰納ないし投射が許される場合と許されない場合があるというわけだ。そのメルクマールとして最も有望なのは、帰納して良いのは、自然種など隠れた共通性質の束、その背後にある共通構造やメカニズムをもっている場合だけだというものである。エメラルドは、共通の結晶構造をもっており、それが緑色という色合いをエメラルドに与えている。これがエメラルドの緑色については帰納を行って良い理由である。

ファインが行った帰納は「グリーン」のケースなのだろうか。それとも「観察済み」や「グルー」のケースに相当するのだろうか。もし前者なら、その帰納を正当なものにしている隠れた何かがなければならない。科学理論が自然種だと言うことはできないだろうが、ゆるやかに共通の何かを共有していることは必要だろう。実在論者は「近似的に真」というのがそれだ、と言うのである。

（2）ファン＝フラーセンによる自然選択説的説明

ファン＝フラーセンは、これとは異なる安上がりの説明を科学の成功に対して与えている。彼は次のように論じる。

> 現在の科学理論の成功は全く奇蹟ではない、と私は主張する。それは、科学的（ダーウィン主義的）な心にとって驚きですらない。なぜならいかなる科学理論も、すさまじい競争、牙と爪の入り乱れるジャングルの中に生まれ落ちるからである。成功した理論のみが生き残る——すなわち、自然における現実の規則性を実際に把えた理論だけが生き残るのである。（ファン・フラーセン　一九八六、八七頁）

ようするに、現行の理論が経験的に成功していることには何ら驚くべきところはない。つまり説明すべきところはない。現行の理論は最も自然の規則性に合致したものが選ばれた結果だからだ。これはたしかに、説明であるならば、エレガントでシンプルな説明である。

しかし、こうした自然選択説もどきの説明は実在論者の説明を脅かしはしない。二つは両立する別種の説明だからである。進化のアナロジーを使うなら、ファン＝フラーセンの説明は言ってみれば表現型レベルの説明である。表現型レベルの説明は、べつに遺伝子型レベルの説明を排除しない。すべての成功した理論に共通し、それを成功させた背後にある隠れた性質を特定するような説明を、実在論者は与えようとしている。特定の表現型（＝経験的成功）をもつ理論は、特定の遺伝子型（＝近似的真理）をもっている。後者が前者を説明するというわけだ。

とはいえ、自然選択的説明は、説明であったとしても、より質の低い説明だと言える。特定の理論がなぜ成功しているのかを説明しないからだ。赤毛連盟のメンバーはみんな赤毛である。なぜなら、赤毛連盟のメンバーには選択メカニズム、つまり入会審査が働いたからだ。たしかにこれは説明なのだが、しかし、このことは、特定のメンバーのジョージが赤毛であるのはなぜかを説明しない。両者の説明は両立する。しかし実在論者の説明の方が望ましい。より深いからである（cf. Bird 1998 pp.151–3）。

第3章　悲観的帰納法による奇跡論法批判

一　悲観的帰納法

ラリー・ラウダン（Larry Laudan）は、一九八一年の「収束実在論の論駁」いらい、奇跡論法にもとづく科学の成功からの議論を徹底的に批判してきた（Laudan 1981）。それは『科学と価値』の第五章「実在論的な価値論と方法論に対する網状モデルにもとづく批判」でもさらにバージョンアップしてくり返されている（ラウダン 二〇〇九）。

奇跡論法を批判するにはどのような戦略があるだろうか。

①第一の前提を疑う。つまり、科学は成功していないのではないか、と主張する。

②第二の前提を疑う。つまり、科学的実在論は科学の成功の最良の説明を与えないのではないか、と主張する。

③推論形式そのものを疑う。つまり、最良の説明への推論は信用できないのではないか、と主張する。

ラウダンは、②と③の路線を追求する。③については前章で考察した。そこで、第二の路線②をとるとどのような議論が可能になるかを確認しておこう。第二の路線のためにラウダンが導入した議論が、「悲観的メタ帰納法（pessimistic meta-induction）」あるいは単に「悲観的帰納法（pessimistic induction）」と呼ばれることになった議論である。

【悲観的メタ帰納法】科学の歴史を繙くと、成功していた理論でも、いずれ文字通りには偽であることが後になって判明したものの方が多い。したがって、現在のところきわめて成功している理論も将来には誤りであることが判明するだろう（つまり、いま成功している議論が措定している理論的対象は結局はなかったのだとなる可能性が高い）（cf. Laudan 1981）。

後に偽であることが判明した理論の中でもとりわけ重要なのは、世界の深層構造のレベル、世界に何があるかのレベルで間違っていることが判明した理論だ。こうした理論の理論語のうちには、あとになって、何も指示していないとわかったものがたくさんある。ラウダンは、豊かな科学史的知識を駆使して、この帰納法を支える証拠をたくさんリストアップした。たとえば、天球を措定するプトレマイオスの天文学、体液病理学説、地質学の天変地異説、円慣性の理論、フロギストン理論、カロリック説、自然発生説、エーテル説にもとづく古典電磁気学などなど。これらはそれぞれ非常に成功していた理論だが、近似的にすら真ではなかった。これらの多くは、この世界にどのような見えない対象があるのかというレベルで根本的に間違いだった。天球、黒胆汁、フロギストン、カロリック、エーテルはみなこの世にあると言われていたのに、今ではないことがわかっている。このように、観察不可能な実体の措定というレベルで旧理論を根本的に否定する変化が何度も生じている。科学の歴史がこうした「何があるかについての思い違い」に満ちているとするなら、ダークマター、ニュートリノも同じ運命を辿らないと考える方がおかしい。現在非常に成功している理論も将来誤りであることが判明するだろうし、そう考える方が合理的なのである。

こうしたラウダンの議論については注意が必要だ。まず重要なのは、ラウダンは現行の理論を信用しない方がよい、ということを言うために悲観的帰納法からの議論を行っているわけではない、ということである。もちろん、ターゲットになるのは実在論者の次の主張である。

①いま成功している理論は近似的に真である。

しかし、シロスも注意を促すように（Psillos 1999 pp.102–3）、悲観的帰納法は①を直接反駁するのではなく、それを支えている経験的成功と近似的真理の説明上のつながりを断ち切ることを目指す。そのために、過去のたくさんの理論をいまの理論と比べて次を主張する。

②いまの成功した理論が近似的に真なら、過去の理論はそうではありえない。

これが言えるのは、現行の理論は過去の理論が措定していた対象や法則を否定しているからである。

③しかし、これらの間違った理論は、経験的に成功していた。

これが意味するのは、成功と近似的真理の間にたいした相関はないから、後者は前者の最良の説明にならないということだ。したがって、成功に最良の説明を与えるという理由では、科学の真を推論することはできない。実在論者の①の論拠は成り立たない。これが一種の背理法になっていることに注意しよう。かりに①だと仮定すると②が帰結し、それは③とあわせることによって、奇跡論法が前提していた成功と真理の間の説明的つながりを破壊してしまい、①は論拠を失うという寸法だ。

実在論者はこの議論をある程度認めざるをえないだろう。過去の成功した理論も厳密に言えば間違っていたと言わざるをえない。そこで実在論者のとりうる路線は次のようになる。過去の成功した理論は、たしかに間違っていたが、近似的には正しかった（いい線行っていた）。奇跡論法の結論を「成功した理論は近似的には正しい」にとりかえれば、依然として維持できるだろう。というわけで、実在論者は何らかの弱められた真理の理論、あるいは、近似的真理（真理性、truthlikeness, verisimilitude とも言う）の理論を構築する羽目になる。つまり、真理には度合いがあり、その度合いが高まるほど真理に近づくという理論である。これらの理論にはいくつもの選択肢があるだろう。以下では、近似的真理とは何かは言えたとして[1]、悲観的帰納法にどうやって反論するかを考えよう。

二　いくつかの事例の説明

本節ではしばらく寄り道をして、今後の議論で検討することになるいくつかの事例について簡単に解説しておくことにする。

（1）体液病理学説

体液病理学説は、すでにヒポクラテス（四六〇～三七〇 BC）学派の著作を集めた『ヒポクラテス全集』（*Corpus Hippocraticum*）の「人間の本性について」中に見られる。その後、ローマ帝国で活躍したギリシアの著名な医師ガレノス（AD 一三一～二〇〇）を経由して、アラビア医学に引き継がれた。その後、いわゆる一二世紀ルネサンスによって、イスラム圏に保存・継承されていた古代ギリシアの学術が西ヨーロッパに翻訳・輸入された際に、体液病理学説も伝達された。

この理論は、万物は土・水・火・空気の組み合わせからなるとする四元素説の影響を受けているとされる。粘液は冷たく湿った水、血液は湿って熱い空気、黄胆汁は熱くて乾いた火、黒胆汁は乾いて冷たい土に対応づけられている。これらの四種類の体液のバランスによって、人間の健康状態は左右される。バランスが良好なら健康だが、それが崩れるとさまざまな病気の原因になる、というわけだ。たとえば、黒胆汁（メライナ・コレ）が過剰になると、鬱傾向・狂気に陥るといった具合である。ガレノスの理論では、この体液バランスが、人間の性格類型（ヒューモア）とも結びつけられた。落ち着いていて平和を好む粘液質（phlegmatic）、社交的で享楽的な多血質（sanguine）、野心に富んだ胆汁質（choleric）、冷静で皮肉な黒胆汁質（melancholic）といった具合だ。

体液病理学説は、ルネサンス期にパラケルスス（一四九三〜一五四一）によって激しく批判された。しかし、瀉血のような治療の根拠として、近代まで命脈を保っていた。

（2）フロギストン理論

フロギストン理論（phlogiston theory）は、酸素燃焼理論、つまり物体が燃えるのは、その物体と空気中の酸素が化合するということだ、という説が確立する以前にひろく信じられていた燃焼を説明する理論である。それによると、物体が燃えるのは、その物体に含まれていたフロギストンという元素が空気中に逃げ出していくことに他ならない。たしかに、薪を燃やすと、パチパチと何かが出て行くように見え、最後にわずかの灰が残る。燃焼は何かが分離することだと考えるのはごく自然だ。

そもそもフロギストンは、一六七九年にドイツのゲオルク・シュタール（Georg Ernst Stahl　一六六〇〜一七三四）が金属の重要な成分として導入した。金属は、金属灰（今で言う金属酸化物）とフロギストンの化合したものとされた。シュタールは、金属の密度、不透明性、展性などをフロギストンによって説明しようとしたのである。また非金属についても、たとえば、硫酸＋フロギストン→硫黄と考えられた。

フロギストンと燃焼現象を結びつけたのはギョーム・ルエル（Guillaume F. Rouelle　一七〇三〜七〇）である。ルエルは、シュタールが土の元素と見ていたフロギストンを火の元素と考えた。

さて、一七世紀半ばには真空ポンプが発明されていた。これが一つのきっかけとなって、気体化学が興隆してくる。化学反応の際の空気の役割が注目され始める。また、一七五六年にジョゼフ・ブラック（Joseph Black　一七二八〜九九）が、石灰石から今で言う二酸化炭素の分離に成功する。二酸化炭素は、ものを燃焼させることができないなど、ふつうの空気とは明確に異なる気体だった。色々な気体があるらしい。単一の気体と考えられていた空気もさまざまな気体の混合物かもしれない、ということになる。

一七世紀には、重さが物質の量の尺度だとはかならずしも認められていなかった。燃やすと色やにおいが変わるのと同じように重さも変わって当然だと思われていたのである。ところが、一八世紀になると事情が変わってくる。ニュートンの力学が受け入れられてきて、重さを物質の量の尺度と考える化学者が増えてきた。さらに、天秤が化学実験でふつうに使われる道具になる。気体化学の発展によって化学反応の際の気体生成物もちゃんと保存して分析しようという傾向が生まれる。そうすると、燃焼によって質量が増加する現象がありふれたものになってくる。こうして、燃焼時の重さの増加は物質の量の増加である、つまり何かが付け加わっている、と考える化学者も現れる。

ところが、フロギストン理論に都合の悪い事実や、この説では解けない謎が蓄積し、フロギストン理論の説明力や応用性が低下してきても、だからといってすぐにフロギストン理論が廃棄されたわけではない。ブラック、キャヴェンディッシュ、プリーストリー、シェーレら一八世紀気体化学の大物たちは、フロギストン理論を転覆させようとは思っていなかった。ガブリエル・ヴネル（Gabriel F. Venel 一七二三〜七五）のようにフロギストンは負の質量をもつと考えて何とかフロギストン理論を守ろうとした科学者もいた。しかし、フロギストン理論が危機を迎えていたのは確かである。その一つの証拠は、みんなが自分勝手にフロギストンの正体を解釈し始めたということにある（一七七〇年代）。ヘンリー・キャヴェンディッシュ（Henry Cavendish 一七三一〜一八一〇）がフロギストンを水素だと見なす一方で、フロギストンはエーテル、火、電気、光などと結びつけられもした。クーンはこうした状況を「一つの理論に対して、たくさんの解釈が繁殖したということ自体、ごくありふれた危機の徴候である」と述べている（クーン 一九七一、七九頁）。

このような背景のもと、一七七五年にイングランドのジョゼフ・プリーストリー（Joseph Priestley 一七三三〜一八〇四）は酸化第二水銀を熱して、現代風に言うなら「酸素濃度の高い気体」を取り出した。この気体の中ではものが非常によく燃える。しかし、彼はこの気体を「フロギストンの少ない空気（dephlogisticated air）」と同定した。この気体の中でものがよく燃えるのは、この空気がフロギストンに欠けているために、ものからフロギストンを奪いやすいからだと考えたのである。

一方、十歳年下のアントワヌ・ラヴォアジエ（Antoine Laurent Lavoisier　一七四三〜九四）は、同年にプリーストリーと同じ実験を行い、そこで得た気体を「空気そのもので、ただ、より純粋で新鮮」と見なした。そして二年後の一七七七年に、ラヴォアジエは、この気体を空気の構成成分の一つと考え、酸素（oxygene）と命名した。ものが燃えるのは空気中の酸素がそれと結びつくからである。

酸素を「発見」したのは誰だろう。そしてそれはいつのことなのだろうか。酸素燃焼説が確立したのはいつか。これは難しいというより答えのない問題だ。なぜなら、これらの問いは、「発見」とか事実の「確立」をあたかもある時点に生じるいわば瞬間的な出来事のように誤解しているからである。プリーストリーが酸素の発見者であると考える人の言い分は、プリーストリーがはじめて酸素の分離に成功したからというものだろう。しかし、彼が分離した酸素は純粋な酸素ガスではない。不純な酸素を手に入れたことをもって「発見」だと言ってよいのなら、空気を瓶に詰めた人はみんな酸素の発見者になってしまう。ではラヴォアジエが発見したのかというと、それも難しい。一七七五年の段階では分離した気体は「空気そのもの」と考えられていた。さらに、ラヴォアジエは生涯を通じて「カロリック」つまり熱素を認めていた。ラヴォアジエによると、酸素ガスは酸素とカロリックの結びついたもので、燃焼では、酸素ガス中の酸素と燃えるもの（X）が結びついて酸化Xが生じる一方、残ったカロリックが単離されて出てくる。これが燃焼に伴う熱と光の正体である。

こうしてみると、ラヴォアジエの「酸素」も今日的な意味での酸素とはちょっと違うことがわかる。発見は、手を動かして実験しこの世で何かを引き起こす出来事（これはいついつ起きたと言える）と、その出来事によって見出されたことがらの意味は何なのかの解釈（これは長期にわたる）の両方を含んでいる。だから、科学的事実の確立という過程は、古い説があって、発見があって、新しい説に代わる、というような一直線のシンプルな話にはならない（クーン 一九七一、第六章参照）。

とは言うものの、一九世紀にはフロギストンが存在しないことはほぼ合意されていた。フロギストン説は確かに、「ある」と思われていたものが「ない」ことになったわけで、成功していたがラディカルに間違っていた理論の候補の一つになるだろう。

三　悲観的帰納法に抵抗する

悲観的帰納法は自然主義的な精神の下で行われていることに注目せねばならない。ラウダンは、科学史の経験的データからの帰納によって奇跡論法は成り立たないことを示そうとしている。[2] いわば、科学史が実在論者の説明の信頼性を覆すわけで、外在主義的な認識論によって最良の説明への推論を擁護しようとする実在論者にとってはとりわけ痛いところを突く議論になっている。なぜなら、いずれも科学史データによって哲学説の信憑性をチェックするという自然主義的な方針を共有しているからである。そこで次に、悲観的帰納法に反論して実在論を擁護するためにどのような議論が可能かを考えていこう。

（1）推論の仕方そのものを批判する

ⓐ最良の説明への推論を批判しつつ帰納法を使うのは許されるか

前章で見たように、反実在論者は最良の説明への推論を用いることに対して懐疑的な立場をとっていた。しかし、悲観的帰納法はその名が示すように帰納的推論である。最良の説明への推論も帰納法もどちらも非演繹的推論であり、前提の正しさは結論の正しさを保証しない。反実在論者は最良の説明への推論の使用を禁じつつ、帰納法の使用は認めていることになる。この態度は御都合主義ではないだろうか。実際、頑固な経験主義者だったらどちらにも懐疑的な立場をとるはずだ。

しかし、この反論は見かけほど強力なものではない。最良の説明への推論と帰納法はともに非演繹的推論であり、蓋然的推論にすぎないことは確かだが、両者には大きな違いがある。その違いに気づいていたのはマッハだった。帰納法は、その典型的な使用において、これまでに観察したカラスの色から、未観察のカラスの色へと推論する、といったように、いわば前提と結論が同じレベルにある。観察可能なものについての前提から観察可能についての結論が導き出される。これに対し、いま問題になっているタイプの最良の説明への推論においては、観察可能なものについての前提から、観察できないものの存在についての結論が導かれている（その意味では、海王星の発見の事例を最良の説明への推論の典型例とするのはミスリーディングかもしれない）。というわけで、両者に、前提が結論をサポートする度合いにおける大きなギャップを認める余地がまだ残る。

ⓑ過去の理論がだめでも今の理論がだめとは限らない

この帰納的推論が成り立つのは、いまも昔も観察できないものを見つけ出すわれわれの能力に違いはないと考えたときだけである。しかしながら、直接には観察できないものの検出能力という点でわれわれは進歩していると考えるのが妥当だ。科学の進歩には、検出装置の進歩が含まれている。最も良い例は加速器だろう。加速器は電子、

表2　加速器の性能の進歩

名称	設置年	設置者	エネルギー	円周
サイクロトロン	1931	ローレンス	80, 000 eV	30 cm
コスモトロン（シンクロトロン）	1953	Brookhaven National Laboratory, USA	3 GeV	72 m
ベヴァトロン（シンクロトロン）	1954	Lawrence Berkeley Laboratory, USA	6 GeV	114 m
テヴァトロン（コライダー）	1983	Fermi National Accelerator Laboratory, USA	1 TeV	6.3 km
LHC（コライダー）	2008	CERN, Switzerland	7 TeV	26.7 km

G（ギガ）eV＝10^9eV，T（テラ）eV＝10^{12}eV.

陽子などの荷電粒子を加速し、標的に衝突させて起こる反応から物質の基本構造を知るための装置である。最初の加速器はローレンスにより一九三一年につくられたサイクロトロンである。これは粒子を加速する円軌道の周長がわずか三〇センチメートルの、実験室の机の上に乗るくらいのサイズだった。電子を八〇〇〇〇ｅＶ[3]にまで加速することができた。これからわずか七十年ちょっとで加速器は爆発的な進歩を遂げ、現在最大の加速器（スイス・ジュネーブのＣＥＲＮにあるＬＨＣ）は、周長が二六・七キロメートル、加速性能が七テラｅＶにまでスケールアップしている（表2）。

　直接観測できないものの検出に関して、われわれは過去に比べてそうひどい間違いは犯しにくくなっていると言ってよいはずだ。過去の理論が措定していた観察不可能なもののほとんどが存在しなかったということを示したとしても、今の理論が措定している観察不可能なもののほとんどが存在しないと帰納するには十分でない。

ⓒ楽観的帰納法（optimistic induction）

　ある理論が間違いだったとわかるということはどういうことだろうか。たいていの場合、より成功しより真理に近い別の理論にとって代わられるということである。そうすると、ラウダンの悲観的事例を次のようにすべて楽観的事例に変換することができる（cf. Kitcher 1993, Nola 2008）。すなわち、「成功している科学は、たいていそのラディカルに間違った部分を訂正してきた。したがって、成功している科学はますます真理に近づく傾向がある。」このようにして、ラウダンのリストを、より成功した理論とその理論の真理との相関を主張するためのリストに読み替えることができる。

同じ科学史上のデータが悲観的、楽観的双方の結論をサポートするというわけだが、この違いはおそらく考察単位の取り方にある。理論の個別化基準はやっかいな問題である。つまり何をもって「一つの理論」と見なすかという問題だ。プリーストリーの化学からラヴォアジエの化学への移りゆきは、燃焼の説明だけとりだして眺めると、確かに「ラディカルな革命」に見える。まさにあるはずのものがなくなり、ないはずのものがあることになったわけだから。しかし、両者はこれを超えた遙かに多くの知見を共有していたはずなのである。たとえば、プリーストリーは一七七二年から七五年にかけて、一酸化窒素（nitrous air）、二酸化窒素（nitrous vapour）、亜酸化窒素（nitrous air diminished）、塩化水素（marine acid air）、一酸化炭素（inflammable air）、アンモニア（alkaline air）、亜硫酸ガス（vitriolic acid air）、フッ化珪素（fluor acid air）などを単離した。これらの異なる気体の存在とその性質についての知見は酸素燃焼理論の理論家にも引き継がれたものだ。両者がコミットしていた化学理論全体を見れば、「酸素燃焼理論」の成立は部分的修正、つまり真理に近づく漸進的プロセスと見なすことができる。

（2）推論の前提を批判する——サンプリングの偏りを指摘する

ラウダンが帰納法の前提においた「成功していたがラディカルに間違っていた理論」のリストそのものを批判することもできる。まず指摘できるのは、このリストを作成する際のサンプリングの偏りである。

(1)第一に、科学史上有名な事例は、間違いの訂正に偏っている。現代にも修正なしに引き継がれているような知見は、とりたてて科学史において主題化されることは少ない。そもそも科学史研究の関心が、どのようにして理論が交代したか、どのようにして間違いが正されたかにあるからだ。

(2)回転率の誤謬（the turnover fallacy）。プロ野球チームの監督を調べてみると、たいがいの監督はチームの不振のためにすぐに首を切られている。このことから、プロ野球の監督はおおむね無能な人ばかりだと結論してよいか。これは「回転率の誤謬」と言われる典型的な誤謬推論である。短期で解雇される監督が多数派になるにはトリックがある。短期で解雇される監督は長い間雇われる監督よりも入れ替わりが激しいので、必然的に数が多くなるからだ。これと同じ誤謬をラウダンの悲観的帰納法は犯している。成功していたが間違っていた理論が相対的に多くなるのは、間違った理論は正しい理論よりも頻繁に入れ替わるからにすぎない（Lange 2002）。

(3)ラウダンのリストは「理論」を数え上げている。そのことにより、間違っていた理論が多くなってしまうようにできていることを指摘した。リストを別のものを数え上げることにしてみたらどうなるだろうか。たとえば、過去の理論が措定していた対象ないし存在者を数え上げてみよう。そうすると、逆の結論が得られる可能性がある。過去の理論により「ある」とされていた対象の多くはむしろいまでも残っているからだ。たとえば、運動エネルギー、原子、化学結合、電磁場、いろいろな元素などである。

（3）推論の前提を批判する——ラウダンのリストを狭める

悲観的帰納法の力はリストのサンプルの数に依存するだろう。そうすると、そのリストをできるかぎり狭めるのが実在論者の戦略になる。その方法はいくつか考えられる。

ⓐラウダンの挙げた事例は本当に「たくさん」なのか

成功していたけれどラディカルに間違っていた理論が「たくさん」ある、と言うためには、成功していた理論の全体、あるいはラディカルに間違っていた理論の全体に照らして、成功していたけれどラディカルに間違っていた理論がその大部分を占めると言わねばならない。しかし、この全体の数え上げをラウダンは行っていない。単に、科学史から成功していたけれどラディカルに間違っていた理論の事例を拾い集めて、多いだろうと言っているだけである。これは、アイドルのサイン会に出かけていったら「たくさん」の若者が行列しているのを見て、若者はみんなサイン会に行ったのだろうと言っているようなものだ。全体に照らして挙げた事例が大多数になるかどうかを判定するための「全体」が示されない限り、悲観的帰納法は有効な議論にならない（cf. Lewis 2001, Lange 2002, Magnus & Callender 2004, Saatsi 2005a）。

ⓑ過去のすべての「理論」をまじめに受け取る必要はない、成熟した理論だけにせよ

たとえば体液病理学説のようなものまでリストに算入するのはいかがなものか、と言えるだろう。これは、俗信としては近代まで命脈を保ったが、すでに近代医学が登場する以前のルネサンス期にパラケルススによって否定されている。これは極端な例だとしても、ラウダンのリストはまだ成熟していない過去の科学からとられたものが多い。それを現代の科学には当てはめることには慎重であるべきだろう。

そこで、ボイドは、リストにはある種の離陸点（take off point）を超えたものだけを算入すべきだとした（Boyd 1981 p.627）。そうすると、どのような特質を備えたら科学は離陸点を超えたことになるのかを明確にするのは実在論者の側の責任になる。たとえば、探究の領域に関する信念体系が広く共有されており、それが提案してよい理論や仮説に一定の枠をはめているというような基準が考えられる。あるは、クーンの言うパラダイムが確立したことをもって離陸点を超えたとすることもできるだろう。そうすると、いわゆる「前科学（prescience）」は除外されることになる。いつそれぞれの分野が離陸したかは経験的問題だが、そういう時点はあるはずだ。熱の理論だったら、熱は熱い方から低い方へしか移動しないこと（第一種永久機関の不可能性）と、ニュートン力学が常識化したときに

離陸したといった具合である。このように考えると、体液病理学説はリストから脱落することになるだろう。

ⓒ成功基準を引き上げることによってリストを狭める

ラウダンのリストは、①成功していたこと、②後にラディカルに間違っていることが判明したこと、この二つの条件を満たす理論を数え上げている。したがって、このリストを狭めるには、二つのやり方があることになる。つまり、①第一の条件の基準つまり成功基準を引き上げ、後にラディカルに間違っていることが判明した理論の多くは実は成功していなかったとする。②第二の条件を厳しくし、成功していた理論はじつはラディカルに間違っていなかったとする。

ここではまず、第一の選択肢を追求する。ラウダンじしんは理論の「成功」を次のように定義している（ラウダン 二〇〇九、一六五〜六頁）。さまざまな説明の文脈でうまく機能し、いくつかの確証された予言を導き、広い説明のスコープをもっていること。ラウダンの見なす「成功」は、基本的に現象を救うことにあることがわかる。この基準を引き上げることを考えよう。と言うより、これよりも強い成功基準がどのみち必要なのである。なぜなら、周転円やエカントなどのアドホックな仮定を多用したプトレマイオス天文学でも、既知の現象を救うことはできたからである。現象を救うだけなら、どれほどヘンテコな理論でもできる。

実在論者が成功基準を強めるための装置はいろいろ考えられるが、議論の的になったのは「予言の新奇性（novelty）」である（cf. Giere 1983, Iseda 1999, Worrall 1978a, 1978b, 1989b, Zahar 1973）。つまり、これまでに知られた現象を救っただけではダメ、テスト可能な新奇な予言を出すことがさらに必要だということだ。そうすると、ラウダンのリスト中の理論がぜんぶ成功していたかは怪しい。マクマリンやウォラルによると、天球説、円慣性の理論などはこの意味では成功していなかったことになる（McMullin 1987 p.70, Worrall 1994 p.335）。

たしかに、天球説は都合の悪い観測データにあわせて周転円を増やしていくことによって、これまでに知られている観測データをすべて救うことはできたにしても、後追い的修正に追われて新しい予言を出すことはできなくなっていった。これに対し、ニュートン力学は、すでに述べたように変則例をうまく利用することにより新奇な予言を導き海王星の発見をもたらした。こうした違いを指して、ラカトシュは前者は後退的、後者は前進的なリサーチ・プログラムだとしたのである（ラカトシュ 一九八六）。

ところが「新奇な予言」とは何かをきちんと定義するのは意外に難しい。ラカトシュは「新奇な予言」を、文字通り時間的に新しい予言と理解した。つまり、ある理論から引き出された新奇な予言とは、その理論から当の予言が引き出される前の時点では、その現象の存在が気づかれていなかった、そういう予言である。たとえば、天王星の外側に惑星が存在するということは、ルヴェリエがその予言を行う以前には主張されていなかった。海王星の存在の予言は、この意味で新奇な予言である。

しかし、理論はそれが立てられた段階ですでに知られていた現象を予言・説明することによっても確証を得るし、それゆえ成功したものになりうる。たとえば、原子仮説はブラウン運動の存在を予言し、それを見事に説明してくれるが、ブラウン運動じたいは、そのずっと前から知られていた。また、水星の近日点移動は、ニュートン力学では説明がつかない変則例であることも古くから知られていたが、この長く知られた事実を予言・説明できたのは、一般相対性理論だった。理論に確証と成功をもたらす新奇な予言の「新奇性」は時間の前後関係の問題ではなさそうだ。そもそも、現象に気がつくことと、説明が案出されることの時間的順序関係は、多分に偶然に左右される。

そこで、ラカトシュの流れを汲むエリ・ザハールやジョン・ウォラルは、使用新奇性（use novelty）の概念を提案した（Worrall 1978a, 1978b, Zahar 1973 ; cf. Iseda 1999）。大雑把に言えば、或る現象についての情報が理論Tをつくるのに使われていなければ、その現象は理論Tにとって新奇な予言の対象になる。つまり、理論Tが現象Pに合わせて（Pを説明するために）つくられたものではないとき、Pについての予言はTの新奇な予言である、というわけだ。この定義によれば、ブラウン運動の予言のようにすでに知られていた現象の予言も、新奇性を備えていることになる。

ⓓシロスの「分割統治戦略（*divide et impera*）」

以上のような議論が成功すれば、ラウダンのリストはかなり縮減できる。しかしながら、そのうちのいくつかは、成熟し、本当に成功していたというのは間違いない。熱素説とか一九世紀の光学的エーテル説はそれだろう。これをどう扱うかが最後まで残る厄介な事例として問題になってくる。ラウダンによれば、理論はその中心となる理論語が指示を欠いているときには、さすがに近似的に真とは言えない。実在論者もさすがにこれは認めざるをえないだろう。熱素説や光学的エーテル説はこの意味で間違っていたように思われる。だとすると、われわれは成熟科学の中に、きわめて成功していたがラディカルに間違っていた有力な理論の事例を少なくとも二つもつことになるわけで、経験的成功と真理との説明的つながりは依然として脅かされる。これらの事例の位置づけについて実在論者は何かを言わねばならない。

そこで、シロスは「分割統治戦略」と名づけた方策を提案している（Psillos 1999 pp.108–14）。ようするに、過去の理論の成功は、その間違っていた部分によるものではなかった、過去の理論を成功させていた部分は今も受け継がれている、とするわけである。

【分割統治戦略】理論において、残るものと捨てられるものとを腑分けせよ。理論が捨てられるとき、丸ごと捨てられるということはない。残って次の理論の重要な構成要素になるものがある。この残った部分が過去の理論の成功を説明するのであればよい。

理論の経験的成功は、その理論が近似的に真な理論的主張を構成要素として含んでいると信じる良い理由を与える。過去の理論の経験的成功をもたらしていた理論的構成要素が次の理論にも保たれるのだとすると、後の理論の近似的真理を信じる理由も与えられる。これらの理論的構成要素は何度かの革命を生き抜いて、科学の経験的成功に寄与し、現代科学の安定して不変な構成要素になっている。キッチャーも、実在論を擁護する最良の方法は、進化する科学に安定して不変な要素があることを用いて、これらの要素はおそらく正しいのだと論じることだとしている（Kitcher 1993）。

だとするなら、実在論者は次のプログラムを実行すればよい。すなわち、それぞれの真正に成功した理論の実例について、①成功に不可欠の貢献をした要素を同定し、②それが次の理論でも保存されていることを示す。さて、過去の成功した理論の「近似的に真な構成要素」をどう取り出すのか。これには、一般的なアルゴリズムがあるわけではない。具体例に則してやるしかない。重要なことは、理論の成功に理論的要素が一切かかわらないということはありえないが、さりとてすべての理論的要素がかかわるということもない、という洞察である。たとえば、ニュートン力学の成功に、宇宙の重心が絶対静止しているという主張は実質的に貢献していなかったと言えるだろう。

しかし、こうした方策は、へたをすると後知恵でアドホックではないかという批判をうけそうだ。つまり、現在まで残った要素を、過去の理論の成功に不可欠に寄与した部分だと後から認定しているだけではないかという批判である。したがって、後知恵を使わずに、過去の理論の成功に寄与した部分を独立に同定しないといけない。しかし、シロスは、科学者はつねにこれをやっているのだと言う。つまり、科学者は、自分の今の理論の成功に不可欠な部分はどこかを自覚している。そしてそれは、自分の理論に対する態度に反映する。科学者は、成功した理論のすべての部分が真だとは思っておらず、理論のそれぞれの部分に対して異なった態度をとる。成功した理論に本質的に寄与していない部分については懐疑的な態度（仮想的だ、思弁的だ）をとり、こうした部分は概して引き継がれない。もしこれが正しければ、分割統治戦略はアドホックでないばかりか、科学者の実際の態度からしても、独立のもっともらしさを獲得するはずだ。

以上のような方針に基づいてシロスは、熱素説とエーテル説の詳細なケーススタディを行っている（Psillos 1999 chap.6）。この二つの事例は、シロスの路線に賛同するか否かとは独立に、実在論者の見解の試金石となるはずだ。そこで、章を改めてこれらの事例の扱いについて検討することにしよう。(4)

第4章　ケーススタディ──熱素説

熱素説とは、熱をある種の物質的なもの（弾性流体）と見なして、さまざまな熱現象を説明しようとする説のことである。このとき、熱の正体として措定された物質的対象を「熱素」あるいは「カロリック」と呼ぶ。さて、いまではこのような物質は存在しないことがわかっている。その意味で、熱素説はその根底的な存在措定のレベルで間違っていたことになる。では、熱素説は「成功していたがラディカルに間違っていた理論」になるのだろうか[1]。

一　熱理論史の概略（1）──熱素説と熱運動説

（1）熱素説の発展

熱現象を説明する理論には二つのタイプがあった。一つは熱素説だが、もう一つは熱の運動理論（以下、熱運動説と呼ぶことにする）である。ボイル、フック、ホイヘンス、ニュートンらはすべて、熱は物質を構成する微小粒子の激しい振動（vis viva）であると見なした。このように一七世紀には、当時支配的な粒子的自然観と整合的な熱運動説が優勢だった。熱運動説は、後にニュートンの万有引力、および「斥力」の考えを取り込みながら進展してゆくが、やがて徐々に下火になっていった。熱に関する現象のすべてを運動として扱うと、関数があまりに複雑になってしまい、その式を実際に検証する方法は当時では存在しなかったからである。

こうして、一八世紀から、徐々に熱をある種の物質として説明しようとする考え方が主流になってくる。たとえばシュタールはフロギストンによって熱を説明しようとした。一八世紀後半から一九世紀にかけての熱理論は次の四つの中心問題を抱えていた。①物体の温度の上昇下降の原因は何か。②熱したときに気体は膨張するが、この原因は何か。③化学反応で熱が生じることの原因は何か。④物質の状態変化（固体に熱を加えると、やがて液体、気体になる）の原因は何か。これらの問題を説明しようとして、主として化学研究にたずさわる人々によって熱を重さのない流体と見なす見解がとられるようになる。オランダの医師・化学者ヘルマン・ブールハーヴェ（Hermann Boerhaave 一六六八～一七三八）は、著書で「火の物質」を論じ、熱素説をはじめて明確に主張した。

そもそも、一八世紀には、電気流体、磁気流体など、重さのない（ないしきわめて軽い）流体でさまざまな現象を説明することが流行していた。また、もともと火を元素と見る見方は伝統的に根強く存在しており、あいまいに光・火・熱は同一視される傾向があった。実際、ブールハーヴェは火と熱を同一視していた。これらは、一八世紀にそれぞれ別の実体になっていき、光と火は一八世紀末に物質でないとされたが、熱素だけは一九世紀まで残った、というわけである。

熱素は、時代によって見解が微妙に異なるものの、基本的には以下の性質を持つものと考えられた。

・こわれない微粒子の流体、重さはないかきわめて軽い（imponderable fluid）。
・互いに斥力を及ぼす。
・熱素は他の粒子に引き付けられる。引き付ける力の大きさは物質によって異なる。
・それを吸収した物体の温度を高める。
・温度の高い物質から低い物質に流れる。

・物質なのですべての熱現象で保存される。
・壊されることも、新たに作られることもない。

一八世紀の熱理論で最も重要な人物はグラスゴーで活躍したジョゼフ・ブラックである。ブラックは熱理論の基礎に熱素を置き、以下のことを成し遂げた。まず、熱量と温度を明確に区別した。それまでは、温度をすなわち熱素の量とする考え方も有力だった。しかし、物体の温度は、その物体のもつ熱の量と同じことではない。

ブラックの業績で重要なのは「熱容量」の概念の導入である。すでに一七三九年にマーティン（George Martin）は、同体積の水と水銀を共通の熱源から等しい距離に置き同時に温めると、水銀の方が温度が速く上昇することを見出していた。また、ファーレンハイト（Gabriel Daniel Fahrenheit　一六八六〜一七三六）は、温度の異なる同量の水と水銀を混合させると、混合物の温度は両者の平均値ではなく、より水に近い温度になることに気づいた。つまり、水銀は水よりも温まりやすい。この事実は当時の熱運動説では説明できなかった。熱が粒子の運動であるならば、密度の高い水銀の方が動かさなければならない粒子の数は多く、それだけ温まりにくくなるはずだからである。また、ブールハーヴェは、熱素はどんな種類の物質においても空間的に一様分布するため、物体の含む熱の量はその体積に比例すると考えたが、ファーレンハイトと共同実施した実験により、その考えは成り立たないことを知った。もしこの仮説が正しければ、温度の異なる二種類の液体を混合したときの温度は、混合前の液体それぞれの温度と体積とから比例計算によって求められるはずだが、実験結果はそうはならなかった。

グラスゴー大学で化学と医学を講じていたブラックは、ファーレンハイトらの実験からさらに研究を進め、一七六〇年頃に、体積とは区別される「熱容量」の概念に到達した。水と水銀は熱に対して異なる容量をもつらしい。つまり、同じ温度の物質でもその中に含まれる熱の量は異なる。むしろ、温度は熱素の密度と考えるべきだというわけである。ただし、ブラックはさまざまな物質の熱容量の測定という定量的研究には手を染めなかった。この方面の研究は、ブラックよりやや遅れて、一七八一年に「比熱」の概念を導入したヨハン・ウィルケ（Johan Carl Wilke 一七三二〜九六）によってなされた。ウィルケはいくつかの物質の比熱を測定した。

さらに、ブラックが明確化したのは熱平衡の概念である。単に温度が同一なのではなく、物体間の熱素の流れが相殺した状態が熱平衡である。また、一七六一年頃には潜熱の現象を発見し、一八〇三年には「熱は潜在的な形で存在しうる」と述べている。潜熱とは温度の上昇に寄与しない熱量だから、温度と熱量とがはっきり異なることを示している。

ブラックに医学を学んだウィリアム・アーヴィン（William Irvine 一七四三〜八七）は、一定重量 m の物質が含む熱素の総量（熱量 Q）は、その温度 T での物質の比熱 C に比例するということを明確にし（つまり $Q=mCT$, mC が熱容量）、物質がその熱素をすべて失った状態として、「絶対零度」の概念を導入した。

(2) 熱素によって説明された諸現象

では、熱素によってさまざまな熱的現象はどのように説明されたのだろうか。いくつかを解説しておこう。

(i)熱膨張：物体に熱を加えると膨張する。これは、物体内の熱素が増え他の粒子を押しのけたから、あるいは熱素同士の斥力によって説明される。

(ii)物質の状態変化（三態）：これをラヴォアジエは次のように説明している。物体の状態は、粒子同士をつなぎとめようとする引力と、引き離そうとする斥力の相対的な大きさで決まる。このうち、後者が熱素同士の斥力に当たる。固体は引力が勝っているのでその形状を保っている。しかし、熱が加わると、すなわち熱素が増えると、斥力が増し物体は形状を保つことができなくなり液体となる。さらに熱素が増えると斥力は完全に引力を上回り、物体は気体となって拡散する。

(iii)比熱：水と水銀の比熱が異なるのは、両者で熱素を引き付ける力の大きさが異なるからと説明される。

(iv)潜熱：ラヴォアジエは、熱素は二つの形で存在しうるとして潜熱を説明しようとした。熱素は物体中で自由に、あるいは結合して存在する。結合した熱素は、親和力ないし電気的引力で物体中に固定されているために、熱として現れない。

(v)断熱変化：気体の入った容器の体積を外から熱が加わらないように急激に増加させると温度が下がる（これはボイルにより一六六二年に発見されていた）。現在では、容器内の気体の熱エネルギーが容器を押し広げるための運動エネルギーに変換されたと説明でき、熱運動説の根拠の一つと考えることもできる。これに対し、熱素説では潜熱の概念を用いて、膨張すると容器内の熱素は潜熱となり知覚されなくなるのだ、と説明される。実際、一八二〇年代までは、現在とは逆に断熱変化は熱素説の強力な証拠だと考えられていた。

熱素すなわち「カロリック（Calorique）」の名づけ親はラヴォアジエである。この語は一七八七年の『化学命名法』にはじめて登場している。一七八九年の『化学要綱（*Traité élémentaire de chimie*）』に掲載されている元素一覧でも、酸素や水素などと並んで、光素と熱素が記されている。このように、ラヴォアジエは、それまで同一視されてきた光、火、熱を分離し、光は光素、火は酸素、そして熱は熱素によるものだと捉えたのである。

一七八三年にラヴォアジエはラプラス（Pierre-Simon Laplace　一七四九～一八二七）との共同研究で、化学変化の前後で熱量（熱素の量）は保存するという法則、つまり熱量保存則を提唱した。結果的に熱量保存則は、エネルギー保存則が確立されるまで、熱素説に立脚する熱学の基本法則とされた。

熱素説に帰せられる最も有名な成功した予言は、ラプラスによる空気中の音速の予言である。当時の音速の計算値は、実測値とずれがあった。一八一六年にラプラスは、音の伝搬は断熱的に起こるという想定にもとづいて、空気中の音速を予言し、音が伝わるときの気体の膨張収縮は等温的だと仮定していたニュートンの見積もりを訂正した。ラプラスは、空気の圧縮により潜熱が生じることは認めていたが、その潜熱が気体中に拡散するスピードは空気の振動のスピードよりもずっと遅いので、一回の振動の間は、熱の量は二つの隣接する分子の間では同じに保たれると考え、断熱変化だとしたわけだ。この成果は、一八二三年の『天体力学』にまとめられている。

(3) 劣勢だった熱運動説

このように、一八世紀には熱素説が有力だったが、熱の運動理論もある仕方で復活しつつあったことは指摘しておくべきだろう。ベンジャミン・ランフォード (Benjamin Rumford 一七五三～一八一四) はアメリカに生まれたが、独立戦争時にイギリス側についたため、独立後にイギリスに渡り、そこで火薬や兵器の研究を行っていた。一七七八年から八一年にかけて、ランフォードは、弾丸を込めずに火薬を発火させると砲身が熱くなることに気づく。これは、火薬の作用が砲身の金属の粒子に激しい振動を起こさせると考えるとつじつまが合う。

熱素説には一つ重要な問題点があった。熱素の重さの問題である。物質なら重さを持つはずだが、熱い物体は冷たい物体より重いことを示す実験はなかった。そこで、ランフォードは、一七八五年に熱素の重さを見いだす実験を手がける。熱した液体がさめたときに軽くなるかを測ったが、有意な結果は得られなかった。その後、ランフォードはミュンヘンに滞在して研究していたが、一七九六年から翌年にかけて、大砲の砲身の中繰り作業の際にきわめて大量の熱が生じることに気づく。しまいには大量の水が沸騰するほどである。この結果は、帰国後一七九八年に王立協会で報告された。摩擦によって熱が発生する。しかもいくらでも (in inexhaustible manner)。これは熱が物質ではなく、むしろ運動であることを示唆している。

このランフォードの報告は反響を呼んだが、支持する者は少なかった。わずかにハンフリー・デイヴィー (Humphrey Davy 一七七八～一八二九) とトマス・ヤング (Thomas Young 一七七三～一八二九) が賛意を表した。実際、一七九九年にデイヴィーは、氷点下に保たれたガラス器のなかで、二個の氷塊を摩擦する実験を行っている。その結果、氷が溶けただけでなく生じた水は氷点以上の温度になった。しかしながら、少なくとも一八三〇年代まで熱素説の方が支配的な理論にとどまった。たとえば、ドルトンはランフォードの実験に対して、摩擦で熱が発生したように見えるのは、砲身を削り取る作業で金属が圧縮し熱容量が下がったためだと反論した。また、金属内に潜熱として隠れていた熱素が現れたために熱が発生したと主張する論者もいた。熱素説論者は、力学的理論をまっとうなライバルだとは思っていたが、信憑性において劣ると思っていたので、ランフォードの実験には影響されなかった。摩擦で熱を発生させるときに使った物質がすり減ってなくなってしまうまでしか熱は生じないので、無尽蔵ではない。

熱運動説が劣勢に留まった理由としては、定量的な実験を欠いていたため、数学的理論になっていなかったことが挙げられるだろう。熱素にもとづく熱理論は、熱量保存則という今から考えると間違った基本原理があり、そのうえに実験的データを積み上げていた。もちろん、本当は保存するのはエネルギーなので、熱と仕事は転換され、熱量保存則は成り立たない。摩擦はまさに熱量が保存しない現象である。熱運動説と熱素説の対立はどのような現象に注目して熱を論じるかに由来する。熱運動説論者は摩擦現象に注目し、熱素説論者は、熱平衡のような熱量が保存される現象に注目していた。

二　熱理論史の概略（2）——熱力学の成立とエネルギー保存則

一九世紀になると、熱と仕事の相互変換可能性に注目が集まるようになる。その要因を三つ挙げることができる。

まず第一に、蒸気機関の発達により熱機関の効率に対する関心が高まったことが挙げられる。第二に、熱と仕事に限らず、さまざまな物理現象間の転化過程が発見されてきたこと。たとえば、電池（化学的親和力→電気、一八〇〇）、電気分解（電気→化学的親和力）、電流が磁針を動かす現象（電気→磁気、一八二〇）、熱電気効果（熱→電流、一八二一）、電磁誘導（磁気→電流、一八三一）といった具合である。どうやら、自然界のさまざまな作用の間には相互関連があるらしい。第三は、自然哲学の影響である。力学的自然観への不満から、一八世紀後半に自然を有機体として見る思想が現れてきた。これのドイツにおける展開が自然哲学と呼ばれる。自然哲学では、宇宙全体は根源的力の発現による発展の産物であり、自然の諸力の作用は根源において一つである。たとえば、エネルギー保存則の先駆者とされるドイツの医者マイヤー（Julius Robert Meyer 一八一四〜七八）は、こうした自然哲学に影響されていた。もちろん、思弁的にすぎ、実験科学の邪魔だと考える人も多かった。

蒸気機関の効率性についての理論的研究を推進したのは、エコールポリテクニークの優等生だったサディ・カルノー（Sadi Carnot 一七九六〜一八三二）である。一八二四年に、カルノーは、熱によって動力を発生させるには熱源の他に冷たい物体が必要であること、熱機関には両物体の温度だけで決まる最大効率があることを証明した。これが熱力学の基礎とされている。

次の課題は、熱と仕事の相互変換の比率を算出することだ。この仕事はジュール（James Prescott Joule 一八一八〜八九）によって成し遂げられた。ジュールははじめ、モーターの効率を改善しようと試みていた。その結果は、彼の意図に反していた。モーターは経済的に蒸気機関に及ばないのである。しかし、この研究の過程で、ジュールは電流による熱の発生に気づく。一八四〇年に、電流による熱の発生から、電流と熱の同等性を確信し、電流によって発生する熱は、導線の抵抗×電流の強さの二乗に比例するといういわゆるジュールの法則を見出している。次にジュールは、回路に発生する熱の総量は電池で進行する化学反応が直接に生じる場合に発生する熱量に等しいはずだと考えた。このようにして、電流を媒介として、化学反応、熱、電気を統一的に捉え、エネルギー保存則へと向かう第一歩を踏み出している。ところが、この段階では、熱の源は化学反応により遊離した熱素かもしれないので、熱素説を捨てるには至らない。

一八四三年には、電流は化学反応なしに電磁誘導でも生じることが確かめられる。その電流でも熱が生じるのだから、熱とは運動の可能性が高まった。そこでジュールは、熱と仕事の同等性の定量的証明に向かう。落下するおもりによって磁場に置かれたコイルを回転させ、電磁誘導によって電流を発生させる。その電流によって熱を生み出す。こうした装置を考案し、熱の仕事当量を計算している。さらに一八五〇年には、有名な paddle wheel experiment により、電流を介さず、熱と仕事の同等性を直接に証明している。

以上のような、エネルギーのさまざまな形態の間の相互転化過程についての知見をエネルギー保存則（熱力学第一法則）という形でまとめる作業は、マイヤーとヘルムホルツ（Hermann von Helmholtz 一八二一～九四）によって行われた。マイヤーは、動物の体熱の発生についての医師としての経験からエネルギー保存則を発想したと言われている。[2] **Kraft** は量的には不滅、質的には可変的であるとし、持ち上げられた質量、運動、熱はこの **Kraft** のさまざまな現れだと述べている。こうした自然哲学的思弁を展開した一八四一年の論文は、学術雑誌『ポッゲンドルフ物理学年報（*Poggendorffs Annalen der Physik*）』から掲載を拒否されたことで知られている。自然哲学の影響から脱したドイツの学会がマイヤーの思弁的傾向を嫌ったためである。

これに対しヘルムホルツは、自然哲学的色彩抜きで、エネルギーの転換と保存に数学的表現を与えた。さまざまな形のエネルギーがすべて力学的仕事に等価であることを数学的に論じ、エネルギー保存則を力学的に基礎づけようというのがヘルムホルツの意図だった。力学が科学の典型とされていた時代にあっては、この方針はエネルギー保存則を人々に受け入れさせるには有効だった。

このようにして、エネルギー保存則が確立したことにより、熱量保存則では説明できない事象も含む広い範囲でエネルギーの保存が成立することが明らかになった。このため、熱量保存則と密接に結びついていた熱素説はその意義を失った。

しかしながら、エネルギー保存則の成立はもう一つの問題点を浮かび上がらせた。熱と力学的仕事が等価なら、カルノーが示したように熱の仕事への転化のために高温物体と低温物体が必要なのはいったいなぜなのか。エネルギー保存則だけを前提すれば、吸収した熱をすべて仕事にすることができてもおかしくない。しかし、どんな熱機関でも低熱源に熱を捨てないといけないのは経験的事実だ。かりに低熱源に熱を捨てない熱機関があれば、大気中から熱を吸収してそれをそのまま仕事にする永久機関（＝第二種永久機関）があることになる。

この難問の解決は、クラウジウス（Rudolf Clausius　一八二二～八八）とトムソン（William Thomson, 後 Lord Kelvin, 一八二四～一九〇七）によって与えられた。彼らの方針は、高温物体と低温物体の必要性を証明するのではなく、それをエネルギー保存則と並ぶ熱力学のもう一つの原理（つまり熱力学第二法則）に祭り上げる、というものだった。二人は熱力学第二法則に異なった定式化を与えた。

【トムソンの原理】一個だけの熱源を用いてその熱源から熱を吸収してそれをすべて仕事に変えることのできる熱機関は存在しない。

【クラウジウスの原理】他に何の変化も残すことなく、熱を低温物体から高温物体にうつすことはできない。

この二つの原理は同値であることが証明できる。のちに、いわゆる「エントロピー増大の法則」がこれらの原理から導かれたので、エントロピー増大の法則が熱力学第二法則と言われることにもなった。

最後の課題は、エントロピー増大則のもつ不可逆性は、他の力学法則のもつ可逆性と対照的だということだ。エントロピー増大則をどう力学的に基礎づけるか。これが統計力学への道を開く課題になる。しかし、本章の狙いからすれば、そこにまで歩みをすすめる必要はないだろう。

三　熱素説は「成功していたがラディカルに間違っていた理論」なのか

熱素説は「成功していたがラディカルに間違っていた理論」なのか。この問題に答えるのはそう簡単なことではない。まず、「熱素説」という語でどのような範囲を指すのかをはっきりさせなければならない。その上で、熱素説の成功とは何かを明確にし、熱素説が熱素の存在にコミットしていたかどうか、していたとしてその程度が吟味されねばならない。以上の準備の下ではじめて、熱素の存在へのコミットメントが熱素説の成功をもたらしたのかどうかが議論できる。

熱素説の成功とは何か。次のような「よくある理解」を取り上げてみよう[3]。

> 一八二四年、カルノーは『火の動力』を著し、熱素説を元にカルノーサイクルを提示した。そして、「熱の動力は、それをとりだすために使われる作業物質にはよらない。その量は、熱素が最終的に移行しあう二つの物体の温度だけで決まる」という、カルノーの定理を発見した。これらの理論の多くは、熱素説が否定された現在でも有効である。ラプラス、ポアソン、カルノーの研究が、熱素説における熱学の到達点であった。

熱素説がラプラス、ポアソン、カルノーの成功した理論を生み出した基盤だと言いたげである。カルノーの場合には、熱素説は現代も通用する熱力学の重要な定理を生み出したという論点が付け加わる。とりあえずここではこれらの理論や定理を生み出したことが、熱素説の成功の少なくとも重要部分だと考えておこう。さて、その上で問わねばならないことは、いわゆる「熱素説」論者がどの程度熱素の存在にコミットしていたのかという点である。熱は熱素であるという考えが優勢だったということは、科学者が熱素説が真だと考えていたこと、あるいは熱素の存在を確信していたことを意味するだろうか。

この問いに対して、シロスは、熱素説の信奉者はその説の認識論的価値に対する態度を表明するのに非常に慎重だったということを指摘する（Psillos 1999 pp.118–9）。なぜなら、熱素説の信奉者のほとんどはこの理論がアノマリ（説明のつかない変則例）に直面していることと、アノマリを解消するための熱素説の修正はアドホックなものが多いことに気づいていたからである。とりわけ、代替理論である熱運動説が、摩擦による熱の発生を説明するのに都合がよいということも知っていた。さらに、彼らは実験的証拠が曖昧なこと、手に入る実験結果のほとんどが不正確であることにも気づいていた。

おそらく以上の理由により、ブラックは講義で両方の説を紹介し、まだ、どちらの説が正しいかを自信をもって言える現状ではないと述べている（死後刊行された講義録）。いずれの説も当時知られていた熱についてのすべての現象を説明できないし、熱の本性の解明あるいは熱の本性についての理論を与えてくれない。さらにブラックは、熱素説論者が都合の悪い実験結果を説明する仕方がアドホックであることも指摘している（cf. Psillos 1999 p.118, 広重 一九七三、六頁）。

ようするに、もっと証拠が集まるまでは判断を差し控えるという態度なのだが、これはブラックに特有のことではない。シロスによれば、ラヴォアジエもラプラスも同様の態度をとっている（Psillos 1999 p.118）。たとえば、ラヴォアジエは、一七八九年の『化学要綱』で、たしかに熱の原因は物質だと主張しているが、「本当の物質と考える必要はない」と書き加えて、自分のコミットメントを限定づけるのを忘れていない。また、フーリエ（Jean Baptiste Fourier 一七六八～一八三〇）は、一八二二年に著書『熱の解析的理論』で熱伝導の方程式を導いたが、そこでは熱の本質を断定せず、どちらの説でも成り立つように理論を構成した。フーリエは、熱測定の理論は、熱の本性の理論とは独立だとする立場に立っているのである。

さらに、熱素説を受け入れていた科学者が実際に使っていた法則は、熱の本性についての仮説とは独立のものが多かった。熱量保存則を例にとってみよう。熱量の保存則が保持されたのは、熱が物質だという主張の帰結だからではない。むしろ熱測定実験の結果からの一般化だったからである。

では、ラプラスによる空気中の音速の予言はどうか（Psillos 1999 pp.119-21）。これはたしかに成功した新奇な予言だった。これは、熱が物質だという仮説に依存しているだろうか。ラプラスは熱素説論者に分類されている。しかし、断熱過程として音の伝搬を扱うというラプラスの行った説明は、熱の正体についての特定の考え方に依存していない。実際、この法則自体は熱素説を前提とした理論ではなく、当時ラプラスは熱運動説の支持者であった（後に熱素説へと転向したにすぎない）。

とはいえ、当時の科学者の熱素に対する態度が道具主義的であったわけでもない。シロスは「熱素」はたしかに指示語として使われていたと指摘する。意味論的観点から見れば、科学者の熱素説に対する態度は実在論的だったのである（Psillos 1999 p.119）。一方、認識論的には科学者の態度は注意深かった。そうすると重要なのは、理論の意味論的なコミットメントと、科学者の認識論的なコミットメントを区別することである。

では、「熱素説における熱学の到達点」と見なされているカルノーの仕事はどうなのだろうか。それに熱素の措定はどのような役割を果たしているだろうか。それともさしたる役割は果たしていないのだろうか。

(1) カルノーの全般的態度

まず確認できることは、カルノーの熱素に対する全般的コミットメントはきわめてどっちつかずだという点である。一八二四年に書かれた『火の動力（*Réflexions sur la Puissance Motrice du feu et sur les Machines propres a Développer cette Puissance*）』では、基本的に熱素説を取り入れ、「熱素」という言葉を多く使用している。カルノーの理論の多くは、当時熱素説の基本法則とされていた熱量保存則を前提としているものと理解されてきた。カルノーもげんに「これを否認することは、熱理論全体を破壊することを意味する」と記している（カルノー 一九七三、五四頁）。というわけで、熱素に結びついていた熱量保存則を受け入れていたかのように思われる。しかし、この引用の直後に「ちなみに、熱理論の依って立っているもろもろの原理は、なおいっそうの注意深い研究を要すると思われる。熱理論のこんにちの状態ではほとんど説明できないように見える多数の経験事実が存在するのである」と述べているように、カルノーは当時の熱理論に全面的な信頼を置いているわけでもなかった。カルノーは、熱素説の公理と言ってもよい熱量保存則には困難があると気づいていた。熱量保存則は疑いの余地のないものではなく、さらなる実験が必要だと述べている。

さらに、『火の動力』執筆後に書かれた『数学、物理学その他についての覚書（*Notes sure les Mathematiques, la physique et autre sujets*）』では、はっきりと熱運動説に傾いている。そして、「ある仮説が現象を説明するのにもはや十分でないとき、この仮説は捨てられるべきである。熱素を一つの物質、ある稀薄な流体と見なす仮説は、まさしくかような仮説である」と、熱素説を否定している。[4] その根拠とされているのは、ランフォードの実験である。カルノー自身、熱の仕事当量の算出も試みている。というわけで、カルノーは熱素説に疑問を抱きつつも、結局は熱素説を下敷きに理論を組み立てた、と言うのが妥当だろう。熱運動説はまだまだ未熟だったからである。

(2) カルノーの定理の導出に熱素説は使われているか

では、現代的な熱力学の出発点となったカルノーサイクルについての定理の導出についてはどうだろう。カルノーの熱素説に対するコミットメントが確固たるものではなかったとしても、この導出に熱素の存在措定、あるいはそれに結びついた熱量保存則が不可欠な仕方で使われていたなら、熱素説は現在でも通用するカルノーの定理の導出を可能にしたという意味で成功しており、それに熱素の存在は不可欠だったということになる。というわけで、以下では次のように論述を進めよう。まず、カルノーサイクルの定義と、それを用いてカルノーが証明したとされる二つの定理（カルノーの第一定理、第二定理と呼ばれている）を、現代の標準的な教科書の記述法にもとづいて紹介する。その後に、それらの定理をカルノーがじっさいにどのように証明したのかを、『火の動力』の該当箇所をくわしく読むことによって検討する。

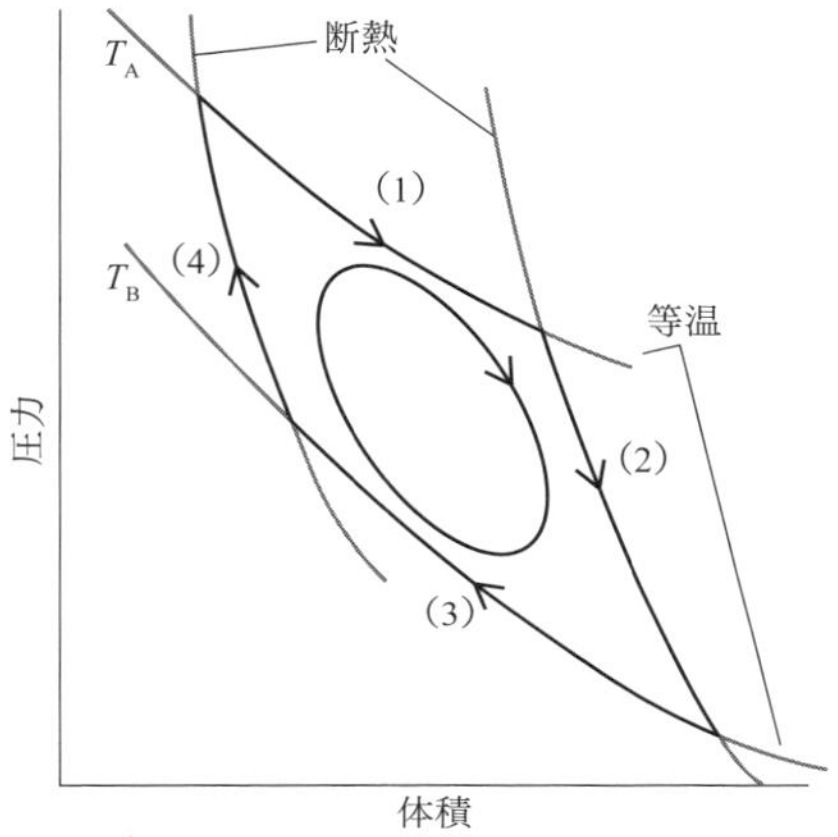

図2　カルノーサイクル

ⓐカルノーサイクルとは何か

カルノーサイクルとは、最も効率の良い熱機関の抽象的モデルであり、通常次のように導入される（図2）。熱源A、Bがあり、それぞれ定温T_A、T_Bに保たれている（$T_A > T_B$とする）。さらに気体（作業物質）を入れたピストン付きのシリンダーを用意する。ここでのポイントは次の点にある。最も効率の良い熱機関をつくりたいのだから、温度の違うものを触れ合わせることをしてはいけない。温度の異なる物体同士をふれ合わせると、熱が低い温度の物体を温めるのにも使われてしまい無駄になる。だから熱源にシリンダーをのせるときは、必ず同じ温度にしてからにす

る。そこで、

(1)まず、温度T_AのシリンダーをAと接触させる。この状態でゆっくり気体が膨張するに任せる。そうするとピストンは押し上げられる。このとき、シリンダーはAと接触しているので、シリンダー内の温度はT_Aのまま変化しない（等温膨張）。

(2)次にシリンダーとAを離し、ピストンを断熱状態にする。ピストンは上がり続けるが、熱源が無いためシリンダー内の温度は下がる（断熱膨張）。

(3)シリンダー内の気体の温度がBと同じ温度T_Bまで下がったところで、シリンダーとBを接触させる。そしてピストンをゆっくり下降させると、気体は圧縮される。この圧縮によって発生した熱が、シリンダーからBへと移動する。シリンダーの温度はT_Bのまま変化しない（等温圧縮）。

(4)シリンダーとBを離し、ピストンを断熱状態にする。ピストンはさらに下がり空気は圧縮される。この時、シリンダー内の気体の温度は上がる（断熱圧縮）。これを気体の温度がT_Aになるまで続ける。こうして最初(1)と同じ状態となる。

この過程は、(4)の終了時の状態が(1)の開始時の状態と同じなので、いくらでも繰り返せる。そして逆回りも可能（可逆）である。カルノーサイクルでは、熱機関の作業物質と熱とを別に考えたところがミソだ。現実の蒸気機関では作業物質（水蒸気）がシリンダーに入ったり出たりするので、あたかも仕事をするのは作業物質そのものに見える。しかし、カルノーは作業物質の入れ替えが熱機関の本質ではないと見抜いた。作業物質はシリンダー内部に閉じ込められていてよい。ただそれが高温になったり低温になったりすればよいのであって、本質的なのは作業物質の流れではなく熱の流れなのである。たしかにここでは、熱素という考え方がヒントを与えている。熱運動説だったら、熱の出入りは作業物質に伴うと考えたくなる。熱素は作業物質とは別々に動きうる。

この架空の理想的熱機関を用いて、カルノーが証明した（とされる）のは次の二つの定理である。

【定理一】カルノーサイクルは最大の効率を持つ（低熱源と高熱源は同じままで）。

【定理二】サイクルで得られる仕事は作業物質にはよらない。二つの熱源の温度差のみによって決まる。

現代の教科書では定理一は次のように証明される（図3）。カルノーサイクルが高熱源から受け取る熱をQ_H、生み出す仕事をWとする。カルノーサイクルは可逆のため、この機関に仕事Wを与えて、高熱源に熱量Q_Hを生み出すことができる（逆カルノーサイクル）。ここで、カルノーサイクルより効率の良い熱機関「超カルノーサイクル」があったとする。これは、高熱源から熱量Q_Hを受け取り、Wより大きな仕事W'を生み出す（つまり$W'>W$）。このとき、以下の動作を行うものとしてみよう。

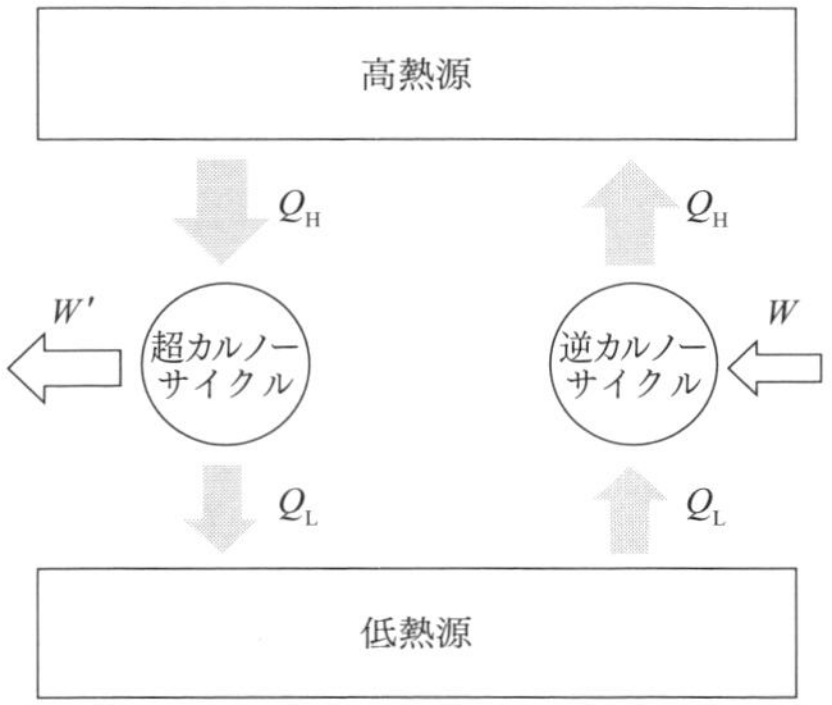

図3　カルノーの第一定理の証明

①超カルノーサイクルにより高熱源から熱量Q_Hを奪い仕事W'を発生させる。

②逆カルノーサイクルにより仕事Wから熱量Q_Hを高熱源に与える。

この二つの動作を行ったとき、①で高熱源から失われた熱量Q_Hが②で高熱源に帰るので、熱量の差し引きは0。一方、仕事に関しては、①でW'だけ発生し②でWだけ失われるため、差し引き$W'-W$（>0）の仕事が発生する。この結果は、熱を消費することなく仕事が生み出されたことを意味しており、これは熱力学第一法則（第一種永久機関の非存在）に矛盾する。

したがって、超カルノーサイクルのような、カルノーサイクルより効率の良い熱機関は存在しない。

ⓑカルノー自身の「証明」

さて、『火の動力』における記述はどうなっているだろうか。まず、熱がどうして仕事できるのかということに関して、カルノーは基本的には「熱素」という語を用いて議論している（カルノー 一九七三、四三頁参照）。熱機関の仕事は、機関の部分間での熱素の再配分による。蒸気は高熱源（ボイラー）から低熱源（凝縮器・コンデンサー）へ熱素を運ぶ役割を果たしている。なるほど熱素が物質なら、熱機関で熱は消費されることなく、その再配分だけで仕事をするはずである。

しかしよく見てみると、カルノー自身は定理の導出において熱量保存則を使うのには非常に慎重だったことがわかる。その点を次に確認しよう。『火の動力』において、カルノーは彼の名前を冠されるようになった二つの定理に、次のような二通りの証明を与えている。

(i)まず、熱機関の大雑把な抽象的把握にもとづき、その可逆性を証明抜きで自明のものと見なした上で、第一定理と第二定理（と現在言われているもの）の混ざり合った主張が概略的に「証明」される。

(ii)その定理の「もっと厳密な第二の証明」として、カルノーサイクルのきちんとした定義が導入され、それにもとづいて第一定理と第二定理が、こんどは分けて述べられる形で証明し直される。

まず、概略的な証明を見てみよう。［ ］内は引用者の補足である。

さて、いまわれわれが使ったのよりもさらに有利な熱の利用法［超カルノーサイクルに相当する］があったとすれば、すなわち、なんらかの方法によって、はじめの操作で生ずるよりも多量の動力を熱素によって生み出すことが可能であるとすれば、そうやって得られた動力の一部を利用して、上に述べたように物体B［低熱源のこと］から物体A［高熱源］へ、つまり冷却器から炉へ、熱素を移動させて自体を初めの状態にもどし、ふた

> たび、さきとまったく同じ操作を開始できる状態を再現することができ、以下同様にくり返されるであろう［超カルノーサイクルと逆カルノーサイクルの複合機関に相当］。これは一種の永久機関であるだけでなく、熱素あるいはその他のどんな源泉をも消費せずに、動力が限りなく創造されることをも意味する。そのような創造は、こんにちまで受け入れられてきた見解、力学と健全な物理学との諸法則にまったく矛盾する。それは許されないものである。したがって、蒸気の使用によって生ずる動力の量の最大値はまた、任意の手段によって生み出される動力の量の最大値でもある、と結論しなければならない。なお、すぐあとで、この定理のもっと厳密な第二の証明を与えるであろう。（カルノー 一九七三、四七頁）

これがカルノーサイクルが最大の効率性をもつこと、およびカルノーサイクルの効率が作業物質によらないことの第一の証明だ。重要なのは、ここでは熱量保存則が使われていないということである。むしろ論拠は、第一種永久機関の不可能性だ。しかもカルノーは、永久機関の不可能性を、よく確かめられた独立の経験的知識だと見なしている。引用箇所の「許されないものである」には、注がつけられている。それは、力学的作用だけによっては無理かもしれないが、熱あるいは電気作用を使えば永久機関は可能ではないかという予想される反論に備えるためのものである。注においてカルノーは、この種の反論に対して「われわれは経験を通して、永久運動を何らかの方策でもって実現しようとするすべての試みが不毛であったことを知っているではないか」と答え、「経験を通して」の箇所を強調している。

同様に、第二の「もっと厳密な証明」にも熱量保存則は出る幕がない。たしかに、カルノーは低熱源と高熱源間での熱素の再配分が仕事を生むと言っていたので、高熱源Aから出た熱量Q_AとBに行った熱量Q_Bが等しいという前提$Q_A=Q_B$（これが保存則に他ならない）を使っていたと思いたくなる。しかし、このように考えると、カルノーが結果的に正しい定理を証明できたのは、二つの間違いが相殺されたことによる幸運の産物ということになるだろう。ところが実際のところ、カルノーは慎重に熱量保存則の使用を避けているのである。

第二の証明は長いので、ここにすべてを引用することはできない（カルノー 一九七三、五〇～四頁）。それは、次のように進む。

(i)断熱圧縮、断熱膨張、等温圧縮、等温膨張のいずれも可能だということに注意を促す（これらの言葉は使っていない。熱素の出入りによって等温圧縮、等温膨張を可能にすることができるとし、そこで使用される熱素を「体積変化にもとづく熱素」と呼んでいる）。

(ii)以上を踏まえて、現在、カルノーサイクルと呼ばれる過程が導入される。

(iii)膨張の際の気体の温度は圧縮の際のそれよりも高い。このため、前者の方が空気の弾力が大きく、膨張によって生じる動力の方が圧縮に消費される動力より大きい。ここから、サイクルはその差として余分の動力を生み出し、熱機関として役立つことが確認される。

(iv)このサイクルは可逆であることが示される。

(v)第一定理が示される。その骨子は、最初の概略的証明と「まったく同様の推論によって証明される」とされ、繰り返しは省略されている。

(vi)第二定理が次のように証明される（カルノー 一九七三、五四頁）。

「われわれは熱の動力を発生させる手段として大気を選んだけれども、他のすべての気体状物質にたいして、いや、かわるがわる膨張・収縮によって温度を変えることのできるすべての物体にたいしてさえ、ということは、自然界のすべての物体、すくなくとも熱の動力をとりだすのに適したすべての物体にたいしてということであるが、同じ推論が適用できることは明らかである。こうして、われわれは次の一般的な命題に導かれる。

熱の動力は、それをとりだすために使われる作業物質にはよらない。その量は、熱素が最終的に移行しあう二つの物体の温度だけできまる。」

(vii)最後に、以上の議論は「可能な限りの完全さに達している」場合、つまり、体積変化による以外には温度が変化しない場合、言い換えれば温度差のある物体どうしの接触がまったく存在しない場合にのみ成立することが強調される。

重要なのは、以上の議論において、熱量保存則はおろか、熱素が物質であるという仮定がほぼ使われていないという点である。熱量保存則を確信しているならば、サイクルにおいて、熱素がＡからＢに移動するとか、Ａが放出した熱量Q_AをＢが受け取る（つまり$Q_A = Q_B$）と言いたくなるだろうが、カルノーは決してそうは言わない。たとえば、サイクルの(4)で、カルノーは「空気が物体Ａの温度を得るまで、圧縮を続ける」と言っているだけである。これは$Q_A = Q_B$を含意しない。実際にも$Q_A = Q_B$ではない。正しくは$Q_A - Q_B$がWに変換されるのだから、保存されるのは熱量ではなくエネルギーである。

カルノーが依拠するのは、体積変化によって熱の出入りが引き起こせるという経験的知識だけである。(i)を議論する中で、カルノーは次のように述べる（カルノー　一九七三、五一頁）。

われわれは、この熱素が体積の変化にかんしてどのような法則に従うかを知らない。体積変化にもとづく熱素の量が、気体の性質・密度・温度によって変わるということはありうるが、この点については、実験的にはなにごともわかっていない。経験は、弾性流体の圧縮によって、いくばくかの熱素が放出されることを教えるだけである。

というわけで、カルノーは彼の法則を確立するのに熱量保存則は使っていないどころか、カルノーサイクルの過程で熱量が保存するかどうかも保留にしていたと考える方が妥当だろう。

以上のケーススタディから何がわかるだろうか。まず第一に、熱素が存在するかどうかは、どちらかと言えばマイナーな論点だったということである。当時の科学者は、熱の原因が物質だというテーゼにそれほど強くコミットしていたとは言えない。熱素は、ラウダンが考えていたほどには中心的な措定ではなかったし、熱理論を構築する試みは熱の原因は物質だという強い信念を中心にして行われていたわけでもない。

第二に、すでに指摘したように、理論の意味論的なコミットメントと科学者の認識論的なコミットメントとを区別することが重要だということである。科学的実在論論争においてこの両者が区別しづらくなるのは、科学哲学の出発点において、論理実証主義者が理論を公理系としてモデル化しようとしたことに原因がある。理論が公理系だとすると、どうしても理論を受け入れるということは、公理系全体を真として受け入れることだと見なされてしまう。そうすると、理論が措定している対象（理論が存在論的にコミットメントしている対象、つまり理論の語彙が指示しており、理論の変項が量化する領域にあるもの）もみな同じ度合いで存在を受け入れることになる。しかし、科学者の存在論的コミットメントはもっと複雑だし程度を許す。科学者は、理論のそれぞれの命題に異なる信念度を抱くことができるし、理論語の指示対象に異なる度合いのコミットメントをすることができる（本書、二四四〜七頁も参照）。

また、ラウダンは実在論者は全体論を採らねばならないと言う（Laudan 1981 pp.26–7)。そうでないと、理論の深層構造的主張が支持されていると言うことができないからである。さらには、理論の観察証拠は、理論が主張するすべてのことに対する証拠だという全体論的見解を実在論者は受け入れねばならないと考えているようだ。しかしこれは、証拠は理論全体をサポートするしかないという、証拠によるサポートに対する間違った理解にもとづいている。

たしかにボイドのような実在論者は、観察証拠によるサポートははるばる深層構造的主張にまでおよぶと言っている（Boyd 1981)。しかしこれは、観察は観察言明しかサポートしないという経験主義者の言い分に対する批判を述べたものとして理解すべきである（cf. Psillos 1999 p.125)。実在論者は全体論であるべきだということを言ったのではない。観察証拠は理論的言明にもサポートを与えるが、かといって、理論全体に等しくサポートを与えるとまで言う必要はない。科学者は、理論の部分部分に異なる態度をとり、異なる度合いで信じることができる。理論的存在のあるものについては存在を強く確信し、あるものは疑いつつ許容するということがありうる。このようにして、科学者は理論のそれぞれの要素に異なる度合いでコミットメントすることができるし、怪しげな対象を措定して、怪しげだと思いながらも、それを発見法として使って新しい予言を出したり、新しい実験を組み立てたりすることができる。

こうして、熱素理論内の法則は「熱素」が指すものがなくても、それとは独立に近似的に真になりうるのである。理論によってうちたてられた法則が、その理論の中心的な理論語とされるものを含む仮定と独立だということが示されたなら、その理論の近似的真理について語ることにはいかなる問題もない。したがって、第3章で述べたシロスの分割統治戦略は有効となるはずだ。

第5章　構成的経験主義からの実在論批判

第3、4章では、悲観的帰納法という反実在論的議論を取り上げ、それに実在論者はどのように対応できるかを論じてきた。悲観的帰納法は、依然として反実在論側の有力な論拠であり続けている。本章では、現在も継続中の科学的実在論論争において、この悲観的帰納法と並んで、最も影響力の強い反実在論的立場である、構成的経験主義を取り上げて検討することにしよう[1]。

一　不可知論的経験主義と観察・理論の区別

（1）不可知論的経験主義とは何か

第1章で検討した反実在論ないし経験主義のバージョンは、いずれも意味論的実在論にフルにコミットメントするのを避けることで実在論を斥けようとするものだった。還元主義は、理論文が観察不可能な対象について述べているように見えるのは表面的なことにすぎず、実は長い観察文の省略形に他ならないとした。消去主義では、理論文が観察不可能な対象への指示語を含むことを認めるが、それは現象を救うための虚構への指示にすぎず、理論文は事実を述べるものというより、推論のための道具として位置づけられる。

これらに対し、意味論的実在論により強くコミットするタイプの反実在論も考えられる。つまり、理論文に対しては文字通りの実在論的読みをとる。つまり、理論文は真理条件をもつと考える。その上で、それが真であると知りうる立場には立てないとして、科学の理論的部分については、判断を差し控える。このようなタイプの反実在論だ。経験を超えた、世界の目に見えない構造については語ることはできるが知りえないとするわけだから、この立場は「不可知論的経験主義（agnostic empiricism）」とも呼ばれる。序章で述べた分類を使うなら、「意味論的テーゼとしては実在論、認識論的テーゼとしては反実在論」と位置づけられる立場であると言えるだろう。

古くは、『人間知性論』のジョン・ロックがこの立場を主張していたと言える。ロックは、「だれも自分がみたりさわったりするものの存在を絶対確実としないほど、まじめに懐疑的であることはできない」と述べ、感覚に与えられる単純な観念は個々の事物の実在性を示しているとする一方で、その事物の本性や原因については不可知論の立場をとる。

本章の主たる標的は、こうした不可知論的経験主義の最も現代的で洗練されたバージョンであるファン＝フラーセン（Bas C. van Fraassen）の構成的経験主義（constructive empiricism）だ。しかし、その前に不可知論的経験主義一般に当てはまる論点を取り上げ検討しておこう。

（2）観察と理論は区別できるのか

不可知論的経験主義が筋の通った立場になるためには、理論文と観察文の両者に認識論的に見て重要な違いがなければならない。さらに、不可知論的経験主義者はその違いを明確に定式化できないといけない。つまり、観察文の真偽は知りうるが、理論文の真偽は知りえない、のはなぜだろうか。じつは、この問いに答えるのはそう容易いことではない。不可知論的経験主義者が必要とするような有効かつ筋の通った区別は手に入りそうもないのである。

いくつかの候補を検討してみよう（cf. Psillos 1999 pp.186–91）。

ⓐ**検証**（verification）の仕方が違う?

観察文は直接に検証できるが、理論文は間接的にしかできないとか、あるいはそもそも観察文は検証可能だが理論文はそうではないといった具合に両者に線を引くことは可能か。どうも無理そうである。なぜなら、論理実証主義者がすでに、観察可能なものについての命題ですら普遍量化されてしまう（すべてのカラスは黒い、のように）と、もはや検証不可能だということに気づいていたからだ。また、検証の概念を厳密にとるなら、単称観察文（そこに赤くて丸いものがある）も検証不可能になる。幻覚の可能性を排除できないからだ。そうすると、観察文も理論文もどっちも検証不可能ということになる。

ⓑ**確証**（confirmation）の仕方が違う?

そこで完全検証はあきらめ、程度を許す確証の概念に訴えることになる。観察文が確証できることはまあ認めてもよいだろうから、理論文が原理的に確証不可能だと言えたなら、望みの区別が手に入る。さて、理論文は確証不可能だと言うにはどうしたらよいだろう。いくつかのやり方が考えられる。まず第一に、証拠は観察文の確率を上昇させるが、理論文の確率を上昇させない、というのはどうか。しかし、このような帰結が生じるような確証の理論は存在するとしてもかなり恣意的なものになるだろう。ベイズ理論では、証拠の確率が1でないかぎり事前確率より事後確率が上昇するという意味では、理論文も確証可能になる。たしかに理論文の事前確率が0なら事後確率は上昇しないが、これは馬鹿げている。理論文の事前確率に0を割り当てるというのは、ようするに理論文は真になることは不可能だという独断論に他ならないし、成り立つことがありえないと確信している理論文を確証しようとすることじたい、意味不明である。

そこで、観察文ははっきりとした事前確率を付与できるが、理論文はあいまいな事前確率しかもてない、というのはどうだろう。これはファン＝フラーセンの戦略でもある（van Fraassen 1989 p.194）。もう少し明確に定式化するなら、この方針は次のようになる。理論文Hが証拠Eを帰結するとする。しかし、このとき、Hは理論文なので、確率P(H)は区間［0, P(E)］のどこに落ちるのかが決まらない。たしかに、不可知論者だったらそう言うのが理に適っているだろう。

しかし、これに対し実在論者は次のように応答することができる。まず第一に、理論文の事前確率があいまいだということは、証拠が理論文の確率を変化させないということを意味しない。たとえば極端な話だが、P(E)が1であるということがわかったら、事後確率の落ちる区間は［0, 1］にひろがる。新しい証拠によって、あいまいな確率の区間がひろがったり縮んだりすることは意味をもつ。手術で助かる確率は［0.1, 0.4］ですよと言われていたのが、［0.1, 0.8］になったら、少しはうけてみようという気になるだろう（Psillos 1999 p.188）。

第二に、なぜ観察文にもあいまい事前確率を与えないのかと問うことができる。片方にあいまい事前確率を与え、片方に与えない理由を言う挙証責任は反実在論者の側にある。そこで、この問いかけに対して、反実在論者が次のように答えたとしてみよう。私は実験室に入って試験管を見た。試験管内に液体が入っている（こちらは観察文）確率は1だが、試験管内に塩酸が入っている確率（こちらは理論文）はあいまいではないか。しかし、この答えはうまくいかない。試験管に液体が入っているということだって、液体ライクな感覚印象を証拠にして言われている仮説に他ならないからである。このとき、反実在論者は次のどちらかを選ばなければならない。①不可知論をつらぬいて、試験管に液体が入っているという仮説にもあいまい確率を与える。あるいは、②その仮説に確定した確率を与える。①を選んだ場合、「試験管に液体が入っている」は「試験管内に塩酸が入っている」と同格になり、両方にあいまい確率を付与するのが合理的になる。一方、②を選んだ場合、同じ仮説という身分なのにどうして「試験管に液体が入っている」だけ確定した確率を与えるのか、あいかわらず根拠薄弱なままになる。

ⓒ観察可能なものと不可能なものの区別に訴える？

理論文が確証できないとしたら、それはなぜだろう。考えられる答えは次のようになるだろう。理論文が確証できないのは、それが究極的には観察不可能な対象についてのものであり、観察不可能な対象は認識論的にアクセス不可能だからだ。一方、観察可能な対象はアクセス可能であるがゆえに確証可能なのだ。

ここで生じる問いは、当然のことながら、一方をアクセス不可能にし、他方を可能にする違いは何か、というものだ。ようするに、認識論的にアクセス不可能なものと可能なものの線引きをしないといけない。「経験の直接性」に訴えたらどうだろう。直接知りうるのとそうでないのとの違いだ。

しかし、この区別はそれほど明確なものではない。何が「直接見て知りうる」のかはきわめて曖昧である。いくつかの可能性を検討してみよう。第一に、現に誰かが肉眼で見たものに限定したらどうか。これはダメである。観察可能な対象についての言明の大部分が「直接経験可能なもの」からはずれてしまうからだ。月に裏側があるかどうかについてもわれわれは不可知論の立場をとるべきだというのは明らかに行きすぎだろう。ようするに「観察可能性」は可能性を含んでいるのに、これを現実性に限定するのは狭めすぎだということだ。そこで、たとえばファン＝フラーセンは観察可能性を次のように特徴づける。

Xが観察可能であるのは、次のような状況が存在する場合である。すなわち、もしXがその状況のもとでわれわれに提示されるならば、われわれはXを観察する、と言えるような状況が存在する場合である。（ファン・フラーセン　一九八六、四六〜七頁）

ここで、「観察する」は、補助なしで（unaided）、直接見たり聞いたりすることを意図されている。というわけで、ファン＝フラーセンは「しかるべき状況がととのえば肉眼で見ることが可能なもの」という基準をもっていることになる。さて、見ることが可能なものとは何か。ここに現れている「可能性」はどういう意味での可能性だろうか。明らかに、論理的可能性ではない。「DNA分子を肉眼で見る」という文は自己矛盾的な文ではないので、理論的対象もこの意味では見ることが「可能」である。可能性の概念をもう少し狭める必要がある。法則的可能性はどうだろうか。つまり、肉眼で見ることが法則的に可能なものを観察可能なものとするのである。

こうした考え方には二つの問題点がある。一つは「可能」に関わり、もう一つは「補助なしで、肉眼で見る」に関わる。第一の問題点は次のように述べることができる。観察可能なものを現実の歴史において誰かが現に見たものに限ることはできないのはわかった。したがって、「観察可能性」の「可能性」は文字通り様相的概念[2]として理解すべきだろう。その一つの候補が法則的可能性だということもわかった。しかし、問題は、この方向をファン＝フラーセンをはじめとする経験主義者が採用できるかということである。一般に経験主義者は、因果性や法則性を規則性に還元しようとしてきたことからもわかるように、様相的概念についての実在論的な理解を拒否してきた。

しかしながら、直接知りうるものを観察可能なものに限ろうとする経験主義者は、この他ならぬ自分の主張を表現するために、観察「可能性」とか「法則性」といった様相についての実在論を前提せざるを得ない。現実ではないがありうる状況、あるいは別の可能世界は、直接見ることのできないものの典型ではないか。観察不可能な対象へのコミットメントを避けようとして、経験主義者は様相もしくは可能世界という別種の観察不可能なものにコミットすることになる。これは首尾一貫した態度ではない（cf. Ladyman 2000, 2004）。

ようするに、経験主義者は「可能性」「必然性」「法則性」といった様相的概念に、実在論的でない読みを与える必要があるということだ。ファン＝フラーセンはそれを試みている（Monton & van Fraassen 2003 pp.415–6）。この試みは不可能ではないかもしれないが、それ自体、とてつもなく大きな仕事になるということだけを指摘しておこう。

もう一つの問題点は次のようなものだ。とりあえず、「法則的に可能」ということに、経験主義者も受け入れられる意味づけが与えられたとしよう。その上で次のように問うことができる。アルファ・ケンタウリの衛星を肉眼で見ることは法則的に可能だが、ウィルスを肉眼で見ることは法則的に不可能と言えるだろうか。人間を縮小する技術、ウィルスを拡大する技術ができたら……という想定と、人間を系外惑星付近にまで連れて行く技術ができたら……という想定はそんなに違わないのではと思われる（cf. Churchland 1985 p.40）。というわけで、こんな風にゆるめてしまうと、今度は逆に、不可知論的経験主義者が観察不可能なものとして排除したい対象の典型例が、「観察可能だが観察されていないもの」の範疇に入ってしまう。また、そもそも、経験主義者の主張の基盤をなす観察可能なものと不可能なものの区別を、何が法則的に可能かについての知識に相対化し、こんなに理論負荷的にしてしまってよいのか、と思われる。

また、イアン・ハッキングは次のような事例を案出した（Hacking 1985 pp.146–7；ハッキング 一九八六、三三〇頁）。同じパターンの格子模様をさまざまな大きさでつくり出すことのできる機械があるとしよう。まずは、肉眼で見えるサイズの格子模様をつくらせる。その大きさを次第に小さくしていく。小さくなっていくが、機械の生み出す模様はまったく同じパターンであることが見て取れる。しまいに、模様は見えなくなる。しかし、顕微鏡で覗いてみると、肉眼では見えなかった模様が見える。それは、肉眼で見ていたときと同じパターンである。機械が模様を生み出す過程は信頼できるものだし、どんな顕微鏡で見ても、その模様は同じように見える。異なる物理的過程を用いた拡大装置を使っても、同じに見える。これは、偶然の一致とすることはできない。このとき、顕微鏡で見えているパターンは本当にそこにあり、その通りに見えているのだと言ってはならない理由はないだろう。顕微鏡で見たパターンも観察可能とすべきだ。

おそらく「観察可能」は「禿げている」や「青い」のようなあいまい（vague）な述語であり、それが当てはまるものと当てはまらないものの間に明確な境界を引くことはできないというのが実情だろう。問題は、この事実をもって、反実在論者の依拠する二分法は成り立たないと結論できるかという点にある。ファン＝フラーセンは観察可能概念のあいまい性による反実在論批判に対して、次のように再反論を試みている。観察可能性があいまいな区別で、どちらともつかない中間事例があるからといって、この区別が幻だということにはならない。それは、青さと赤さが連続的につながっておりここからが青だと線が引けないとしても、青さという概念が適用できなくなることはないのと同様である。電子と机のように両極端の違いがはっきりしていれば良いではないか。中間事例があるということは、何が知りえないかという判断に不正確さが残るということでしかない。

この再反論に答えてみよう。たしかに、あいまいであるからといって、区別に意味がないということにはならない、という論点は正しい。しかし、問題となっているのは、両者をどう区別するかということに尽きない。第一に、肉眼で見えるとか見えないといったことがそもそも認識論的に重要な意味をもつとなぜ考えるのか。第二に、認識論的にアクセス可能と不可能（知りうる／知りえない）の区別が、観察可能／観察不可能の区別と一致すると考えるのはなぜか。これらの問いが重要なのであり、この問いにはまだ十分な答えがない。

そこで、この二つの問いに答えるとしたら、どのような解答が可能かを考えてみよう。

(1)まず、観察可能な対象については感覚だけで白黒をつけられる。この意味で観察可能なものは認識論的特権性をもっている、というのはどうだろうか。たしかに、肉眼で見たボールが赤いかどうかは見ただけで判断できる。しかし、このような仕方で、感覚だけで白黒がつくのは、われわれの知識主張のうち本当にわずかなものに限られる。器具がなければ、温度も直接には知りえない。だとしたら、温度も観察不可能ということになってしまう。

(2)感覚によって得た信念は直接に正当化されている、というのはどうだろう。タウニュートリノを観測できたと言うためには、検出装置が正しく機能していたということ、さらに統計処理が妥当なものであったことなどの正当化が必要だから、この信念は間接的に正当化されるにすぎない。しかし、肉眼で見たボールが赤いという知識主張は、それ以上の正当化が必要ないように思われる。この基準は、認識論における基礎づけ主義[3]とも相俟って、一定の説得力をもちそうだ。

しかし、この正当化の直接性は本当だろうか。日常の知識主張をめぐる言語ゲームで、「この目で見たんだもん」のひと言で正当化のゲームが打ち止めになるということはもちろん頻繁にある。しかし、いま問題になっているのは、科学の言明であり、しかも哲学的懐疑論者である不可知論的経験主義者が、それでも感覚による直接経験は信頼して大丈夫と言ってよいかという問いだ。だとすると、眼で見たときも、「ちゃんと見たのか、錯覚ではないのか、幻覚ではないのか」という問いかけに答える正当化が必要だと考えるべきなのではなかろうか。この正当化はどのようなものになるだろうか。眼と脳の視覚システムは非常に複雑な仕組みなので、それがちゃんと機能したと言うのは、われわれが設計した人工物であるニュートリノ検出装置の場合よりもしかしたら困難かもしれない。

(3) さらには、次のように答えることもできそうだ。「経験するということが、世界についての情報の唯一の正当な源泉であるから」(van Fraassen 1985 p.258)。しかし、これは、われわれが外界の情報を取り入れる唯一の仕方が意識経験を通してであると決めてかかっている点で、論点先取を犯している。たしかに、内在主義的な認識論をとれば、われわれの知識の究極の基礎は知覚経験だと言えないこともない。しかし、次のように考えることもできる。外界からわれわれの内的状態に向けて情報が流れるとはいったいどういうことだろうか。情報の流れ一般について、最も有力な説の一つ (cf. Dretske 1981) は、次のように教えてくれる。或るタイプの出来事Aと別の出来事Bの間に相関があれば、AからBに情報は流れる。なぜなら、Bが起きたことを知れば、Aが起きたことも知ることができる。BはAが起きたという情報を担っていると言ってもよい。情報が流れるというのがこういうことであるとするなら、途中に顕微鏡などの装置が介在していても、顕微鏡で見られているパターンと、われわれの（顕微鏡を通して形成した）信念、たとえば、しかじかの形の格子模様があるという信念との間にきれいな相関がある限り、世界についての情報をわれわれは信頼できる仕方で獲得したと言ってよいだろう。このような外在主義的・信頼説的な認識論を採れば、肉眼で見ることだけが正当化されていると考える根拠はなくなる。

というわけで、肉眼で見ることにだけ、認識論的な特権性があるとは言い難い。肉眼と機器を使ったときの正当化には、程度の違いはあれ、質的な違いはないと考えるべきである。つまり、どちらも信念を保証できるし、薬物を摂取したり、暗かったり、白色光のもとでないなど悪条件が成立しているときには、むしろ肉眼の方がその保証の程度が低いことだってありうる。むしろ、どっちも知りうるが、いわゆる「観察不可能なもの」は間違えやすい、なのではないか。

観察可能なものと不可能なもの、認識論的にアクセス可能なものと不可能なもの。この重ね合わせが当然視されるのは、経験主義的・内在主義的バイアスを持ち込んだからにすぎない。しかし、肉眼で観察することを、特権的な知識の源泉として考えることにはほとんど意味がないだろう。何が「見る」という現象に類するものであるのかじたい、科学的に探求されるべきことがらだからである。その場面で、われわれの主観的な「感じ」を優先することに意味はない。

以上の考察から明らかになったことは、観察文は確証可能だが、理論文はそうではないという考え方には根拠がないということである。両方とも確証可能と考えるのが最も合理的だ。確証可能性にかんして両者に原理的な違いはない。もちろん、どの程度確証可能かは異なるだろう。それは確証の理論に任せるべきことがらだ。このように、確証可能性において観察文と理論文に大きな違いがないとするなら、確証可能性ゆえに観察文を信じることを合理的とする以上、理論文を信じることも合理的ということになる。世界の肉眼で観察不可能な部分についての知識主張は、注意を要するということは確かだ。しかしこのことと、そういった主張を知識から排除するということはまったく異なる。経験主義者は注意を促す点では正しいが、観察不可能な世界についての知識を禁じる点では明らかに行きすぎなのである。

二　洗練された不可知論的経験主義としての構成的経験主義

(1) 構成的経験主義とは何か

本章の後半ではファン＝フラーセンによって提唱された、洗練された不可知論的経験主義の一つのバージョンである構成的経験主義を紹介し、それに対する批判を行う。

ファン＝フラーセンが構成的経験主義を展開したのは、一九八〇年の『科学的世界像(*The Scientific Image*)』(邦訳は一九八六)という書物である。構成的経験主義は、すでに予告したように意味論的には実在論をとる。つまり、科学に現れる言明を文字通りに読もうとする。この点で、論理実証主義の還元主義や道具主義と一線を画す。『科学的世界像』が登場するまで、経験主義的な反実在論の旗色は非常に悪かった。それは、論理実証主義のプログラムが破産したと思われていたからである。ファン＝フラーセンは、模様替えした形で経験主義をよみがえらせたと言うことができる。

構成的経験主義は、科学の目的を近似的真理への漸近とする実在論的理解に代えて、科学の目的は経験的十全性(empirical adequacy)にあると主張する。これが最も端的な構成的経験主義の特徴づけである。

科学の目標は、われわれに経験的に十全な理論を与えることであり、一つの理論の承認に信念として含まれる

のは、それが経験的に十全だという信念だけである。（ファン・フラーセン 一九八六、三九頁）

以下、この特徴づけを出発点として、構成的経験主義を織りなす諸要素を整理してみよう。

ⓐ価値論的な反実在論

構成的経験主義は、科学の目的は、世界の観察不可能な部分について真なることを言うことではなく、経験的に十全な理論を構成することにある、と主張する。というわけで、まずもって構成的経験主義は科学の目的についての反実在論、価値論的テーゼを述べていることになる。

ということは、科学の目的は経験的十全性に留まると考えながらも、そのようにして得られた科学の知見は真だと信じる、という認識論的態度も論理的には可能だ。それが魅力的な立場であるかどうかは疑問だが。

ⓑ経験的十全性

ここで理論が「経験的に十全である」とは、その理論から導くことのできる観察可能な領域についての主張がすべて正しいということを意味する。古くさい言い方を用いれば、その理論がすべての観察可能な現象を救っている、ということである（ファン・フラーセン 一九八六、第三章のタイトルを参照）。

ただし、ファン＝フラーセンは、理論と公理系のような文の集まりを同一視するのではなく、理論は理論を述べる文を真にする構造（モデル）の集まりによって特定されるという見解（理論の意味論的見解と言う。第11章で扱う）を抱いている。そのため、右のような定式化を経験的十全性に与えるのはあくまでも便宜上のことにすぎない。本来なら、次のように述べるべきだろう。

理論が経験的に十全である　⇕　現象つまり実験と測定の報告において記述しうる構造が、その理論の何らかのモデルの経験的サブ構造に同型である（ファン・フラーセン 一九八六、一三〇～一頁参照）

ⓒ観察可能なものと不可能なものの区別

この定式化に現れる「現象」は、現実に観察された現象だけでなく、観察可能な現象をすべて含むものとされる。つまり、理論が経験的に十全であるのは、観察可能な現象がすべてその理論が記述する構造に埋め込むことができるとき、ということになる。このように、構成的経験主義はその主張のコアにある概念（経験的十全性）を定義するために、観察可能なものと不可能なものの区別に大きく依存している。構成的経験主義への批判において、この区別の正当性が議論の一つの焦点となるのはそのためだ。

ただし、ファン＝フラーセンは、理論語を還元したり消去しようという試みはうまくいかないこと、すべての観察は理論負荷的だということを認めているため、論理実証主義流の二言語モデルはとらない。つまり、科学言語の語彙を観察語と理論語という重なるところのない二つの種類に分類してしまうことをしない。したがって、ファン＝フラーセンの構成的経験主義は、もはや言語の階層理論ではないし、理論語の意味の理論でもない。

だとするなら、彼にとっての経験主義とはいったい何だろう。知覚の限界についてのわれわれの理解が、科学に対する認識論的態度に反映されなければならないという立場だと言えるだろう。したがって、やはり観察可能と不可能の区別（知覚の限界）が信念の正当化に重要な役割を果たすことになる。ただし、観察可能性は語彙の性質ではなく、対象そのものの区別になる。こうして、経験主義が観察語と理論語ではなく、対象の区別にもとづいて進められることになる。というわけで、ファン＝フラーセンの経験主義では、対象の観察可能性が何を信じるべきかを左右する一方で、その信念の内容の記述には理論負荷的な言語をもちいて良いことになる。

となると、重要なのはファン＝フラーセンが観察可能な対象をどのように定義しているかである。彼の定義によれば、ある対象が観察可能であるのは、適切な位置にいる観察者が補助なしの感覚によってそれを知覚できるときであり、またそのときに限る。この定義によれば、木星の衛星は、まだそれを肉眼で観察する場所にたどり着いた者はいないが、観察可能だということになる。

ⓓ科学の進歩

構成的経験主義においては科学の進歩とはいかなることになるだろうか。実在論では、理論の真理性（近似的真理、truthlikeness）が高まることだった。構成的経験主義においては、科学の進歩とは、なるべく多くの観察可能な領域についての知識を、経験的に十全な理論を構成することによって救うことになる。つまり、理論が救っている観察可能な領域を広げることにある。

（2）オルタナティブの提案として構成的経験主義を理解する

さて、こうしたファン＝フラーセンの考えは、単なる不可知論的経験主義一般に比べてどこが「洗練されている」のだろうか。彼は不可知論を擁護する議論も行っている。しかし、反実在論だけが唯一合理的だというナイーブな経験主義には立っていない。むしろ、理論文に対する不可知論的立場が正しいか、という議論をバイパスしようとしていると言うのが良いだろう。たとえば、ファン＝フラーセンは反実在論者ではあるが、悲観的帰納法に依拠して、理論的対象の本性について科学はたいてい間違える、といった議論を行ったりはしない。頑固な経験主義者である彼は、帰納法の妥当性を認めないからである。

シロスによれば、ファン＝フラーセンの狙いは次の点にある（cf. Psillos 1999 pp.191–3）。

(i)理論の（近似的）真理が科学の実践からいかなる損失もなく取り除かれ、科学の目的として出てこないような、経験主義者の代替的科学像を整合的に描けることを示す。

(ii)したがって、実在論者のような認識論的楽観主義をとる必要はないと言う（反実在論も実在論と同等に合理的）。

(iii)それにより、理論的真理が到達可能だということが示されたとしても、とくに実在論をとらねばならない理由はない、同じくらい良いオルタナティブがあるから、と主張する。

　ようするに実在論的な科学像を、一つのオプションに格下げしてしまうという戦略である。しかし、シロスの描くファン＝フラーセンの目的はやや謙虚にすぎるきらいがある。なぜなら、ファン＝フラーセンは、明らかに構成的経験主義者の科学像の方が、実在論者のそれよりも優れていると考えているらしいからである。


　しかしながら、構成的経験主義を支持する積極的な論点もある。すなわちそれは、科学や科学的活動を、実在論によるよりも一層理解可能なものとし、しかも、形而上学のインフレなしにそうすることができるのである。

（ファン・フラーセン　一九八六、一三九頁）


ここでは二つのことが言われている。まず、科学がもつ特徴のうちには、構成的経験主義の方が実在論よりもうまく説明できるものがある。第二に、（かりに科学の特徴を説明する点で、両者が同等の成績を収めるとしても）経験的十全性という、真理よりは弱い目的を科学に帰し、自然法則、自然種、本性などの形而上学的重装備を必要としない構成的経験主義の方が、余分な認識論的コミットメントを含まないだけに優れている。

　それはともかくとして、経験主義者の代替的科学像を整合的に描くことが『科学的世界像』全体の目的であることは確かである。この戦略のためにファン＝フラーセンが行っている議論を、シロスはうまく再構成してくれている。シロスの整理に従って、(i)の課題がどのような仕方で果たされるかを見てみることにしよう。

　シロスの再構成には、オズとイドという現実世界によく似た二つの可能世界が登場する（Psillos 1999 pp.191–3）。オズとイドはそっくりなのだが、そこでの科学者の目的だけが異なっている。イドでは、科学の目的は理論的真理を追究することにある。一方、オズでは、科学の目的は経験的十全性を追究することにある。理論が経験的に十全だと信じられると、オズ科学者たちは理論を受け入れる。それが世界について真理を言い当てているかどうかはどうでもよい。

さて、このような舞台設定の下で、問いは次のようなものになる。現実世界における科学を認識論的・価値論的に特徴づけるにあたり、オズ科学の描像は不可能だとか根拠を欠くとすべき理由がはたしてあるだろうか。つまり、現実科学の実践と成功を説明するのに、科学は理論的真理を目指す活動だと見なさなければならない理由があるか。実在論者が主張するように、現実世界はイド世界と見なさねばならないのだろうか。それとも現実世界をオズ世界と見なすこともできるのだろうか。

このように問いを定式化した場合、ファン＝フラーセンの答えは明確である。科学が理論的真理を目指してそれに成功しているということを受け入れない代替的な科学像も可能だ。その科学像では現実科学の何も失われない。オズ科学も可能なのであり、イド科学ばかりを目指す必要はない。

ここで、いくつかの注意を促しておく必要がある。まず第一に、ここで言う「科学像」は、現実の科学者がもつ認識論的・価値論的態度をたんに描写したものではない。ファン＝フラーセンの言う「科学像」がもしそのようなものであるとするなら、その描写の正しさは、現実の科学者に照らして経験的にテストされるべきだということになる。だとしたら、おそらくオズ科学像は間違っている。科学者たちは、「発見した」「真だ」「偽だ」「正しい」「間違っている」といった語彙を頻繁に用いるし、正しい理論をつくることが自分の目的だともおそらく言うだろうからである。

むしろ、構成的経験主義は、科学者やその行動の描写を目指すものではなく、科学についての哲学的像（philosophical view）、科学の代替的な哲学的特徴づけを目指すものである。したがって、そこで「科学者」と言われるとき、それは理想化された科学者像が意味されている。ファン＝フラーセンは慎重に、科学者の目的と科学の目的を区別して論じている(4)。

では、科学についての哲学説で何が説明されねばならないのだろうか。もちろんそれは、個々の現実の科学者の振る舞いではない。個々の科学者の意図や態度を含まない、彼らが従事している活動の明白な特徴、その実践の中心的特徴とその経験的成功が、哲学的科学像によって説明されるべきことがらである。この哲学的像の役割についての理解も批判すべきだと思うが、ここではとりあえず受け入れて先へ進むことにしよう。ファン＝フラーセンのオズ科学像がこのような意味での哲学的描像だとして、それは具体的にどのような描像になるのだろうか。

【オズ科学の描像】オズ科学者は科学理論を文字通り理解している。理論語は観察語を互いに結びつける省略表現でも無意味な道具でもない。観察不可能な何かを指示する表現だ。つまり、オズ科学では理論は存在論的コミットメントを持つ。たとえば、電子の理論は電子の存在にコミットしている。しかしながら、オズ科学者は理論の真理を主張しない。したがって、理論的対象の存在も主張しない。ようするに、オズ科学者は意味論的実在論者だが認識論的実在論者ではない。理論を文字通り解釈するがその真理を主張することは差し控える不可知論者である。

オズ科学では、理論の成功の基準は経験的十全性にある。つまり、こうした意味での観察可能な対象についていま知られている真なる主張がすべて帰結する理論は、経験的に十全である。そしてオズ世界では、ある理論が経験的に十全だとわかると、科学者たちはそれを信じる。ただし、理論的真理を信じるわけではない。理論の経験的十全性を信じることになる。さらに、オズ科学での理論の受容はこうした経験的十全性への信念以上のものを含んでいる。つまり、その理論の枠組みでさらなる現象に立ち向かおうという構えと、その理論を捨てないですべての関連する現象を説明できるだろうという予測である。

三　構成的経験主義を批判する

(1) 観察可能性概念をめぐる批判（再び）

構成的経験主義に対する批判に移ろう。批判はおおよそ三種類に大別できる。第一の批判は、構成的経験主義が依拠する観察可能と不可能の区別に関するものである。構成的経験主義は、観察語と理論語の二分法に依存してはいないが、観察可能な対象とそうでない対象の区別を依然として前提している。そのため、第一節で触れた不可知論的経験主義一般に対する批判はそのまま構成的経験主義にも当てはまる。さらに、ファン゠フラーセンの構成的経験主義に特有な問題点もある。ここではそれを扱おう。

というのは、ファン゠フラーセンは、何が観察可能な対象で何が不可能な対象かの区別は、経験主義哲学のバイアスを押しつけたア・プリオリなものではなく、科学が教えてくれる経験的区別だとするからである（ファン・フラーセン 一九八六、一一七頁参照）。たしかに、対象が補助なしの感覚によってそれを知覚できるような位置に立てるようなものであるかどうかは、科学的知見によらねばわからない。ブラックホールそのものがこのような意味で観察不可能であることを教えてくれるものは、ブラックホールについての物理学を含むはずだ。そして、このこと自体は正しいと思われる。観察可能な対象であるかどうかの判断は科学の応用の一つである。問題は、構成的経験主義者がこうした観察可能性概念の理論負荷性を認めることができるのか、という点にある。

その前に、「科学が教えてくれる」とはいかなる意味かについてもう少し考察しておこう。たとえば電子を例にとる。電子がファン゠フラーセンの意味で観察可能かどうかを教えてくれる科学理論とはそもそもいったい何だろう。電子についての理論、つまりその対象を主題として扱っている理論だろうか。しかしながら、電子の理論は電子が観察可能かどうかについては何も言わない。さまざまな性質を電子に帰属させるが、観察可能性もその否定も帰属させていない。電子理論は電子のことしか言わないのだから、電子が人に見えるかなどそもそも考察の範囲外なのである。かりに、電子を直接見ることができる存在がいたとしても、同じ電子理論になるはずだ。したがって、対象が観察可能かどうかはその対象を扱う理論が教えてくれるというのは間違いである。むしろ、人間が電子を直接見ることができないのは、電子理論の帰結ではなく、人体と世界の偶然的事実による。だとすると、この場合の「科学が教えてくれる」の科学は、電子理論と、人間の知覚についての生物学、心理学、生理学の複合理論と考えるべきだろう。人間に電子が観察できず、テーブルや木星の衛星はできると教えてくれるのはこうした種類の理論である。

さて、このように観察可能な対象をより分ける科学理論に人間についての生物学理論が含まれるとすると、ちょっと困ったことになる（cf. Psillos 1999 pp.195–6）。ファン＝フラーセンの見解は循環を含むことになるからだ。彼は、一方で、何が人間にとって観察可能かは、経験的に十全な生物学理論によって決まるとする。そして、他方で、その生物学理論が経験的に十全かどうかは、何が人間にとって観察可能かによって決まるとしている。つまり、観察可能性と経験的十全性が互いに他を前提することになってしまう。

この循環を断ち切る方法は二つ考えられる。しかしいずれもファン＝フラーセンにとっては、利用することができない。一つは、観察可能な対象と不可能な対象という区別そのものを廃棄することである。しかしこれでは、構成的経験主義者になる理由がなくなる。構成的経験主義は、観察可能対象と不可能対象の認識論的違いを前提しているからである。第二に、この区別を科学理論によって決まるものとし、理論負荷的にしたことに元凶があると見て取って、科学以外の手段で外から線引きをするという道がある。しかし、これでは外の生活世界から区別を押しつけることになり、科学の内側から観察可能なものと不可能なものの線を引くという方針を放棄することに等しい。

ようするに、独断とのそしりを免れないことになってしまう。

観察可能性をめぐっては、ファン＝フラーセンはさらに深刻な問題に悩むことになる（cf. Psillos 1999 p.196）。観察可能不可能の区別は、対象だけでなく、対象がもつ性質についても当てはめられるものであるべきだ。というのも、テーブルは「分子からなる」という性質を持つが、これは観察可能な性質ではないだろう。したがって、「このテーブルは分子からなる」については、経験主義者は不可知論的態度をとるべきだということになる。さて、一方で、理論が経験的十全であるのは、観察可能な対象が、その理論がそれに帰属させる観察可能な性質を現にもっているとき、ということになるはずだ。

しかし、そうすると構成的経験主義者は困ったことになる。観察可能であるという性質は観察可能だろうかと考えてみればよい。われわれはテーブルを肉眼で見ることによって、さまざまな性質をテーブルに帰属させることができる。赤い、丸いなど。このとき、見たら赤いので、テーブルは赤いと言って良いだろう。しかし、このようにしては、テーブルに観察可能性を帰属させることはできない。見えるのは赤さや丸さであって、観察可能だという性質は見えないからである。ファン＝フラーセン自身、観察可能不可能の区別は科学理論がつけると言っていることからもわかるように、観察可能性は理論的性質である。ということは、テーブルが観察可能かどうかについて、われわれは不可知論的態度をとるべきだ、と構成的経験主義者は言わねばならないはずなのである。

（2）「受容」概念への批判

構成的経験主義への第二の批判に移ろう（cf. Psillos 1999 pp.200–4）。それは、経験的に十全な理論を「受容」するということが結局どういう心的態度なのかわからない、という批判である。構成的経験主義者は、オズ科学でも、実在論者が説明したと称する科学のすべての実践を含んでいると主張したいわけである。そうすると、オズ科学にある概念資源が現実の科学の特徴を描写・説明するのに十分かが問題になる。この批判は、その問題の一断面として位置づけることができる。構成的経験主義者にも認められる理論の「受容」とはいったいどういうものになるだろうか。まず、観察可能なものについての主張にかんしては、それの存在ないし真理を信じることと同じである。一方、観察不可能なものについての理論に関しては、その理論が経験的十全であることの信念、プラスその理論へのコミットメント、という説明だった。ということは、オズ受容は、理論が経験的十全であることの信念という認知的要素と、理論へのコミットメントという非認知的要素からなる。わからないのは後者である。

構成的経験主義者の言う「コミットメント」とは何だろう。オズ科学者は、ヒトが下等な生物から進化した、ということを真理として信じることはできない。過去の下等な生物は観察不可能だし、進化のプロセスも観察不可能だからである。しかしながら、オズ科学者もヒトが下等な生物から進化したということにコミットしている。このように構成的経験主義者は言いたいわけである。しかも、この判断をしているときに信念を報告しているのではないとしたい。そこで、ファン＝フラーセンは、信念を報告しているのではなくて、明言（avow）しているのだと言う。しかし、これは呼び名を替えただけである。もし、オズ科学像は、イド科学像が描写しうるものを余すところなく描写できるのだと言いたいなら、コミットメントの因果的・機能的役割は信念のそれとほとんど変わらないものでなくてはならない。しかしだとしたら、「明言」は「信念」の別名にすぎないことになる。

ようするに、真理への信念には含まれていて明言には含まれていないものが何なのか、明言にもとづいてそのあとする行為と、信念にもとづいてそのあとする行為のどこが違うのかはいっこうに明らかではない。コミットメントが信念とはどう違うのか、どういう点でそれが非認知的なのかがよくわからない。そしてその説明責任はオルタナティブを提案している構成的経験主義者の側にある。

(3) どちらが科学の重要な特徴をうまく説明できるか

前節で見たように、ファン＝フラーセンの戦略が、科学がもつ特徴を実在論的な科学像と同等にあるいはそれ以上にうまく説明できる代替的な科学像を与えることにあるとするなら、構成的経験主義は、ライバルとどちらが科学の重要な特徴をうまく説明できるかという観点から評価されなければならない。

ファン＝フラーセンが、構成的経験主義の方がうまく説明できると考えているらしいのは、理論選択の基準と実験の役割である。まずは、それらを検討しよう。一方で、構成的経験主義では説明がつかず、実在論を要求するように見える科学の特徴があることが指摘されている。最後にそれを紹介する。

ⓐ理論選択

まず、科学者は、真理かどうか、あるいは真理に近いかといった基準で理論を選ぶことはできないことに注意しよう。選ばれた理論は、それ以前のものに比べて真理に近いかもしれないが、真理そのものを理論選択の基準として使うことはできない。むしろ、数学的エレガントさ、単純性、当てはまる範囲の広さ、新奇な予言の生産力、これまでに知られていた多様な現象を統合する能力、説明力といった基準によって、理論を選ぶ以外にない。これらの基準は理論を選ぶ際の良い導きになる。ここまでは、実在論者も構成的経験主義者も同意する。

しかし、科学の目的を真理への到達だとする実在論者は、これらの基準は認識論的良さ（virtue）だと言わなければならない。つまり、たとえば単純な理論は真理に近いとか、単純な理論を選ぶことで真理に近づくことができると言わねばならない。ここで、ファン＝フラーセンは、あやしげな形而上学的ないし神学的な前提を持ち込まない限り、世界は単純であるはずだと想定することはほとんど馬鹿げていると述べる（ファン・フラーセン 一九八六、一六八頁）。彼によれば、理論選択の際に基準に使われている理論の良さのいくつかは、実用論的な良さ（使い勝手が良い）であって、認識論的な良さ（真理に近づけてくれる）ではない。

たしかに、構成的経験主義も科学の目標として経験的十全性という認識論的目標を掲げるわけだから、これらの基準のあるものについて、その基準が尊重されるべきなのは、それを考慮すると経験的に十全な理論が手に入りやすいからだ、と言わねばならなくなる。しかし、理論選択の基準と真理とをつなぐより、経験的十全性とつなぐ方が、はるかに見込みのある試みだろう。この点で、さまざまな理論選択基準がなぜ使われている（使われるべき）であるのかを説明するという課題に関しては、たしかに構成的経験主義の方が有利な立場にいる。実在論の観点から、この課題にどう取り組むか（と言うより、どうかわすか）については、第12章で扱う。

ⓑ実験の役割

常識的な見解では、実験の役割は理論の検証・確証と結びつけられている。つまり、実験は理論に含まれる仮説が真か偽かを決めるためのものとされる。もちろん、ファン＝フラーセンはこうした見解をとることはできない。真偽を決着させることは科学の目的ではないからだ。そこで、彼は、理論における実験の役割について、代替的な説明を提案する。

ファン＝フラーセンが例に挙げているのは、ロバート・ミリカン（Robert Millikan　一八六八〜一九五三）による電気素量の測定である（ファン・フラーセン　一九八六、一四一〜六頁）。ミリカンは一九〇七年から一一年にかけて、一個の電子がもつ電荷の値、つまり電気素量を特定し、同時にそのような電気素量が存在するという理論を検証する実験を行った。円筒形の容器を用意し、その上部から油滴を入れる。油滴は重力と空気抵抗の合成力により、一定の速度で下降する（自由落下はしない）。この容器の天井と底は真鍮製であり、そこに電圧をかけることにより、容器の中にはさまざまな強さの電場を生じさせることができるようになっている。電場を生み出すことにより、油滴の速度は変化する。上昇し始めるものもあるし、さらに早く下降するもの、静止するものなどが現れる。これは、油滴が空気中のイオンを捕獲して電荷をもつからである。そうすると、電場からの力がさらに加わり、移動速度が変化する。

これにより、油滴のもつ電荷量を次の式により計算できる。

$$\frac{v}{w}=\frac{mg}{Fe-mg}$$

ここで、vは電場をかけないときの速度、wは電場をかけたときの速度、mは油滴の見かけの質量（実際の質量と浮力によるマイナス分との差）、Fは電場の強さ、eは油滴のもつ電荷量である。e以外の量は既知なので、それを代入すればeが求められる。それぞれの油滴でeは異なるだろうが、それが何らかの単位量の整数倍になっていれば（$e=ku$）、それ（u）が電気素量（つまり電子の電荷）である。

実在論者であれば、電気素量という肉眼では「観察不可能」な、しかし実在する量を見事に測定し、電子という理論的対象の本性の一つが明らかになった、と解釈するだろう。これに対し、ファン＝フラーセンはこの実験を次のようにも見ることができると主張する。理論には書き込まれるべき多くの空白が残されている。実在論者であれば、その空白部分を埋める仮説を提案しそれが真かどうかをテストしたのだ、と言うだろう。しかし構成的経験主義者は、理論が経験的に十全なものであるために、その空白はどのように埋められるべきかを示す実験が行われた、と言う。理論の構築において、それまで空白であったある量（$e=ku$のu）の値を書き込むことが、ミリカンの行ったことだ（ファン・フラーセン 一九八六、一四三頁）。

科学者が発見しようとしているのは、世界の観察できる部分の規則性についての事実であり、それを完結させるためには、「空白」を埋める必要がある。そのためには実験が必要だ。ファン＝フラーセンは次のように総括する。

実験を行うことは理論構築を別の手段で続けることなのである。この手段が適切であることは、目標が経験的

十全性であるという事実から出てくる。（ファン・フラーセン 一九八六、一四六頁）

さて、この議論はどのように評価すべきだろうか。ようするに、ミリカンの実験が何をしたことになるのかを、構成的経験主義の科学像に整合的な形で解釈できるということが示されてはいる。言い換えれば、経験的十全性を目標とするオズ科学界のミリカン（オズミリカン?）も、同じような油滴実験を行うことがありうる。しかし、それ以上のことが示されているだろうか。つまり、実在論的にではなく構成的経験主義的に解釈した方がよりうまく説明される、ミリカンの実験についての事実があるだろうか。むしろ事態は逆であるように思われる。

ミリカンの実験を単独で取りだすと、理論の経験的十全性を高めるために空白を埋めたのだと理解できないこともない。しかし、陰極線は空気中で散乱し数インチしか通過できないことにより、陰極線は電磁波ではなく粒子の流れであるらしい、ということを示したフィリップ・レーナルトの実験（レーナルトの窓）から、ミリカンの電気素量の決定を経て、半導体基板上で一個の電子をトラップ、移送し検出してみせた近年の実験に至る一連の実験の流れを考えてみよう。こうした実験はそれぞれ異なる理論を背景に行われているが、それが積み重なることによって、電子という対象が存在することの信憑性は次第に高まっていく。一つ一つの実験は、観察可能な現象を救うための理論の空白を埋める作業として理解できるかもしれないが、これらの実験の積み重ねによって得られる信念は、実在論的に解釈する他はないように思われる。

また、実験のうちには、理論が予言する直接観察不可能な対象を検出することを目的として行われるものがある。そのために、そのような対象が引き起こすであろう、何とかして観察可能な新奇な現象を生み出そうとして科学者は努力する。そうした実験が成功した後には、構成的経験主義者は、その新しい現象を救い、理論の経験的十全性を保つために、理論に当該の対象を置くことを認めるだろう。しかし、そもそもそのような新奇な現象を生み出そうと努力するのはなぜなのか？　イド科学者には答えがある。予言された対象が本当にあるのかを確かめるためだ。しかし、オズ科学者がどのような動機でわざわざ新奇な現象を生み出すのかは明らかではない。

ⓒ理論の連言化の役割

シロスは第1章でクレイグの定理を批判したのとほぼ同じ論法（conjunction argument）で、構成的経験主義を批判している（Psillos 1999 pp.204-8）。つまり、オズ科学者が経験的十全性だけを目的とし、理論を経験的十全性を満たすというだけの根拠で受容するなら、彼ら自身の基準からしてもイド科学者よりも良くない結果になるということを示し、真理を信じる方がやっぱり良いのだと論じる論法である。それは以下のように進む。

真だとして受容されている理論T_1とT_2があるとせよ。これらから連言$T_1 \wedge T_2$をつくれば、それは真であると言える（T_1とT_2がそれぞれ真だから）。このとき、理論$T_1 \wedge T_2$は、T_1とT_2が単独で説明できることを合わせたよりたくさんのことを説明できる。つまり、理論$T_1 \wedge T_2$は、T_1とT_2が単独で導く観察可能な帰結を合わせたものよりたくさんの観察可能な帰結をもつ。その余分な帰結はT_1とT_2それぞれの確証を促進する。それぞれは単独での確証資源と理論$T_1 \wedge T_2$の一部であることによってもつ確証資源が手に入るからだ。

ところが、まさにこの点において、真理と経験的十全性には違いがある。経験的十全性は連言で保存されるとは限らないからだ。つまり、T_1が経験的に十全だということと、T_2が経験的に十全だということからは、$T_1 \wedge T_2$が経験的に十全だということは帰結しない。それどころか、二つの経験的に十全な理論の連言は矛盾することだってある。たとえば、プトレマイオスの地球中心的な惑星運動の理論とコペルニクスの太陽中心的な惑星運動の理論はそれぞれ経験的に十全だが、これらを合わせると矛盾してしまう。

この議論に構成的経験主義者が反論するとしたら、次のようになるだろう。二つの理論の連言をつくるということは、科学実践の明らかな特質ではない。そんなことはめったに起こらないし、あったとしても、シロスの論法のように直接連言をとるようなことはせず、相当の訂正を施した上で複合されるはずだ。

しかし、これにはさらに反論が可能だ。理論を複合させるとき、たしかに補助仮説を置くだろうが、それぞれの理論は手直しされないことも多い。光学理論を流体力学理論と合わせて、水中での光の速度を予言するとき、それぞれの理論は手直しされない。そもそも、T_1とT_2の連言をとるときに、たとえばT_1が手直しされてT^*_1となるとしても、T^*_1とT_2との間で同じ議論ができる。というわけで、理論の連言化は、説明すべき科学の特質である。イド科学像のように、理論の真理にコミットしているときには問題なくこれが説明できるが、オズ科学像では連言化を合理的な手順として認めることができない。また、イド科学者（実在論者）は、理論を他の理論や補助仮説と接合させて、より多くの観察可能な帰結を出せる。しかもそれを続けていくことができる。これに対し、オズ科学者はそれができない。

理論の真理（それがどういうことであれ）を信じることは、自分たちの理論が帰結しうるこれまでに知られていない観察的帰結を見過ごさないことを保証してくれる点で、理論の経験的十全性のみ信じるより、良い科学のやり方である。構成的経験主義者の科学観はやはり重要なものを失っているのである。

第6章　決定不全性概念への反省

決定不全性（underdetermination）あるいは過小決定のテーゼとは、まずきわめて大雑把に特徴づけるなら、理論は経験すなわち実験観察データから一意に決まらないというテーゼである。[1] これは、非常にあいまいなテーゼだが、理解のしようによってはごく当たり前のことを述べている。ある時点で手に入れた証拠では何を信じるべきかが一意に決められない、ということであれば、次のような事例も決定不全性の事例になる。鶴と亀がいる。足の総計は二〇本である。このデータからは、鶴と亀それぞれの数は決まらない。[2] この種のことは、科学に限らずわれわれの日常生活にも溢れている。

一方で、このテーゼからはずいぶんと強い哲学的主張が導き出されてきた。本書のテーマとの関連で言えば、とりわけ反実在論に有利な論拠を提供するように思われる。つまり、理論が経験データから一つに絞ることが原理的にできないなら、現に選択されている理論は、複数の可能な異なる理論のうちの一つにすぎないことになる。だとしたら、その理論が述べていることがらが実在を正しく表現していると信じる根拠は薄弱になるだろう。

そこで、本章では、こうした決定不全性から反実在論的主張を導く議論の妥当性を検討しよう。ポイントは、反実在論的主張を導出するのに十分な決定不全性概念はどういうものか、そしてそれは果たして成り立っているのか、である。

一　デュエム・クワインのテーゼ

（1）決定実験の不可能性

科学哲学の教科書的テーマとして決定不全性が注目されるようになったきっかけは、フランスの物理学者・科学史家・科学哲学者であるピエール・デュエム（Pierre Duhem　一八六一〜一九一六）の仕事である（デュエム　一九九一）。デュエムは、理論の確証という場面で決定不全性を最初に明確に論じた人物となった。のちに、W・V・O・クワインがそれを、われわれの知識全体にかかわる一般的主張に仕立て上げた（クワイン　一九九二）。このため、彼らが注目した決定不全性の主張は「デュエム・クワインのテーゼ」と呼ばれる。

決定不全性はまず、「決定実験の不可能性のテーゼ」に関連させて導入される。決定実験（crucial experiment）とは、二つの競合する仮説のどちらが正しいかに白黒をつけるとされる実験である。二つの仮説のそれぞれから、一つの実験の結果について異なる予言を導き、その実験を実行した結果によって、一方の仮説を確証し他方を反証できるとき、その実験を決定実験と言う。ベーコンはこれを instantiae crucis と呼び、ニュートンは experimentum crucis と名づけた。具体的事例としてはしばしば以下のものが挙げられてきた。

(i)エーテルの非存在を立証した（とされる）マイケルソンとモーリーの光速測定実験

(ii)フロギストン説を否定し酸素燃焼理論を立証した（とされる）ラヴォアジエの実験

(iii)白鳥の首フラスコを用いた見事な対照実験により、微生物に関する自然発生説を否定した（とされる）パストゥールの実験

(iv)光の粒子説を否定し波動説を勝利させた（とされる）レオン・フーコーの光速測定実験

デュエムは、一九〇六年に書いた『物理理論の目的と構造（*La théorie physique*）』において、このような決定実験は実は論理的に不可能なのだと主張した。その議論は次のように進む。

(i)確証のターゲットになっている仮説は、それだけで観察でテストできるような帰結を導くことはできない。

(ii)仮説から、経験的にテスト可能な予言を導くためには、たくさんの補助仮説を必要とする。つまり、予言を帰結するのは仮説と補助仮説の集まりである。

(iii)したがって、予言がはずれた場合、間違っていたのはこの集まりに属するいずれかの主張であることまではわかるとしても、ターゲットとなっていた仮説が間違いであったとすることはできない。

(iv)このように、われわれは、一つの仮説を単独で取りだして経験データによって反証することはできない。デュエムはこの一般的結論を次のように述べている。

> 要するに、物理学者は、単独の仮説を実験による審査にかけることは決してできないのである。物理学者は、ただ、諸々の仮説の全体を実験による審査にかけることができるだけである。実験が物理学者の予測と一致しない時、実験は彼にこの全体を構成する諸々の仮説のうち少なくとも一つは受け入れることができず、変容されねばならないということを教える。しかし、実験は、どの仮説が変えられねばならないのかを物理学者に指示しはしないのである。（デュエム 一九九一、二五二頁）

デュエムが事例として取り上げたのは、光の波動説・粒子説にかんする決定実験である。光の波動説と粒子説の対立はすでに一七世紀には始まっていた。主な粒子説論者としては、デカルト、ニュートン、ラプラスらがいる。波動説論者には、クリスティアン・ホイヘンス（Christiaan Huygens 一六二九～九五）、トマス・ヤング、オーギュスタン・フレネル（Augustin Jean Fresnel 一七八八～一八二七）、フランソワ・アラゴらの名を挙げることができる。波動説に立つヤングは、光の粒子説からは「光速度は密な媒質中のほうが疎な媒質中の場合よりも大きい」という予言を導出でき、一方波動説からは「光速度は疎な媒質中のほうが密な媒質中の場合よりも大きい」という予言が出てくることを示した。これにより、空気中と水中での光速を測ることでこの両説の対立に決着がつくのではないかと示唆された。

しかし、光速を媒質による差を明らかにする程度の精密さで測定することは困難だった。アラゴは一八三八年に高速で回転する歯車を用いた実験方法を提案したが、実行は不可能だった。実行可能な方法を考案したのがレオン・フーコー（Léon Foucault　一八一九〜六八）である。これは、高速回転する反射鏡を用いたものだった。この実験の結果、空気中の光速度は水中よりも大きいことが示され、粒子説に不利で波動説に有利な証拠が得られた。これが通常、光の波動説に対する決定実験とされる。

さて、この事例に対し次のように論じることができる。

(1)決定実験が成立するには、次の演繹推論（modus tollens）が行われていると考えなければならない。

仮説Hを認めるとすると予言Pが生じる
しかし、実験の結果Pは正しくない
ゆえに仮説Hはあやまり

(2)しかし、科学で実際に行われている論証をこのような形式の演繹推論であると考えることはできない。なぜなら、ヤングは仮説から予言を導くのにいくつもの補助仮説を用いているからである。だとすると、実際になされているのは次のような推論と考えられる。すなわち、

H　光は小さい粒子からなる
H_1　光は光源から放出される
H_2　この微粒子はすべての透明な物質を通り抜ける
H_3　この微粒子は通り抜ける媒質から引力または斥力を受ける
H_4　その力は距離の増加に従って弱まる……等

という具合に、ターゲットとなる仮説（粒子説・波動説）と、そのほかのいくつかの仮定から、「光速度は密な媒質中のほうが疎な媒質中の場合よりも大きい」という予言Pを導く推論だ。一般化すれば、いわゆる決定実験では次のような推論が行われている。

仮説H、H_1、…H_nを認めるとすると予言Pが生じる
しかし、実験の結果Pは正しくない
ゆえに仮説Hはあやまり

(3)しかし、これは妥当な演繹推論ではない。実験が予言に反した場合わかるのは、予言Pを導くのに使った仮説群H、H_1、…H_nの中の少なくともひとつの仮説が受け入れられず、訂正すべきだということだけである。しかし、この実験は、どの仮説を変えるべきなのかについては何も教えてはくれない。したがって決定実験は不可能である。

重要なことは、デュエムは決定実験の不可能性を机上の論理的議論としてではなく、物理学者たちの実践がたえず直面する現実的な困難と見なしている点である。デュエム以後の物理学から事例を挙げてみよう。マイケルソン＝モーリーの測定結果は、（エーテルが存在するとしたら）地球はエーテルに対して静止していることを示唆するも

のだった。こうした結果に直面しても、必ずしもエーテル仮説を放棄する論理的必然性はない。じっさい地球はエーテルに対して静止しているというある種の天動説をとる（地球は宇宙で特別な天体だとする）ことも論理的には可能だし、別の補助仮説を手直ししてあくまでもエーテル仮説を保持することができる。しかも、その仕方は一つではない。実際、エーテル牽引（Ether Drag）説は、エーテルには粘性があり、地球はその周囲のエーテルをまとわりつかせて動いている、このため、地球はその近傍のエーテルに対しては静止しているのだと主張した。また、ローレンツとフィッツジェラルドは、エーテルに対して運動している物体は運動方向に対して一定の割合で収縮するという仮説を提案した（ローレンツ＝フィッツジェラルド短縮）。これによれば、マイケルソンとモーリーの用いた測定装置も運動方向に収縮することになり、それによって見かけ上どの方向から来る光の速度も同じであるといった結果をもたらすことになる。このように、どこを手直しするかが一意に決まらないといった事態は、しばしば現実に生じうる。

（2）決定実験の不可能性から知識の全体論へ

決定実験の不可能性から理論の決定不全性までの距離はほんの一歩である。決定実験の不可能性のテーゼは、仮説Hに都合の悪い実験結果が出たときにどう対応すべきかが決められない（仮説群H、H_1、…H_nのどれを手直しするべきかは決まらない）という意味での決定不全性を述べていた。したがって、どれを修正するかに応じて、同じ経験的データに支えられた複数の理論が可能になる。二〇世紀版天動説、特殊相対論、エーテル牽引説、ローレンツ＝フィッツジェラルド短縮の四つの理論は、両立不可能であるが、同じ観察的証拠に支えられていることになる。そうすると、観察的証拠だけからは、どのような理論を採用すべきかを一つに絞ることはできない（観察による理論の決定不全性）。

さらに、一九五〇年代になって、クワインは決定不全性を知識の全体論と呼ばれるきわめて強い主張にまで強化した（Quine 1951, クワイン 一九九二）。クワインの立場がどのような意味でデュエムの立場の強化になっているかをまとめておこう。

(i)知識の全体論：決定実験の不可能性から帰結するのは、都合の悪い実験結果に直面した際に、どのような「仮説群」を残すべきかが一意に定まらない、といういわば仮説集合の全体論的決定不全性だった。クワインは、この決定不全性の単位を、科学理論の全体、それどころかわれわれの知識（信念）の全体に拡大する。それぞれの時点でのわれわれの信念の全体は互いに関連しあった網の目（web）をなしており、その周縁が経験の裁きに直面する。実験・経験によるテストの単位になるのは個々の仮説ではなく信念体系の全体である（クワイン 一九九二、六三〜四頁）。

(ii)改訂のラディカルな決定不全性：この極端に全体論的な知識観の帰結として次の主張が得られる。信念体系と感覚経験が不一致を起こしたとき（実験結果が予言と食い違うのはその一例）、それらが整合する限りにおいて原理的には信念体系のどこを訂正してもよい。とりわけ、論理や数学、あるいは語の意味を変更しても良い。これらも経験によって改訂をこうむりうる。

(iii)分析・総合の区別の廃棄：ということは、語の意味や定義といった規約のみによって真または偽が決まり、経験による改訂を免れているような命題（分析的命題、論理や数学の命題がその典型と考えられていた）と、世界がどうなっているかについて語っているがゆえに、経験による改訂の対象になる総合的命題という二分法は成り立たない。論理実証主義は次のように考えていた。理論文は観察文に還元でき、観察文の意味は検証条件によって与えられる。したがって、理論文と観察文は総合的である。一方、理論語の意味を観察語で定義する対応規則は、規約によって与えられ、分析的になる。このように、論理実証主義の意味論的枠組みは、分析・総合の区別に依存していた。クワインの見解は、この区別が経験主義のドグマにすぎないとし、論理実証主義の依って立つ理論と観察の区別そのものを破壊したのである。

(iv)意味の全体論：とは言うものの、クワインは意味と確かめ方（テスト）とを連動させる論理実証主義の思考の枠組み自体は継承している。論理実証主義は個々の観察文（と間接的には理論文）に検証条件を与えることで、文単位で意味を与えることができると考えた。しかし、知識の全体論によれば、個々の文を単独で取りだして検証・反証することはできない。したがって、テストの単位が文から信念体系の全体に拡大されるのにともなって、意味の単位も文から信念体系の全体になる。経験的意味の単位は科学の全体である。

（3）決定不全性と反合理主義・反実在論

デュエムに始まり、クワインによって途方もなく強められた全体論的決定不全性のテーゼは、科学哲学の中に、反合理主義・反実在論的傾向をもつ「新科学哲学」の流れを生み出すきっかけとなった。

科学哲学における合理主義とは、理論を選択する際に、どの理論を選択して信じるべきかを命じる認識論的基準（合理性基準と言う）があると考える立場である。そのような基準はないか不十分で、理論選択には心理的・社会的・政治的要因が含まれるとする立場が反合理主義だ。さてそうすると、決定不全性は、経験的データだけでは仮説群のどこを手直しして良いのかはわからない、論理的・認識論的にはどこを手直ししても良いということを意味しているので、最終的にいずれかの訂正方法が選ばれる際には、認識論的基準を超える何かが因果的に働く他はないように思われる。こうして、われわれは決定不全性から反合理主義に誘われる。いわば、認識論的な空白を心理的・社会的・政治的要因が埋める、というわけだ。パウル・ファイヤアーベント、クーン、そして科学的知識の社会学（ＳＳＫ）がこうした方向に舵を切った（ファイヤアーベント 一九八一、クーン 一九七一、ブルア 一九八八等を参照)。

また、以上の見解が正しいなら、理論Tにはライバル理論T′があって、どんな可能な経験的証拠によってもどちらも同じくらいサポートされる(経験的に等価 empirically equivalent)ということがつねに起こりうる。理論TとT′は、一方はエーテルが存在し、他方は存在しないとするなど、世界の見えないところにどんな対象があるとしているのかという点で異なりうる(そうでないと本質的に「異なる理論」とは言えないだろう)。ここで、どちらか一方のみが真であると信じる経験的根拠はない。二つの間で選ぶ決め手がないからである。

だとすると、われわれは原理的に、世界に本当はどんな観察不可能な対象があるのか、それはどんなものなのかということについて白黒をつけることはできないし、そのような実在論的目的を科学の目的とすることはできないはずだ。こうして、決定不全性から反実在論が帰結するように思われる。

二　決定不全性は反実在論の支えとなるか

さて、このようにして決定不全性を根拠に反実在論を主張するのは妥当だろうか。次にこの論点を検討しよう。この作業は次の二段階に分けることができる。第一に、反実在論の論拠とされる決定不全性のテーゼそのものがどの程度正当なものなのか、逆にどの程度の決定不全性なら認めることができるのかを検討する。第二に、そのように明確化・限定された決定不全性から、反実在論的主張を引き出すことが果たしてできるのかを検討する。

以下で依拠するのは、ラウダンとレプリンの共著論文「決定不全性を脱神秘化する」である(Laudan & Leplin 1991)。タイトルが示唆するように、この論文の目的の一つは、決定不全性は正体不明なまま過大評価されていることを示すことにある。ラウダンは悲観的帰納法を案出したことでわかるように反実在論者だが、決定不全性は反実在論の論拠にはならないと考えている。

(1) 決定不全性のテーゼから多義性を取り除く

彼らの第一の主張は、決定不全性のテーゼはきわめて多義的だということである。さらに彼らは、多義性を排除してみると、決定不全性のテーゼはそれほど正しそうに思えなくなると主張する。

理論の決定不全性のテーゼなるものは少なくとも次の三つの観点から区別することができる。

(i) 記述的決定不全性か規範的決定不全性かの区別

科学者が心理的事実として、どんな証拠に直面しても理論にしがみついていられる、という具合に科学者の現実の振る舞いを記述するレベルでのテーゼなのか、科学的合理性の規則がそういう「しがみつき」を許す、という科学の規範に関するテーゼなのか。

(ii) 演繹的決定不全性か非演繹的決定不全性かの区別

決定不全性に見舞われるとされるのが演繹論理の規則の話なのか、よりひろく、帰納論理の規則の話なのかの区別。つまり、経験データから理論は一意に演繹できないとするテーゼなのか、非演繹的な推論を許しても一意に定まらないとするテーゼなのか。

(iii) 非一意性のテーゼか根源的平等主義かの区別

ある理論と少なくとも一つのライバル理論との間での決定不全性を主張しているのか、理論選択がある理論とすべてのライバルとの間で決定不全になると主張しているのか。

これらの区別をした上でまず言えることは、演繹的決定不全性は正しいがきわめて弱いテーゼだということである。演繹的決定不全性を次のように定式化してみよう。

【DUD】いかなる証拠の有限集合についても、その証拠を論理的に含意する無限にたくさんの相互に反する理論がある

逆に言えば、経験証拠から理論を演繹することはできないということでもある。これの理由は明らかである。前件肯定の誤謬は確かに誤謬だと言っているだけだ。つまり、「T→P、そしてP」だとしても、ここからTを演繹することはできない。Pを論理的に含意する無数のTがあるからだ。これは、ヒュームがすでに言っていたことに他ならない。

これは確かに正しい。しかし、決定不全性のテーゼとして通用している壮大なテーゼの支えになるようなものではない。なぜなら、このテーゼは、科学における演繹推論の役割についてしか語っていないからである。帰納的推論を含む他の非演繹的推論を許しても決定不全性が生じるかどうかについては、何も主張していない。じっさい、実験観察証拠から演繹以外の手段で理論を決定することはできるかもしれない。

おそらく、合理的にいくつかの理論候補に優劣をつけることは可能だろう。単純性、実り豊かさ、他の理論との整合性、統合性、新奇な予言を出せるかどうか、応用可能性、理解しやすさなどの基準が考えられる。「実験・観察データだけでは一つに絞れない」ということは「理論を一つに決める合理的方法がない」ということを意味しない。理論の選択基準は経験との合致のみとする方が、そもそも経験主義的バイアスに毒されており、おかしいのである。

（2）いかなる場合でも決定不全性が解消されるとは言えない

しかしながら、決定不全性が避けがたいケースはたしかに存在する。たとえば、プトレマイオス天文学とコペルニクス天文学のように、星の位置に関する観測結果しかデータがなく、方法論的規則が「現象を救え」だとするならば、いずれとも決めることはできなくなる。このような場合には決定不全性は解消されない。ここで重要なのは、理論が決定不全性をもつかどうかは、どのような種類の証拠を採用するか、理論にどのような役割を期待するかに相対的になるということである。この限りにおいて、特定の種類の理論は特定の証拠の種類に対しては決定不全になる。

しかし、こうした相対化されたローカルな決定不全性によっては、反実在論を導くような一般的教説としての強い決定不全性テーゼの正しさを確立することはできない。或る規則や基準が理論を決定不全にするという事実は、すべての規則も同様に理論選択を決定しないということを保証しないからである。

（3）決定不全性から反実在論をみちびく議論は成り立たない

このように、ラウダンは決定不全性からの反実在論的議論にはきわめて批判的である。と言うより、決定不全性そのものに懐疑的だと言えるだろう。ラウダンは悲観的帰納法を案出したことで知られるように、かなり頑固な反実在論者である。そのラウダンがなぜ決定不全性から反実在論を導く議論を受け入れないのだろうか。それは、決定不全性のテーゼからは反実在論だけではなく、理論に優劣をつける合理的基準はないとする相対主義（relativism）も帰結すると信じられているからである。そして、ラウダンは理論選択には観察的証拠によるサポート以外のさまざまな合理的基準があるとする点で、合理主義（rationalism）の立場に立っている。

たしかに、決定不全性からはしばしば相対主義的主張も引き出される。観察的証拠によっては、理論を一つに絞れない。経験的証拠との一致以上の決め手がないのだとしたら、理論を一つ選ぶ合理的基準はないことになるからだ。とすると、現在の科学は多くの選択肢の中から、「実在世界との対応」以外の要因によって選択されてきたことになる。じっさい、ブルアは、この「……以外の要因」こそ社会的要因であるとし、科学的知識の社会学におけるストロング・プログラムを創始した（ブルア 一九八五、一九八八）。

ラウダンらは次のように主張する。相対主義や反実在論を導くには、おそらく規範的決定不全性＋非演繹的決定不全性＋根源的平等主義の組み合わせが必要になる。しかし、この意味で理解した（最も強い）決定不全性が成り立つことを示しえた哲学者は一人もいない。この主張を正当化するために二人が行った議論は非常に長いものになるので、以下では、それを簡略化したものを取り扱う。

ⓐ決定不全性からの反実在論的議論の構造

まず、決定不全性から反実在論を導く議論がどのような構造をもっているかを確認しよう。まず、議論は次の正しい事実の記述から出発する。

【ＥＥ】理論Ｔは経験的に等価なライバルをもつ

ここから、いったん次の強い決定不全性テーゼが導かれる。

【ＳＵ】Ｔはすべての可能な観察証拠によって同様にサポートされるライバルをもつ

そして【ＳＵ】から、実在論は間違いだという主張が導かれる。

ここで【ＳＵ】を次の【ＷＵ】と区別することが重要だ。

【WU】Tは現に与えられた同じ観察証拠を演繹的に帰結するライバルをもつ

【WU】は正しいテーゼだと考えられるし、【EE】から帰結するだろう。しかし、【SU】は二つの点で【WU】より強いテーゼになっている。まず第一に、【SU】は演繹だけでなく、情報量を増やす非演繹的な推論も許している。第二に、【SU】は、すべての可能な証拠に言及している。したがって、【WU】を避けるには、何かしらの非演繹的推論を補ってライバルを捨てていけばよいが、【SU】ではそうはいかない。非演繹的推論を用いても、ライバルとの間で選択ができないと言っているからである。そして、反実在論的結論を導くためには【SU】が必要なのである。

ⓑ【SU】を導く【EE】を探る

それでは、【SU】を導くにはどのような【EE】から出発しなければならないだろうか。

【EE1】理論Tは同じ可能な経験的証拠を帰結するライバルをもつ

この主張はおそらく正しいだろう。しかし、ここから【SU】を導くことはできない。なぜなら、Tだけからは観察文はほとんど、あるいは全く導くことができないからだ。いろいろな前提を補う必要がある。補助仮説、観測機器についての理論、背景となる前提などなど。Tだけでは経験の裁きにかけられない。そのことを考えに入れていないので、【EE1】が正しくても、いろんな仕方で証拠がTをライバルより好むことはありうる。

というわけで、【SU】を帰結させるには、【EE】にこれとは異なる解釈を与える必要がある。次のものはどうだろうか。

【EE2】理論Tは次のようなライバルをもつ。Tとライバルとを、それぞれ時点tで受け入れられている補

助仮説群Atと合わせたら、それぞれ同じ可能な経験的証拠を含意する

この改訂版からも【SU】は帰結しない。それは以下のような議論によって示すことができる。

(i)T′をこの意味で経験的に等価なTのライバルとする。つまり、T&AtとT′&Atとは同じ経験的帰結をもつ。

(ii)しかしそのとき、この種の等価性はAtに相対的なものになる。

(iii)つまり、【EE2】が主張しているのは、ある特定の補助仮説群Atと組み合わせたときにだけ、TとT′は経験的に等価となるということである。

(iv)したがって、いつの時点のどの補助仮説群と合わせても両者は区別がないということは主張されていない。しかし、【SU】が言わんとしているのはまさにこのことである。ということは、【EE2】から【SU】は出てこないということである。

そこで、【EE2】をさらに次のように強めることを考える。

【EE3】理論Tは次のようなライバルをもつ。Tとライバルとを、それぞれ受け入れ可能などの補助仮説群と合わせても、それぞれ同じ可能な経験的証拠を含意する

こんどは、たしかに【EE3】は【SU】をサポートする。しかし、【EE3】を信じる理由はほとんどない。というのも、現時点での補助仮説群では区別がつかないが、新しい測定機器や実験法が開発されていくだろうということを考えるなら、未来の補助仮説群なら区別がつくはずだと考えるのが常識的だからである。もちろん、区別がつくようになることを保証することはできないが、いつまでもつかないとする根拠はないし、すべての理論がそうなると考える根拠もない。

以上により、反実在論を帰結するほど強い【SU】は、理論に関するいかなる事実によっても証拠立てることはできないのである。つまり、「決定不全現象」から反実在論を導くことはできない。

（4）構成的経験主義は決定不全性を論拠にすることはできない

以上によって、決定不全性から反実在論が帰結するという主張はそれほど自明のものではないことがわかった。さらに、本節の最後に、反実在論のバージョンによっては、そもそも決定不全性からの議論を論拠として使うことができないという点に触れておこう。対象となるのは構成的経験主義である。

すでに前章で見たように、構成的経験主義は代替的な科学像の提案である。それによると、科学の目的は経験的に十全な理論をつくることだ。ここで、理論の経験的十全性とは、たんにいままで観察された現象を救っていることではない。過去、現在、未来、そして、現実に観察されることはなくても観察可能なすべての現象を救っている理論が経験的に十全な理論なのである。だからこそ、科学の「目的」になりうる。すでに達成されてしまっているものは、科学の目的にはなれない。

そうすると、構成的経験主義は、理論がこれまでに現に観察された現象を救っていることと、理論が経験的に十全であることの間にギャップを認めていることになる。だとすると、もし決定不全性が実在論を蝕むなら、それは構成的経験主義をも蝕むことになる（cf. Rosen 1994 pp.160–1, van Fraassen 1994）。決定不全性から反実在論を導く議論を、真理を経験的十全性に取り替えてくり返すことができるからである。

理論Tがあり、この理論はこれまでに観察されたすべての現象を救っているとしよう。いま、Tからの予言が実験によって間違っていることが示され、どこかを訂正することになった。決定不全性を認めるなら、その訂正方法は一意ではない。こうして、異なる箇所を訂正した理論T_1とT_2が生じる。T_1とT_2は「これまでに観察されたことがないが観察可能なことがら（so-far-unobserved observables）」において違っている可能性がある。ここで、問題は次の問いを考えたときに生じる。T_1とT_2のどちらが経験的に十全だろうか。決め手はない。というのも、どちらも全く同じ観察データ（Tをサポートしていたものと、新しい実験結果）を証拠としているからだ。こうして、経験的十全性バージョンの決定不全性が生じる。構成的経験主義は達成不可能な目標を掲げていることになる。

というわけで、構成的経験主義者は決定不全性からの議論に訴えることはできない。ファン＝ダイク（Van Dyck 2007）は、構成的経験主義が正確にはどのような主張であるのかを明らかにするという趣旨の論文において、通念に反してファン＝フラーセンは決定不全性に依拠した議論を実はどこでもやっていない、ということを明らかにしている[3]。

だとすると、ファン＝フラーセンの構成的経験主義は、ふつう反実在論の論拠になるとされる悲観的帰納法も決定不全性も用いていないことになる。これが恐らく、構成的経験主義が代替的な科学観の提案というかたちをとっていることの根底にある。実在論を達成不可能だとか非合理だとして斥けて、代わりに構成的経験主義を新たな認識論的規範として提示しているのではない。こんな風にも科学を見ることができますよ、と科学に対する視点の取り方（ヴィジョン、スタンス）を変えることを促しているのである（cf. van Fraassen 2002）。

三　スタンフォードの「新しい帰納法」は新しいのか

カイル・スタンフォードは二〇〇六年に『われわれの把握を超えて』という著書を出版し、「思いつかれていない代替理論の問題（the problem of unconceived alternatives）」もしくは「新しい帰納法」と呼ぶ、科学的実在論に対する新しいタイプの懐疑論（反実在論的議論）を提案した（Stanford 2006）。本章の締めくくりに、この議論を検討しておこう。

反実在論を導く議論には、最良の説明への推論への懐疑論によるもの、証拠による理論の決定不全性によるもの、悲観的帰納法によるものがあった。スタンフォードは、これらのうち、ある種の決定不全性を悲観的帰納法と同形式の歴史的議論と結びつけ、新しい反実在論的議論を生み出した。その議論は次のように再構成できる。

【思いつかれていない代替理論の問題／新しい帰納法】科学史の記録を繙いてみよう。それは次のようなエピソードで満ちている。つまり、過去の或る時点で、科学者たちはそのとき知られていたどのライバルよりも優れたものとして理論Tを受け入れていた。その後、理論Tにはライバル理論Uが現れ、やがてTにとって代わった。ここで、Tの証拠はUの証拠でもある。科学者たちがTを受け入れた時点でもっていたTをサポートする証拠は、すべてUもサポートする。ということは、その時点での科学者たちの選択は決定不全だったことになる（当時の科学者がTに同意していたとしても）。つまり、Tは、当時の科学者がまだ思いつけないライバルUに相対的に決定不全であった。こうしたエピソードが科学史にくり返し現れるならば、そこから帰納して次のように考えるべきだ。いま、われわれが最良のものとして受け入れている理論も、われわれがまだ思いつくことのできない代替的理論との間で決定不全になっているのだろう。だとするならば、われわれにはいま信じている理論が真であるとする理由がないことになる。

この議論が、悲観的帰納法と決定不全性からの議論の組み合わさったものであることは明らかだろう。そして、この議論は、いずれとも異なる新味を持ったものであるように見えるのは確かだ。まずはそのことを確認しよう。

（1）従来型の決定不全性概念との比較

スタンフォードの議論は、二つの理論が証拠から決定不全であるなら、いずれかの真理にコミットする理由がなくなる、という決定不全性からの議論の基本的枠組みを採用している。さて、これまでの多くの議論では、決定不全性は、経験的に等価な理論の間に生じる問題だと思われていた（Laudan & Leplin 1991；Hoefer & Rosenberg 1994；Kukla 1993）。ところで、理論Tに対して、経験的に等価な理論は簡単に手に入る。あたかも理論Tが正しいかのようにわれわれの観察を操作しているデカルト風悪霊がいる、という理論がそれだ。しかしこの場合、Tはとりわけ科学理論である必要はなく、決定不全性の議論は単に、デカルト当時の懐疑論と変わるところがない。経験的等価性問題としての決定不全性の問題はとりわけ新しい問題ではなく、科学に限らない伝統的哲学パズルにすぎないことになる（cf. Magnus 2006）。逆に、科学的に意味のある経験的に等価なライバルが科学理論にはつねに存在する、ということは疑わしい。

スタンフォードが議論で訴えている決定不全性はこうした経験的等価性を必要としていないことに注意しよう。TとUは経験的に等価である必要はない、と言うより、等価ではない。なぜなら、後の時代の科学者は、Uのみに都合の良い証拠をもっており、Uの方がたくさんの証拠によってサポートされているからである。その意味で、彼の議論における決定不全性は、Tが選ばれてから、新たな証拠によりUに取って代わられるまでの、ある一定の時期にだけ見られる過渡的なものである。

このより現実的な過渡的決定不全性は、すでにローレンス・スクラーにより指摘されていた（Sklar 1975；1981）。経験的に等価ではないが、或る時点でたまたまもつことのできたすべての証拠に照らしてどちらも同じくらいよくサポートされる理論たちが示す決定不全性である。スタンフォードはこの種の過渡的決定不全性が、まじめに受け取る価値のある決定不全性概念であること、さらに、それが歴史においてくり返し現れることが可能であるなら

（くり返し現れる過渡的決定不全性 recurrent transient underdetermination）、十分に実在論を脅かす議論を構成できることに気づいたのである。そして、この種の決定不全性が存在することなら、歴史が証拠立ててくれる、というわけだ。

（2）従来型の悲観的帰納法との比較

悲観的帰納法は、かつて成功していたがのちに偽であることがわかった過去の理論が多数あることから、いま成功している理論も同じ運命を辿るだろうと投射する。新しい帰納法も同じ議論構造をもっている。つまり、かつて思いつくことのできなかったライバルとの間で決定不全になっていた過去の理論が多数あることから、現在の最良の理論も、いま思いつくことのできないライバルとの間で決定不全なのだろうと投射している。どちらも結論は、現在の最良の理論の近似的真理にコミットする理由はない、ということなのだが、両者には議論の構造において違いがある。悲観的帰納法では、理論の偽が直接に帰納法によって投射されるのに対し、新しい帰納法では、投射されるのは決定不全性である。そして、現在の理論の近似的真理にコミットできないという結論は、その投射された決定不全性の方から帰結する。このことにより、悲観的帰納法の場合には可能だった反論の一つが無効になる。悲観的帰納法に対しては、次のように抗弁することもできた。科学を行う手段（実験手段、数学的手法等々）はどんどん洗練されているので、われわれの科学は間違いにくくなってきている、だから過去の理論について当てはまることを単純に現在の理論に投射することはできない。これに対して、新しい帰納法の場合は、投射されるのは理論の偽ではなく、科学者の代替的理論を思いつく能力の不在ないし不足である。こちらは人間の認知能力に関することなので、劇的に改善しているとは言い難い。

(3) スタンフォードの議論は本当に新しいのか

というわけで、確かにスタンフォードの議論はこれまでの反実在論的議論にない特徴をもつ、もしかしたらより強い議論であるように見える。しかし、それは本当だろうか。何人かの論者はこの点でスタンフォードにきびしい評価を与えている。マグナスは、スタンフォードの新しい帰納法はおなじみの哲学的謎の述べ直しにすぎないとし(Magnus 2006)、チャクラヴァァティも、それは反実在論的懐疑論の新しい述べ方ではあるが、その論争で問われているることがらに新しい含意を持つものではない、としている(Chakravartty 2008)。彼の議論は本当に「新しい」帰納法なのか、考えてみよう。

そのためには、少し遠回りになるが、スタンフォードのケーススタディに対する批判を見る必要がある。スタンフォードは、一九世紀から二〇世紀にかけての遺伝学、とくにダーウィン、ゴルトン、ヴァイスマンの遺伝メカニズムについての理論について詳細に検討し、三人がそれぞれ、比較的直後に現れた代替的理論の可能性を思いつくことができなかったという事例を収集している(Stanford 2006 chap.3-5)。たとえば、パンゲネシス[4]を擁護したダーウィンは、親と子孫が似ているのは、親の形質が直接に子孫の形質の原因となっているからではなく、両者の似たところには共通原因がある(それが遺伝物質)かもしれないという可能性を思いつけなかった。

こうした方針には、ピーター・ゴドフライ＝スミスが次のような批判を加えている(Godfrey-Smith 2008)。第一に、この時期の遺伝学はとても「成熟した」段階にあったとは言い難い。第二に、ダーウィンからヴァイスマンに至る過程は、むしろ連続的な進歩(真理への漸近)と見なすことがふさわしい。ここで重要なのは第三の批判である。ゴドフライ＝スミスは、スタンフォードは個々の科学者について言えることを科学者共同体全体に不当に拡大していると指摘する(Godfrey-Smith 2008 pp.142-3)。つまり、スタンフォードが挙げているのは、主としてこれら三人が、それぞれ重要な代替的理論を思いつくことができなかった事例である。もちろん、彼は、三人の同時代人にも言及し、ピアレビューが個々の科学者の失敗を補うということを指摘しはするが（Stanford 2006 p.129）、それでもやはり三人の個人的失敗に事例は集中している。さてそうすると、次のように論じることが可能になる。個人に視点を固定すると、代替案を思いつけなかった失敗事例になるケースを、科学者共同体全体に視点を拡げ、もっと長いタイムスパンで見てみよう。そうすると、様子は違って見えてくる。代替案はいずれ誰かによって思いつかれるのである。こうして、代替的理論を思いつくことができなかった事例は、思いつくことに成功した事例に変換される（Godfrey-Smith 2008 p.143）。個々の科学者は代替案を思いつけないかもしれないが、共同体の規模と時間を長くとれば思いつける（現に思いついた）。したがって、後の科学者たちが同じ失敗をくり返すと推論することはできない。

　これは一見すると、帰納法のベースになるデータセットを小さくする、おなじみの戦略にすぎないように思われる（第3章参照）。しかし、次のようにも考えることができる。このゴドフライ＝スミス型の批判は、スタンフォードの帰納法に、ある種のディレンマを突きつけている。彼が、新しい帰納法によって狙い通りの結論を得るためには、科学の歴史には、次の条件を満たす事例がたくさん見つかると言わねばならない。

【条件】理論Tが受容されている時点で、次のような代替的理論Uがある

①その時点で入手可能な証拠によって、Tと同程度サポートされる

②Tの科学的に意味のあるライバルである

③科学者によって思いつかれたことがない

スタンフォードの帰納法では、Uがデカルトの悪霊やグッドマンのグルー仮説のような無理矢理構成されたものではなく（②）、とくに「科学的に意味がある」という条件を満たしたものであることを、Uがのちに実際に採用さ

れ、ＴからＵへの理論交代があったことに求めている。このことは、相対性理論をニュートン力学の思いつかれなかった代替理論と見なしていることからも明らかだろう。さてそうすると次のようになる。③の「科学者」を個人に限定し、「時点」をごく短いタイムスパンで理解すると、この条件を満たす事例はたくさん集まるだろうが、それは科学者個人には認知能力の限界がある、という当たり前のことを言っているにすぎない。一方、「科学者」の範囲を拡げ、もっと長いタイムスパン（たとえばＵが現に提案されるまで）で理解するなら、③の条件が満たされなくなり、せっかく集めた事例は、ある時点で正しいと受容されていたがのちに間違っていることがわかった事例、つまり従来型の悲観的帰納法と何ら変わるところがない、ということになる。科学全体に適用できないトリビアルな主張になるか、新しいところのない主張になるかである。

チャクラヴァティは、新しい帰納法に実在論者は悲観的帰納法と同じ方針（科学の一部についてだけ実在論を主張する分割統治戦略）で答えることができ、このことが逆に、新しい帰納法はその目新しさにもかかわらず、われわれの気をちょっとそらすだけのもの（red herring）にすぎないと論じている（Chakravartty 2008）。とは言え、両者の正体がじつはほとんど同じ問題だとしても、実在論者がこれらの歴史的帰納法による議論に応えるのが楽になるわけではない。次の第Ⅱ部では、科学の一部についてだけ実在論をとることで、悲観的帰納法に応える試みについて検討することにしよう。

第Ⅱ部　論点は多様化し拡散する

第7章　対象実在論

前章までの議論では、電子のような理論的対象の存在にコミットすることと、「電子」という理論語を含む理論の近似的真理にコミットすることの間に大きな違いを認めていなかった。反実在論者も実在論者も、電子を理論的対象として措定する理論の真偽が知りうるか、を中心的課題として論じていた。このため、実在論者は、電子の存在にコミットするためには、理論の近似的真理を認める他はないと考え、反実在論者は、理論の真偽が知りえないからには、電子の存在にコミットする根拠もまたない、と考えることになる。さらに、反実在論者の言い方では、理論的対象は観察可能な現象をうまく説明するための便宜的なものになる。だとすると、理論がいろいろ変わるたびに、その理論のなかで「電子」概念が果たす役割は変わっていくから、かりに「電子」という同じ字面が使われ続けていたとしても、それはまったく違うものを意味して使われていることになる。

　このようにして、これまでの議論の文脈では、同じ電子について「電子についてはいろいろ異なる理論がたてられた」とか、「理論が変化するにつれて電子についてだんだんよくわかってきた」という言い方を正当化することはきわめて難しくなってしまう。しかし現実には、科学者はこうした言い回しを多用している。

　こうした言い回しを尊重し、それがナンセンスにならないようにするためには、どのように考えたら良いだろうか。こうしてわれわれは、科学的実在論論争において、電子のような対象そのもののあるなしと、それについてどのような理論が立てられているかということを区別して扱う必要に気づくことになる。本章では、そうした流れを生み出した二人の代表的人物、ナンシー・カートライト（Nancy Cartwright）と、イアン・ハッキング（Ian Hacking）の見解を取り上げて検討しよう。

一　カートライトの『物理法則はいかにして嘘をつくか』

（1）カートライトの示した新しい選択肢

カートライトは、一九八三年の『物理法則はいかにして嘘をつくか（*How laws of physics lie*）』において、対象と現象論的法則については実在論、理論と基本法則については反実在論という組み合わせが可能であることを示した（Cartwright 1983）。何が現象論的法則で、何が基本法則であるかの区別じたいは難しい問題になるだろうが、ここでは比較的簡単に測定可能なマクロな量同士の間に成り立つ観察可能な関係を述べた法則、たとえばフックの法則、ボイル＝シャルルの法則、ガリレイの運動法則などを現象論的法則、それらの現象論的法則の「根底にあって」それらを「導くことで説明する」より根本的な法則を基本法則と呼んでおこう。たとえば、ニュートンの万有引力の法則、マクスウェル方程式、シュレディンガー方程式、一般相対性理論の方程式などは基本法則である。ニュートンの法則によって、ケプラーの法則やガリレイの法則が導出されて説明される。

カートライトはこうした法則の二分法を前提した上で、現象論的法則については実在論、基本法則については反実在論、というオプションを提案する。カートライトは基本法則が実在についての事実を描写しているという見方を「法則についての事実性見解」と呼んで、それを批判する。「物理法則は事実を述べているのか」と題された『物理法則はいかにして嘘をつくか』の第三章において、次のような議論が展開されている。

（2） 基本法則は嘘をついている、だからこそ説明の役に立つ

カートライトによれば、基本法則は実在についての事実を描写する、という見解は間違いである。なぜなら、物理学の基本的な説明法則は理想化を含んでおり、このことが法則についての事実性見解と衝突するからだ。むしろ、物理学の基本法則は実在に関する真なる事実を描写するものではない、と見なすべきだ。この議論はある意味で常識に反するところがある。基本法則の方が現象論的法則より、もっと厳密でもっと正確に実在のありさまを記述している、と考えられてきたからだ。

以下ではカートライトの議論の詳細を辿ってみよう（cf. Cartwright 1983 chap.3）。

ⓐ事実の記述として見た場合、基本法則は偽である

たとえば、生物学の法則は対象がどう振る舞うかを述べたものとして理解できる。次の例を見てみよう。

アメリカン・ナイフフィッシュは非常に長い尻びれをもった細い魚で、頭がナイフの柄、ひれが刃のように見える。この魚はたいていこのひれを波打たせることで体をまっすぐに保ちつつゆっくりと泳ぐ。この魚は「おそらく「常に」か「たいてい」」中央および南アメリカで発見される。カラシン科と違い、この魚は日中「いつも?」、川の土手や、水草の根の周りに隠れ、ときには自分を砂の中に埋めたりもして身を隠し、夜にだけ姿を現す（Cartwright 1983 p.55)。

これに対して、物理学の基本法則つまり説明法則は、ここに挙げた例のようには対象が何をしているのかを示さない。つまり、実在の真なる記述を与えていない。それどころか、われわれがこのような仕方で物理の基本法則を理解するなら、それらはまさに偽としか言いようがない。万有引力の法則を例にとろう。この法則は次のことを主張する。「二つの物体は、それらの距離の二乗に反比例しそれらの質量の積に比例する力を相互に及ぼす」。

これは真だろうか。二つの物体の間に働く力がちょうどこの法則の教えるところと一致するなどということは実際にあるだろうか。そんなことはない。電荷をもっているような物体も存在し、それらの間に働く力は $G\frac{mm'}{r^2}$ ではなく、この力と電気的な力との合力になっているからだ。したがって、万有引力の法則は現実の物体の振る舞いの記述としては偽である。万有引力の法則もクーロンの法則も、いずれもそれ自体は物体の挙動を真に記述しない。電荷をもつどんな対象も、万有引力の法則が言うような仕方で振る舞うことはない。逆に、質量をもつどんな対象もクーロンの法則に対する反例になる。これら二つの法則は真ではないのである。

ⓑ真であるように修正されると、基本法則はそれらが持っている基本的説明力を失う

これに対し、より注意深く表現するなら万有引力の法則は次のようなものになる、という反論が考えられる。

【修正版万有引力の法則】もし重力以外に作用する力が存在しなければ、二つの物体は、それらの距離の二乗に反比例しそれらの質量の積に比例する力を相互に及ぼす

確かに、このように修正された法則は真なる法則であることは認めてもよい。しかし、そうするとこんどは逆に、この法則は説明に役立たなくなる。この法則は、重力以外の力が作用しないという現実にはありえない理想的な環境においてのみ説明をすることができる。重力と電気力がどちらも関与する場合には何の助けにもならない。「もし重力以外に作用する力が存在しなければ」という具合に、「その他の条件が一定で無視できるなら」という類の条件節[1]がいったん付与されたら、万有引力の法則はより複雑で重要な状況と関連性がなくなってしまうのである。

ここで生じているのは、ある種のディレンマ、別の言い方をすれば真理と説明力の間にトレードオフ関係が存在するということである。ここで問題にしているタイプの、複合原因による説明では、それが用いる法則に説明力があるためには、法則は事実性という要請を満足しないことがむしろ重要になる。単純な因果法則が重なり合い相互

作用した結果として、複雑な現象を説明する。これらの法則に要求される役割を説明において演じるために、法則は（ありえないが）単一で作用する場合と同じ形式を複合して作用する場合にも持たなければならない。そうなると、その法則が述べることがらが文字通りに真になることはありえないことになる。というのは、その法則が単独で作用した場合に起きるだろう結果は、それが組み合わさって作用した場合に実際に生じる結果ではないからだ。

以上の考察を、ややミスリーディングな言い方で表現すると、基本法則は嘘だからこそ説明の役に立つ、ということになる。万有引力の法則が文字通り真になるのは、それがありもしない環境に当てはめられたときだけである。つまり、基本法則はとんでもなく理想化・単純化された状況についてだけ文字通りに真になるようなもので、実在の自然そのものにそのまま当てはめれば偽だとしか言いようがない。しかし、基本法則が自然界の現象の説明や予測に使えるのは、それがこういう意味で偽であるからこそ可能なのである。

（３）原因の実在性と理論的説明の複数性

カートライトの議論を理解するために重要な区別がもう一つある。原因と理論である。その上で、カートライトは原因（正確に言えば現象の原因となる対象）については実在論的態度、理論については反実在論的態度をとるというオプションを提案する（cf. Cartwright 1983 chap.4）。

伝統的反実在論者、つまり経験主義者たちは原因に懐疑的なわりには法則に甘かった。彼らは一般に法則を信じて原因を否定する。なぜなら、経験主義者は次のように考えるからだ。法則性とか、法則的な必然性というのは目に見えないので、法則性を規則性に還元しよう。たとえば、「磁石は鉄を引きつけるが、陶器を引きつけはしない」という法則は、たんにこれまでほぼ例外なく、磁石を鉄片に近づけると鉄片を引き寄せること、陶器に近づけても何も起こらないことを何度となく経験してきたこと、つまり規則正しく同様の経験が生じてきたことを述べているにすぎない。法則のもつ必然性と思われてきたものは、こうした規則性を経験したことにより、われわれの心にある種の癖がつき、次も同じようになるだろうと期待するようになる、ということに他ならない、と。このように考えて、法則を観察経験がもつ規則性に還元してしまえば、法則は経験主義者にとって無害なものになる。しかし、カートライトによれば、物理学における説明実践はまさにその逆である。原因は存在するが、法則は真ではない。現代の数理物理学的理論については、その因果的帰結を信じることだけが賢明であり、説明法則を信じることは賢明ではない。

この主張を正当化するために、カートライトはまず二種類の説明を区別することからスタートする。

①現象をその原因を引きあいに出して説明する（因果的説明）
②現象を一般的な理論的枠組に当てはめて説明する（理論的説明）

両方が説明と呼ばれてきた。科学哲学の文脈では、第2章で見たように、まず論理実証主義者により第二の説明様式が、演繹的・法則的モデル（deductive-nomological model）あるいは被覆法則モデル（covering law model）として、科学的説明一般のモデルとして導入された。こうしたモデルに対するさまざまな反例が積み重なったことにより、のちに第一の類型が、ウェズリー・サモンら（Salmon 1984）によって注目されることになった（説明の因果説）。しかし、科学的説明とは、第一第二どちらのモデルによってよりうまく捉えられるだろうか、というのはおそらく疑似問題であり、科学にはどちらのタイプの説明もある、と考えるのが生産的だろう。現代の物理学においては、これら二つの説明がともに用いられており、しかも、これらは非常に異なった仕方で機能している。

カートライトは次に、この説明の二類型の区別を用いて、最良の説明への推論に依拠した実在論擁護の議論を批判する。最良の説明への推論を用いて法則の真理を導き出す議論は、以下の理由で間違っている。まず、最良の説明への推論には重要な制約条件が課されていたことに注意しよう。

【非余剰性の要請】同じくらい満足な仕方で現象を説明してくれる代替案がない場合のみ、説明の真理を推論してよい

最良の説明への推論によって、天王星の外側に未知の惑星があるだろうという仮説の真理が正当化されたのは、天王星の軌道のアノマリを同じくらい満足のいく仕方で説明してくれる他の仮説がなかったからだ。

さて、今日の物理学においては、第一の類型つまり因果的説明は多くの場合この要請を満足している。しかし、第二の類型の理論的説明を構成する個々の方程式やモデルには、これとは正反対のことが当てはまる。ようするに、理論的取り扱いには余剰性が存在するが、因果的解釈にはそれがないのである。これには単純な理由がある。すなわち、原因がその結果を生じさせるため、われわれは結果の特性から原因の特性を特定することが許されるのにたいし、方程式やモデルが現象論的法則を生じさせているわけではない。だから、基礎方程式やモデルにはいろいろな代替案が許される。カートライトは、基本法則は現象論的法則を要約するが、現象論的法則を真にすることはない、と述べている。現象論的法則から基本法則を一つに絞る根拠をわれわれがもつことはない。事例を増やしてもその助けにはならない。

（４）ケーススタディ

カートライトは二つのケーススタディを用いて、以上の見解を例証しようとしている（cf. Cartwright 1983 chap.4)。第一のものは、レーザー理論である。レーザー光線がどのようにして放射されるかの因果的ストーリーはおおむね次のようなものになる。放射減衰において、原子は脱励起し、原子のエネルギー準位に対応した振動数の光子が放出される。こうした因果的ストーリーはただ一つだが、これの数学的取り扱いと理論的解釈は実り豊かに複数化し

ている。たとえば、(1)ワイスコップ－ウィグナー法、(2)ハイトラー－MA法、(3)ゴールドバーガー－ワトソン法、(4)量子統計法、マスター方程式、(5)マスター方程式とC数表現に対応するランジュヴァン方程式、(6)自発的放射の新古典理論、等々。重要なのは、これらのうちどれが正解かを問うことにあまり意味はないということだ。したがって最良の説明への推論を用いて、これらのどれか一つが真なる描写を与えていると考える必要はない[2]。

もう一つのケーススタディはジャン・ペラン（Jean Baptiste Perrin　一八七〇～一九四二）の議論である。ペランは、一モル中に存在する分子数（アヴォガドロ数）の精密な決定を通じて、原子が実在することを立証し、原子論と反原子論の論争に終止符を打ったとされている（ペラン　一九七八、江沢　一九七六参照）。ペランはこの業績で一九二六年にノーベル物理学賞を受賞している。

すでに一九〇五年に、アインシュタインは、ブラウン運動は熱運動する媒質分子の不規則な衝突によるものだとする論文を発表していた。それによると、ブラウン運動する物体の変位の二乗平均は、気体定数、絶対温度、経過時間、物体の動きやすさ（媒質の粘性によって定まる）、アヴォガドロ数で表される。ペランはコロイド内のブラウン運動について精密な実験をくり返し、アヴォガドロ数を正確に計算した。粘性の違いを考慮するために、媒質を水、砂糖水、尿素溶液、グリセリンにとりかえ、微粒子の大きさもさまざまに変化させて（半径〇・二一二ミクロンから五・五ミクロンまで）実験した。これだけ多様な条件で実験したにもかかわらず、アインシュタインの公式により求められたアヴォガドロ数はほぼ一致していた（$5.5 \sim 8.0 \times 10^{23}\ \mathrm{mol}^{-1}$）。結果を要約した一九一三年の論文において、ペランはブラウン運動の他にもアヴォガドロ数の決定につながる一三のきわめて多岐にわたる物理的現象をリストアップしている。ペランの主張によれば、これほど多種多様な証拠があり、すべてがほぼ同じ値を示しているということは、原子が存在し、またアヴォガドロの仮説（一モル中の分子数は一定である）が真であることを確信させる。

こうしたペランの推論は、最良の説明への推論の典型例であるように見えるし、実際そのように扱われてきた。しかしカートライトによれば、ペランは通常考えられているような最良の「説明」への推論をしているわけではない。ここで、説明の二つの類型の区別が生きてくる。説明が二種類あるとするなら、最良の説明への推論にも二種類あることになる。第二の類型の説明は非余剰性の要請を満たさないため、最良の説明への推論を適用することができない。しかし、第一の類型の説明は非余剰性の要請を満たす。ペランが行っているのは、第一の類型の説明に依拠した推論である。これはむしろ、より限定された最良の説明への推論、すなわち「最もありそうな原因への推論」と呼ぶべきだ。つまり、ペランは一三通りの実験結果をもたらす最良の原因として、原子の存在を推論しているのである。

実験を行うには、背景理論を前提しモデルを構築しなければならない。したがって、われわれは、実験手順そのものがもたらしたアーティファクト（人為的な幻）を観察しているにすぎず、正真正銘の結果を観察しているのではないかもしれない、という疑いはつねに残る。ペラン自身、自分の計算がもとづくモデルのいくつかに対しては確信を欠いている。しかしここで、「ありそうもない偶然の一致の排除」に出番が与えられる。仮に、何通りもの実験方法でなされた個々の観察がすべてアーティファクトだったとしよう。しかし、それらのすべてがアヴォガドロ数についてきわめて近い値をもたらしているのなら、それこそありそうもない偶然の一致ということになるだろう。実験結果の収束は、ペランの多様な計算において用いられたさまざまなモデルをどれも十分に良いものだと考えるための根拠を提供する。その収束は結果の特徴から原因の本性を推論するためにそれらのモデルを無理なく用いることができることを教えてくれる。

重要なのは、ペランの一三の事例いずれにおいても、具体的な結果から具体的な原因が推論されているという点だ。ペランの議論はありそうもない偶然の一致の排除に依拠しているが、最良の説明への推論一般をサポートするような仕方で依拠しているのではない。「最良の説明への推論」という表現を導入したのはギルバート・ハーマンだが（Harman 1965）、カートライトはハーマンが用いている二つの事例に注意を向けるよう促している。ハーマンは、この推論の例として、まさに原子を信じるようになっていくプロセスと、日常生活からの事例を挙げている。しかしそもそも、これらはいずれも、われわれが具体的な原因についての事実を推論する事例（最良の原因への推論）であって、何らかの一般的な説明枠組みについての法則を推論する事例ではなかったのである。

物理学では同じ現象に対して異なる法則を定式化し、競合する理論的取り扱いの数を増やすことは一般に奨励されるのに対し、因果的ストーリーは、単一のものに絞る方向に圧力がかかる。何のせいでそうなっているのか、については一つの正解があると考えられるが、その「何」をどうモデル化するかについてはいくつもの選択肢が並存する。こうして、原因については実在論、理論については反実在論というオプションをとるべきだと主張されることになる。

二　ハッキングの介入実在論

（1）実験的研究は科学的実在論の最も強力な証拠となる

次に、理論の実在論と区別された対象の実在論を擁護するためのもう一つの議論を検討しよう。イアン・ハッキングの「操作可能性による議論（manipulability argument）」と呼ばれる議論だ。(3) 一九八三年の『表現と介入』において、ハッキングは、これまでの科学哲学が、理論ばかりを偏重し、実験の役割を軽視してきたことを批判している。

むしろ、理論は成熟した科学の最終産物である。科学の日常的な営みは、じつはそうした教科書的な理論とはあまり関係がない。むしろ大多数の科学者にとって重要なのは実験で成果を上げられるかにある。つまり、自分が探究している自然という「外にある」対象を実験的に操作する試みで成功を収めることが、とりあえずの目的である。

確かにそこで操作しようとしている対象は、電子のように直接に観察できるものではない。しかし、そのことが科学者を困った立場に置くだろうか、とハッキングは問う。むしろ、それが問題だと思う方が哲学の偏りなのではないか。ハッキングは彼を実在論者に改宗させた興味深い体験について報告している。クォークの検出実験をしているスタンフォード大学の実験室を訪ねたときのことだ。そこでは、ミリカンの油滴実験と同じアイディアで、分数電荷をもつ自由クォークを探そうとしていた。自由クォークは短命あるいは稀にしか存在しないだろうから、小さな油滴ではなく大きなニオブの球体が使われていた。実験のためには、その球体上の電荷を変化させる必要がある。どのようにしてそれをするのかを尋ねたハッキングに、友人の研究者は、電荷を増やすためには陽電子を、減らすためには電子を吹き付けるのだと答えた。ハッキングはこの答えにある種の天啓を得たようだ。彼は次のように述べている。

> その日からである。私は科学実在論者となったのである。私に関する限り、吹きかけることができれば、それは実在する。（ハッキング 一九八六、三五頁）

つまり、科学者の日常的営みにおいては、操作や介入の可能性が存在措定を支えている。科学者は、観察不可能な存在を、新しい現象を作り出すために規則的な仕方で操作する。おおむね意図したとおりに対象に介入できたり操作できることを最もうまく説明してくれるのは、その対象が現にある、ということだ。

思い通りに操作できるんだったらそれは存在すると言ってよい、これは非常に自然な考え方に見える。直接観察できるマクロな物体にわれわれが実在論的態度をとる理由をミクロの対象にもそのまま当てはめたように見えるからだ。私の手の中にボールがある。私はこのボールが存在することを疑わない。なぜなら、そのボールを私はさまざまな仕方でうまく扱えるからだ。ペーパーウエイトの代わりに書類の上に置いておくこともできるし、好みのスピードで好みの方向に投げることもできる。

科学者たちが実験的にうまく操作できた理論的対象の実在性を疑わないのは、われわれが日常的にマクロな物体の実在性を疑わないのと同じ理由にもとづく。これまでの議論では、実在論者も反実在論者も、観察をごく受け身的に考えていた。能動的に介入しないで自然界で起こることを眺めているだけでは、それが電子によるのか、それ以外のものによるのかは、決め手を欠く、あるいは決める必要がないことになる。

(2) 電子はいかにして実験的存在・実在になったか

以上の考え方は、日常的直観との連続性という意味でたしかに強力だが、一方できわめて素朴に思われる。日常の直観をただ実験的研究の場面に拡張しただけではないのか。その拡張適用じたいはどうして正当化できるのか。こうして、科学の現場で、実験的操作が理論的対象の実在性の有力な根拠になる独立の証拠が必要になる。ハッキングは、電子が実在性を獲得する歴史的経緯をたどることによってその作業を行おうとしている。

電子はいかにして実在になったのか。伝統的科学哲学では、電子が存在するという仮説、ないし電子の存在措定を含む理論をテストすることによって、となるかもしれないが、そのような単純な筋道ではない。電子の「発見」は通常、一八九七年にトムソンが真空管の陰極から発せられる陰極線の正体は何らかの微粒子ではないかと考え、その質量と電荷を決定しようとした時点に帰せられるようである（トムソン自身の言葉は第2章で見た）。その後、第5章で述べたように、一九〇八年にミリカンがその電荷を決定することに成功した。

これに対してハッキングは、たとえば現実のミリカンは、電荷を測定しようとしたときに電子の存在を疑っていなかったが、それに懐疑的であったとしても、同じ実験ができたはずだとする。ある対象について実験するからと言って、それが実在すると信じているとは限らないのである。

しかし、仮説的存在としての電子の因果的力がわかってくると、よくわかっている効果を別のところで生み出す装置をつくれるようになる。自然の別のパーツを系統的に操作するために電子を用いることができるようになれば、電子は仮説的存在ではなく、実験的存在になってくる。ここでは、科学者は電子の存在をテストしていたというより、電子との相互作用に関わるのである。

ポイントは次の点にある。仮説的存在についてそれを検出しようとしたり、それがもつはずの何らかの物理量を測定しようとしているとき、必ずしも科学者はその存在に対して実在論的態度をとるとは限らない。しかし、実験家は、彼らが用いる存在に関しては実在論者である。ある対象を、他の何かについて実験するために操作するときには、それが実在すると思わないとやっていけない。電子を思いどおりに操作するための装置を考案しているとき、電子はわれわれの考えを系統立て、観察された現象を救う手段なのではない。それは、自然の他のところで現象を創造する手段であり、その手段に対しては実在論的態度をとることが合理的なのである。

ハッキングは、ケーススタディとして、電子銃ＰＥＧＧＹⅡの開発に言及している。この電子銃は、一九七八年に弱い中性カレント相互作用ではパリティは保存されないことを確かめる際に使われた。中性カレント相互作用は、弱い相互作用のうち電荷の交換が生じないようなものを指す。電荷をもたないウィークボソンＺによって媒介される。長らく、電荷の交換が生じる荷電カレント相互作用（ウィークボソンW^+W^-によって媒介）しか観察されていなかったが、一九七〇年代になって、中性カレントが存在しうる可能性が示唆された。

ヤン、リー、ウーらの仕事により、弱い荷電カレント相互作用はパリティ非保存であることがわかった。では、弱い中性カレント相互作用ではどうだろう。パリティは破れているだろうか。このことを確かめるには、SLAC（スタンフォード線形加速器）の標準的装置では電子数が足りない。そのため、二七年かかると予測された。一パルスあたり、千倍から一万倍の電子が必要である。そこで、PEGGYIIが開発された。

PEGGYIIでは、GaAs（ヒ化ガリウム）の結晶に適切な振動数をもった円偏光（波長七一〇〇オングストロームの赤色レーザー）を照射することで、偏極した電子ビームを生成する。この電子ビームは標的の重水素に当たるように設計されている。パリティが破れていれば、左巻き偏極の電子は、右巻き偏極の電子よりもわずかに多く散乱されるはず（差は一万分の一）だった。

この実験にハッキングは次のような解釈を与えている。

(1)まず、PEGGYIIをつくることは理論的でない部分を含んでいる。たとえば、だれも前もってGaAsの性質を導き出したわけではない。関連のない実験との偶然の出会いによってGaAsが材料として選ばれた。

(2)また、PEGGYIIをつくるのには、弱い中性カレント相互作用の理論を知っている必要はなかった。弱い中性カレント相互作用の理論から導かれる或る予言を確かめるための装置だが、その装置の設計じたいにはその理論は使われない。

重要なのは次の論点である。

(3)説明能力は真理を保証しない。電子の発見史の初期には、たしかに電子が存在するかもしれないと考える最も強い理由は、たとえば、電子論でファラデー効果を説明する、といった「説明における成功」だった。しかし、PEGGYIIのケースでは、電子は弱い中性カレント相互作用を研究するための手段として使われている。電子の実在性に信憑を与えるのは後者である。

(4)このように、理論すること（theorizing）ではなく工学すること（engineering）が対象に関する科学的実在論の最良の証明である。自然に介入して、研究したいより仮説的な他の現象を引き起こすために、電子についての事実に頼って装置を設計し、組み立てに成功する。このときにわれわれは、電子の実在性について完全に確信するのである。

三　対象実在論へのコメント

伊勢田哲治によると、ハッキング流の対象実在論はラウダン的な悲観的帰納法に対する耐性をもっている。悲観的帰納法は、歴史上成功を収めていたほとんどの理論があとになってみるとラディカルに間違えていたことがわかったということから、成功は真理を保証しないという結論を導く。エーテル理論は成功していたがエーテルは存在しないことがわかった。伊勢田は、こういう一時期あると思われていたが、結局はなかったような理論的対象は、操作的に介入できないようなものが多いと指摘する（伊勢田 二〇〇五、四〇頁）。たとえば、天球とかエーテルがそうである。これに対して、操作できる（ようになった）もの、光や電子は、その本性やその振る舞いを説明する法則については、間違ったり理解が変わったりしても、その存在自体はずっと否定されずに残る。

しかしながら、ボールを投げることが典型例となるような操作可能性が、対象の実在への信憑を支えているということを主張するのに、中性カレント相互作用の事例を持ち出すのは大げさだという印象を持つかもしれない[4]。或る程度は、この印象は当たっている。しかし、この事例は、ハッキングの論点を明確にするためにうまく選ばれているのではないかと筆者は考えている。弱い相互作用の理論は、たとえばウィークボソンZの存在措定を含んでいる。PEGGYⅡの実験により、弱い相互作用の理論からの予言が当たれば、その理論はいくぶん確からしくなるかもしれない。しかし、それがZの実在へのコミットメントのコアになることはないだろう、というのがハッキングのポイントである。一方、この実験を行うためには、しかるべき強さの電子ビームを生成し、それを標的に当てる必要がある。つまり、電子にうまく介入してそれを操作する必要がある。この実験に成功するということは、その介入操作に成功したことを含む。そのとき、われわれは（Zではなく）電子の存在に対するコミットメントを強めるのである。こうした議論を行うためには、理論が措定する対象と、理論の予言を確かめるために操作する対象とが別になっている実験が好都合だ。

このように、ハッキングの議論は、対象の実在論と理論の実在論を区別し、前者にだけコミットするという点で、カートライトと同じ路線上にある。電子についての理論・モデルはいろいろありうる。実験家は、装置を組み立て、電子を操作しようとする際に、そうした特定の理論やモデルについてはとらわれない不可知論的態度をとることができる。それどころか、一つのチームの中ですら、電子の異なる利用の仕方に対応して異なるモデルが使われることもある。

正しい理論は無限の未来にある。この意味で、理論に関する科学的実在論は、現在の理論に関するものではなく、科学の目的についての主張だと言える。これに対して、電子線を向けることはそこにある電子を使うことである。つまり、対象実在論は、いまないしうることから生じる実在論的信憑である。このように、実験家が対象実在論者である仕方は理論実在論者である仕方とは異なる。

しかしながら、ハッキングとカートライトの考え方には、ある重要な違いがある。カートライトがケーススタディとして扱ったペランの実験では、ブラウン運動の原因となっている媒質の分子は直接には操作の対象にはなっていない。操作されているのは媒質中でブラウン運動を観察されるところの微粒子である。たとえば、ペランは大きさを均一化するために、表面張力を利用して微粒子を一列に並べたり、微粒子を思い通りに動かしている。そもそも、これらの微粒子はペランが調製してつくり出したものだ。しかしながら、ペランがこの実験を通じて存在の確信を強めたのは、この微粒子ではない[5]。その微粒子の運動の原因となっている原子の存在である。原子の存在への確信は、最良の原因への推論によるものであって、それを操作できたからではない。ハッキングの対象実在論が、操作できるものは存在する、という考え方なのだとすると、ハッキングが存在を認める対象は、カートライトのそれよりもずいぶん狭いものになってしまう。ハッキングの対象実在論では、検出実験と呼ばれる実験を正当に扱うことができない。

検出実験が成功したとき、その実験の成功がアーティファクトではなく、検出しようとしていた対象が、観察装置を介して、われわれと因果的に結びつくことができたと考える十分な証拠があるなら、その対象の存在を信じることは合理的である。ペランの実験に見られた複数の実験結果の収束は、そうした証拠になる。しかし、それ以外の証拠でも良い。思い通り操作することができるということは、その対象とわれわれが因果的に結びついていることの良い（かなり決定的な）証拠である。「操作できるものは存在する」と考えるのはなぜかという問いに、「われわれと因果的に結びついていると確信できるものは存在すると考えるのは合理的だから」と答えることが許されるなら、ハッキングとカートライトの対象実在論を統合することは可能だろう。

しかし、ハッキングとカートライトには共通の問題点もある。彼らの対象実在論は、いずれも対象についての存在主張とその対象についての理論的主張とを区別できることを前提としている。しかし、前者についての知識を後者についての知識と独立にもつことは一般には可能ではない（cf. Chakravartty 1998, 2007, Massimi 2004, Morrison 1990, Resnik 1994）。このような観点からの対象実在論批判（あるいはその拡張の試み）は、半実在論について論じる第9章で扱うことにしよう。

第8章　構造実在論

悲観的帰納法による反実在論的議論は、成功していたがラディカルに間違っていた理論の例としてエーテル理論を挙げることが多い。エーテル理論はきわめて成功していた理論である。その理論では、光の媒質としてエーテルという物質が想定されていたが、のちに、エーテルは存在しないことがわかった。エーテルの振動から場（電磁場）の振動へと、この世の根底に何があるかというレベルで大きな変化があったことになる。したがって、理論が成功していることから、その理論が措定している対象の存在を推論することはできない。

こうした反実在論的議論に対して、次のように答えたくなる。たしかに、エーテルは存在しないことがわかった。しかし、エーテルの振動も場の振動も共通の方程式（マクスウェル方程式）に従っている。これが両理論の成功をもたらしたのだろう。つまり、「マクスウェル方程式に従う何か」の存在は両理論の間で連続している。その「何か」の正体について理解が進んだのだ。つまり、科学理論は構造について話をする。その構造が何に担われているか、エーテルなのか場なのかはどうでもよい。こうして、悲観的帰納法をかわそうという試みは構造実在論（structural realism）に誘われることになる。

一　構造実在論とは何か

（1）構造実在論の基本的主張

構造実在論とは、科学理論はそもそも世界の構造について語るものであり、その構造についての正しい記述を目的とする。そしてそれに程度の差はあれ成功している、と考える立場である。構造実在論によれば、エーテル理論のケースは次のように扱われることになる。エーテルは存在せず、光は場の振動だということがわかった。ここには確かに対象のレベルでの断絶がある。その意味ではラディカルに変化したと言えるだろう。しかし、マクスウェル方程式で記述されるような、エーテルなり場なりが示す構造のレベルでは、両理論は連続している。科学は世界の構造について明らかにしようとするものであり、構造の理解に関して、漸進的累積的に進歩しているものと記述することができる。

このような構造実在論の議論は、第3章で言及した分割統治戦略の一種だと考えることができる。分割統治戦略は、理論変化に際して、変化する部分と保存される部分とを腑分けし、旧理論の成功をもたらしていたのは後者だと主張して、悲観的帰納法をかわそうとする。構造実在論は、その保存される部分こそ構造に他ならないと主張する。伝統的な実在論は、世界に存在する対象の本性と、それらの間の関係（構造）について科学理論が述べることがらの両方に対して実在論的態度をとろうとするのに対して、構造実在論はその一方を放棄する立場である。そして、放棄するのが対象であるという点で、前章で扱った対象実在論とまさに対照的になっている。

（2）認識的構造実在論――ポワンカレからウォラルまで

構造実在論の先駆者はアンリ・ポワンカレである。ポワンカレは一九〇〇年の物理学会議での講演「実験物理学と数理物理学の関係」で、次のように述べている(1)。

科学の理論がどんなに寿命の短いものかを知って、世の人々は驚いた。何年か栄えては、次々に放棄されるのを人々は見ている。壊滅の上に壊滅が積み重ねられているのを見ている。今日流行の理論も間もなく打ち倒されるめぐり合わせになるはずだと予見し、そのことから理論は絶対に空であると結論する。これがいわゆる科学の破産である。

この人々の懐疑主義は皮相的である。この人々は科学の理論の目的およびその役割を少しも理解していない。そうでないならば、この壊滅がなお何かの役に立つことがあると理解するはずである。（ポアンカレ 一九五九、一九〇頁）

前半部の「人々」の推論は、悲観的帰納法にきわめて近い。これに続けてポワンカレは、こうした懐疑論は皮相的であり、科学理論の目的と役割についての誤解にもとづくものだとしている。たとえば、科学理論について道具主義的な立場をとるなら、こうした議論は威力をもたない。道具は次々とより良いものに取り替えられるからだ。しかし、ポワンカレは純粋な道具主義にコミットすることも避けようとする。というのも、道具主義は新奇な予言の成功を説明することができないからである。そこで、ポワンカレが提案するのは、道具主義と強い実在論の中間的な立場である。成功した科学理論は、観察不可能な世界についても何事かを教えてくれる。それはいったい何か。

ポワンカレによれば、それは、観察不可能な対象が相互にもつ関係である。新カント主義の影響の元に、ポワンカレは観察不可能な対象をカント的な「物自体」と同一視する。それについては知りえない。しかし、不可知の観察不可能対象からなる世界の関係的構造についてはいくぶんかを知りうる。「これらの関係の他には知りうる実在はない。」

さらにポワンカレは、この「観察不可能な世界の関係的構造」なるものは、経験的に成功した理論の数学的構造のうちに見出されるとする。とりわけ、ラディカルな理論変化を生き延びた方程式は、観察不可能対象の間にある実在的な関係的構造を表現している。

一方、バートランド・ラッセル（Bertrand Russell 一八七二～一九七〇）は、一九二七年の『物の分析』において、これとは異なる文脈で、構造主義的な認識論を展開した（Russell 1927）。さらに一九七〇年にグローヴァー・マクスウェルは、ラムジー文という手法を議論に導入して、自分の立場を「構造実在論」と名づけた（Maxwell 1970a, 1970b）。

以上の前史を踏まえて、現代の科学的実在論論争の文脈、つまり奇跡論法と悲観的帰納法によって枠組みを設定された論争の中で、こうした構造主義的立場をはじめて体系的、明示的に主張したのは、ジョン・ウォラルである（Worrall 1989a）。現在では、ウォラルの立場は、その後登場した存在的構造実在論（ontic structural realism）と区別するために、認識的構造実在論（epistemic structural realism）と呼ばれるようになった。しかし、ウォラル自身が、自分の構造主義的主張を認識論的な主張に限定する意図があったかどうかははっきりしない。

ウォラルの認識的構造実在論はおおむね次のように論じる立場である。

(i)観察不可能な世界について、それが究極的に何でできているのか、そこにどのような本性をもつ対象が存在しているのかは、われわれには知りえない。知りうるのは、その世界の構造についてだけである。ここで世界の構造とは、観察不可能で不可知な対象たちが互いにどのような関係に立っているかということである。

(ii)科学理論は、観察不可能な世界の構造を、典型的には方程式で記述される数学的構造として示している。

(iii)使用新奇性（第3章参照）のある予言を行い、それが当たる、という意味での理論の成功をもたらしているのは、理論の記述する数学的構造が世界の構造をおおむね捉えているからだと説明できる（構造に限定された奇跡論法）。

(iv)理論交代を生き延びるのは、この数学的構造である。そして、生き延びた方程式は、世界の構造をおおむね正しく捉えたものと理解できる。理論交代においては、旧理論の数学的方程式は新理論の特殊ケースとして保存される（Worrall 1989a p.117）。

(v)他方、対象についての異なる存在論が同一の数学的構造を満たしうる。証拠によっては、どちらの存在論の方が良いのかを決めることはできないし、「宇宙の基本的な備品一式（furniture）の本性を「理解」できると考えるのは間違いである」（Worrall 1989a p.122）。

(iii)と(iv)を合わせて主張するというのはどういうことに相当するだろうか。(iv)は、理論交代を生き延びるのは観察可能なものについての結果だけではない、数学的構造という目に見えないものも生き延びる、とする点で反実在論者と一線を画している。しかし一方で、その構造を担っている対象、つまりこの世が何でできているか、その対象の本性はがらっと変化することがある、と述べていることになる。つまり、ウォラルの構造実在論は、奇跡論法には正しそうなところがあるという直観と、にもかかわらず科学理論はラディカルに変化しうるという直観とを何とか両立させようとする立場だと言えるだろう。

使用新奇性と数学的構造の関係をウォラルは詳述してくれていないが、伊勢田哲治がウォラルに代わって、両概念を次のように関係づけてくれている（伊勢田 二〇〇五、四二～四頁）。新奇な予言とは、理論の核となる普遍法則から新しい現象についての現象論的法則を導出することに他ならない。ここで、予言が新奇であればあるほど、つまり、既知の事例から遠ざかり、その予言の成功がその理論抜きでは奇跡的に見える度合いが高まるにつれ、より抽象レベルの高い一般化、すなわち理論的対象の種類を限定せず、構造についての一般化が必要になるだろう。こうして、理論を構造と対象に分けて前者のみに実在性を認めるのは使用新奇性の概念を使った奇跡論法に整合的である。

また構造実在論は、たんに理論交代の前後で何が保たれるかを記述したものではない。あくまでも、われわれが知りうることについての認識論的制約を提案する立場である。ただし、科学理論が述べているように見えることのうち、何が知りうることで何が知りえないことかについて、通常の実在論よりはやや弱めな線引きを提案している。したがって、科学的実在論の認識的・懐疑論的な修正案と見なすことができる。言い換えれば、ウォラルの立場は、ラディカルな理論変化の可能性を前提した上で、救える限りの科学的実在論を救いだそうという試みなのである。また、認識論的懐疑論としての悲観的帰納法と調和できる実在論のバージョンの提案だとも言える。

(3) 認識的構造実在論とラムジー文

認識的構造実在論者が依拠した一つの有力な理論的装置が「ラムジー文」という方法である[2]。ラムジー文は、観察不可能な対象に対してどうしてわれわれは認識論的アクセスをもてるのかを説明しようとして、グローヴァー・マクスウェルによって科学的実在論論争の文脈に導入された(Maxwell 1970a, 1970b)。認識的構造実在論によれば、理論語を含む科学理論において知られているところの正味の内容(認知的内容)はラムジー文で尽きている。したがって、本来なら、科学における理論的記述はラムジー文によって定式化されるべきなのである。

ラムジー文とは何かを説明するために、まずは理論語を通常の仕方で含む理論からスタートしよう。理論を第一階の言語を用いて次のように定式化したとしよう。

$$\Pi(O_1, \dots, O_m, T_1, \dots, T_n)$$

ここで、O_1、…、O_mは観察語、T_1、…、T_nは理論語である。このとき、この文に対応するラムジー文は、

$$\exists t_1 \dots \exists t_n \Pi(O_1, \dots, O_m, t_1, \dots, t_n)$$

である。つまり、理論語を存在量化された述語変項で置き換えてしまうわけだ。これは、高階（higher order）の文になる。というのも、理論述語T_1、…、T_nであったものを変項t_1、…、t_nにして量化しているわけだから、述語への量化を含むことになるからだ。

第一階の理論の主張の連言を、それのラムジー文で置き換えると、観察語で書かれた帰結はすべて保たれるが、観察不可能なもの（理論的なもの）に対する指示はすべて消え去る。つまり、ラムジー文では、理論的対象、性質、関係を存在量化の変項にしてしまうことによって、ある陰伏的定義、あるいは構造記述を満たす何らかのもの、つまり何らかの対象、性質、関係があるとだけ主張することになる。構造ないし関係の関係には存在論的にコミットする一方で、その構造を実現している特定の具体的対象・性質・関係にはコミットしないことが可能になる。

ここで注意しなければならないのは、ラムジー文は理論的対象を消去したり、理論語を観察語に還元しているわけではないということだ。何らかの理論的なものが存在する（正体は何だかわからないが）と述べているからである。ただ、それらは理論語で直接指示されずに、変項・結合子・量化子・観察語などの組み合わせによって、いわば記述によって指されている。こうして、マクスウェル、ラッセルは観察不可能な領域についての知識は、その内的性質ではなく構造的性質についての知識、別の言い方をすれば、高階の性質についての知識に限られるのだとした。

以上により、ラムジー文が認識的構造実在論の主張を実質化するのにきわめて有効であることがわかるだろう。

認識的構造実在論では、世界は観察不可能なものと観察不可能な性質、関係でできているが、われわれの知りうるのは、これらの対象・性質・関係のもつ性質・関係（高階の性質）に限られる。それを言い換えれば、世界の構造ということになる。

二　認識的構造実在論への批判

ウォラルらの構造実在論には、同じ実在論陣営に属する論者からもさまざまな批判がなされた。特にレイディマン、フレンチらは、構造実在論にシンパシーを抱きつつも、認識的構造実在論の不徹底さを批判し、代案として存在的構造実在論（ontic structural realism）を主張するに至る。[3] そこでまず、本節では認識的構造実在論への批判をまとめ、次節で存在的構造実在論の主張を取り上げることにしよう。

（1）ケーススタディとその評価

ポワンカレもウォラルも、ケーススタディとして、エーテル理論（波動説的光学）の枠組みの中で見出されたフレネルの法則の方程式つまり数学的形式が、マクスウェルの電磁理論にほとんどそのまま保存されている事例を扱っている。[4] ここから、ウォラルは次のように主張する。光の本性（nature）、つまり光とはそもそも何ものであるかについての記述ないし理論は、エーテルの振動から電磁場の変動へと変化したが、方程式が記述する光の構造は保存されている。光学的現象の構造は、フレネルとマクスウェルの理論に共通の方程式によって与えられているのだ。

これに対して、シロスは、フレネルからマクスウェルに引き継がれたのは、構造（解釈されない方程式としての）

だけではなかったと論じている（Psillos 1999 pp.155–61）。光の伝播と光波の媒体のもつ性質についての基本的には正しかった或る理論的原理もまた保存されている。

シロスは、「フレネルの法則」を報告した原論文を再検討して、次のことを見出した。

(1)フレネルの法則の証明において、フレネルはエーテルについての特定の力学的モデルに訴えていない。フレネルが訴えたのは、エーテル分子の変位速度は光の強さに比例するという原理（シロスはこれを「最小限の力学的仮定」と呼んでいる）であり、その原理の唯一の利用法は、二つの媒質を光が伝播する際のある種のエネルギー保存則を導くことだった。

(2)フレネルが正しく理解していて、マクスウェルに引き継がれたものを、光の本性と区別された光の「構造」だと記述することは適切ではない。フレネルのどこが正しくてどこが間違っていたか、何がフレネルの理論の成功をもたらしたか、マクスウェルに何が引き継がれたのかは、「構造」と「本性」という区別を用いずに特定できるし、その方が正確である。

（2）「量子力学的対象」の決定不全性からの批判

レイディマンらが手がかりとするのは、量子力学的対象にまつわるある種の決定不全性である（French & Ladyman 2003）。古典的量子力学では量子的対象はある種の粒子（個物）であるかのように扱われる。一方、場の量子論においては、量子的対象は場という個物とは呼べそうもないものになる。しかしながら、両理論はそれぞれ有用である。そうすると、どちらが世界の本当の姿を捉えているのかについて決定不全の状況に陥る。これに対して、認識的構造実在論は次のように答えざるをえない。この世界が究極的に何でできているのかは、科学の埒外である。それについては知りえない。こうして、認識的構造実在論は、この決定不全性をいわば放置する。そのようになるのは、認識的構造実在論が、構造とその担い手という二分法を維持しているからである。構造の根底にそれを担う何らかの実体がなければならないと考え、しかし後者については不可知論的態度をとる。これは構造主義としては不徹底な態度だとレイディマンらは考える。

(3) 構造の高階性にもとづく批判

科学理論をラムジー化することにより構造を取りだそうとする路線には深刻な問題が生じることがわかっている。この問題はもともと、科学的実在論論争とは異なる文脈において、ラッセルの構造主義的見解に対する批判として、ニューマンにより一九二八年に指摘された (Newman 1928)。その後一九八五年にデモプーロスとフリードマンによって、科学的実在論論争の文脈にもちこまれた (Demopoulos & Friedman 1985)。

そもそも「方程式が構造を示している」というのはどういうことを意味しているのだろう。方程式が記述しているところの実在の側面がすなわち構造である、というのは答えにならない。そこで認識的構造実在論者はラッセル、そしてラムジー文を引き合いに出すわけだ。ラッセルはある種の構造主義を唱えていたことが知られている。もちろん現在の科学的実在論論争に携わる哲学者の関心はラッセルの関心とは大きく異なる。科学的実在論論争は観察可能な外的対象と観察不可能なものの対比で考えているのに対して、ラッセルはセンスデータと外的世界の知識の対比を考えている。これは、科学的実在論論争とは異なる問題である。にもかかわらず、構造実在論にとって、ラッセルは役に立つモデルを提供してくれる。

ラッセルは、見知りによる知識 (knowledge by acquaintance) はセンスデータについてだけ可能であり、外的世界については見知りによる知識をもつことはできず記述による知識 (knowledge by description) だけが可能だと考える。ただし、ラッセルに従えば、センスデータの構造は外的世界の構造を反映してはいる。だから、外的世界についてわれわれは数学的構造だけが知りうることなのである。物理的世界の非数学的性質は知覚から推論できない。

では両者はどういうときに同じ構造を反映していると言ってよいのだろうか。そこでラッセルは二つのシステムの構造上の同一性を次のように定義する。

【構造的同一性】関係Rをもつクラスαと関係Sをもつクラスβが同じ構造をもつ　⇕　αのどの要素に対しても何らかのβの要素が対応し逆も成り立つ、かつ、αの二つの要素が関係Rにたつなら、βにおけるその対応物同士は関係Sをもち逆も成り立つ（cf. Russell 1948 p.271）

構造的同一性概念の重要性は、要素αとβ、関係RとSが互いに質的に類似している必要がないという点にある。RとSが純粋に形式上の類似性をもちさえすればよい。

この定義にはもう一つ重要な注目点がある。ここでは、構造が関係のもつ性質、つまり高階の形式的性質として捉えられているという点だ。これを明示的に述べようとすれば、理論をラムジー文に書きかえればよい。

こうしたラッセル的な方針を批判したのがニューマンである。彼の批判のポイントは次の通り。世界が、関係Rに関して構造Wをもつ対象たちからなるとしよう。関係Rの本性についてわれわれは何も知らない。このとき、対象のどんな集まりも、要素の数が適切でありさえすれば、構造Wをもつものと見なせてしまう。なぜなら、一般に、関係とは対象の論議領域Dの部分集合の集合として定義される。べき集合公理により、Dの任意の部分集合の集合が存在することになる。ということは、D上には任意の関係が存在することになる。さてそうすると、Πが整合的で、その観察語だけを含む帰結がすべて真であるかぎり、第二階の論理と集合論の定理として、それに対応するラムジー文は必ず真になる（ラムジー文の存在量化を満たすような関係は必ずD上に存在しているから）。このように、Dの濃度さえ適切なら、ある構造的性質を満たす関係の存在はあまりに簡単に保証されてしまう。これは裏を返せば、

「濃度の問題だけが発見を待っている」ということになる（Demopoulos & Friedman 1985 pp.627-8）。それ以外のことはほとんどア・プリオリに知られてしまう。ラッセルの構造の定義を認識論の文脈に適用すると、このように高々トリビアルな知識しか得られないことになる。

以上のラッセル批判は構造実在論にも当てはまる、というのが、デモプーロスとフリードマンの主張である。ラッセル＝ラムジー文的なアプローチでは、世界が特定の構造をもつというどんな主張もトリビアルに満たされることになってしまう。だとすると、そのような構造についての主張が真であることを知るには、問題となっている観察不可能なものに対する経験的探究をせずとも、濃度だけわかればよいことになる。

ラムジー文を用いた理論記述でわかるのは、高々、対象たちの集合の濃度と、経験的記述の部分にすぎない。だとすると、認識的構造実在論は、ラッセル＝ラムジー文的な方法に依拠する限り、たんなる経験主義と五十歩百歩だということになってしまう。理論をラムジー文に書き直すことは、それを理論の観察可能な帰結に還元することとほとんど等価だからである。これでは実在論の名前に値しない。このようにして、認識的構造実在論からは、〈理論的言明によって知られているところの正味の認知内容〉を特定するための有力な方法、つまりラムジー化が失われてしまったのである。

次章で主題的に取り上げるチャクラヴァティは、この批判は根が深く、少々の手直しでは対処することができないということを説得的に論じている（Chakravartty 2007 pp.33-9）。構造実在論陣営は、ウォラルとザハールの提案に見るように、理論的記述に観察語が現れることを許すことでニューマンの批判を回避しようとする（Worrall & Zahar 2001）。つまり、われわれの実在の知識がすべて純粋に構造的なものだと語っている限りにおいて、ニューマンタイプの批判が生じるのだから、理論的記述が観察語を含んでいるなら、対応するラムジー文はトリビアルに満たされたりはしない。

しかし、チャクラヴァティによれば、このように譲歩することで構造実在論を擁護しようとしても無駄である。なぜなら、その場合、濃度以外にラムジー文の充足に課される唯一の条件は、それが経験的に十全であるということになってしまうからだ。さらに、ジェイン・イングリッシュは、観察的に等価な任意の二つのラムジー文は互いに両立可能であることを示した（English 1973）。つまり、同じ観察帰結をもつラムジー文は互いに矛盾しない。だとすると、理論の構造的な等価性はようするに観察帰結の等価性に他ならないことになる。これでは、構造実在論は構成的経験主義に崩壊してしまう。

三　存在的構造実在論

レイディマン、フレンチらは、認識的構造実在論のもつこれらの欠点を解消するため、別バージョンの構造実在論を提案する。それが存在的構造実在論である（cf. Ladyman 1998, French 1998, 1999, French & Ladyman 2003）。前節で取り上げた第二の批判が明らかにしたのは、構造とそれを実現する担い手という二分法を維持し、後者について不可知論的態度をとっていると、構造実在論はたちの悪い決定不全性に陥るということだった。そこで、レイディマンらは、この二分法そのものを捨てることを促す。何か正体不明の実体があって、それが構造を担っていると考えるのではなく、この世界に存在するのは構造であり、それ以外には何もないとする。たとえば、レイディマンは次のように言う。「これが意味するのは、構造を原初的で存在論的に固有のものと見なす、ということである」(Ladyman 1998 p.420)。構造こそが原初的な存在論的実在であり、いわゆる物理的対象は、高々構造の単なるノード、関係の交わる位置に還元される。認識的構造実在論では、対象は不可知であるが、構造的記述を満たし、構造を担っている「何ものか」というかたちで、世界に存在することが認められていた。存在的構造実在論では、その「何ものか」の存在を消去する。構造だけが知りうるのは、それしかないからだ。フレンチは「影に隠れている不可知の対象なるものはない」（French 1999 p.203）と言う。

　こうして、認識的構造実在論が問わなかった、世界は何でできているのかと言う問いにまで踏み込み、「構造である」そして「構造のみが存在する」と答えることになる。つまり、彼らの主張は形而上学的な主張として理解されなくてはならない。これが、「存在的」構造実在論と呼ばれる理由だ。たしかにこのように答えるなら、不可知論と手を切ることができる。科学は構造について知識を蓄積し、構造が世界にあるすべてなら、科学は世界について原理的に知りえないところを残さないことになる。つまり、彼らの立場はあくまでも実在論の一種である。

　さて、存在的構造実在論では、量子力学的対象の決定不全性問題にどのように答えるのだろうか。粒子と場は同じ構造の異なる対象レベル（形而上学的）表象だ、ということになるだろう。世界に存在するものを個物的に表象するか、非個物的に表象するかは、表象の仕方の問題であり、その根底には共通の構造がある。

（3）のラムジー文の使用がもつ問題点に対しては、レイディマンは、量化の変項という弱められた意味での対象を導入することも否定しようとする。[5] つまり、ラムジー文を構造主義のツールとして使うこと自体を放棄する。そもそも、ラムジー文は、科学理論を公理系のような文の集まりとして捉える立場の中で案出された理論的装置である。そこで、レイディマンは、ラムジー文を不要のものとするために、科学理論を文の集合として捉える方針を離れ、科学理論についての意味論的見解を採用する。意味論的見解は、科学理論を非言語的なものも含めたモデルの集まりとして捉える。しかし、科学理論についての意味論的見解を採用するのは、存在的構造実在論者に限られない。そこで、意味論的見解が実在論論争に対してもつ関係については、第11章であらためて考察することとして、ここではレイディマンの方針だけ確認しておくにとどめよう。

四　存在的構造実在論への批判

(1) 構造のみに存在論的にコミットすることはそもそも不可能ではないか[6]

存在的構造実在論は、関係づけられている対象なしの関係そのものが存在することを認めよと言うに等しい。確かに数学的構造には、彼らの主張は当てはまるかもしれない。しかし、物理的世界の構造について、このようなことが果たして可能なのかという疑問が生じるだろう。対象があって、対象がさまざまな属性をもっているなら、対象間の関係もまた存在し、構造も存在するだろう。このように、構造という概念は、対象、属性という概念に依存しているように見える。だとするならば、構造の存在を認めるためには、その構造を実現している対象の存在を認めることが不可欠ではないだろうか。

(2) 構造を一つに絞ることが可能なのだろうか

「集合に構造を入れる」という言い方が示すように、対象たちの集合がまずあって、その集合の要素間のどのような関係に注目するかによって、それが実現する抽象的構造は異なる。これが常識だろう。たとえば、1から12までの自然数からなる集合をSとしよう。ここで関係Rｘｙをｘはｙによって割り切れるという関係だとしてみよう。関係RはSをある仕方で構造化する。Rは反射的・非対称的・推移的である。[7]また、関係R′ｘｙをｘとｙの差は3の倍数であるという関係だとしてみよう。関係R′はSをRとは別の仕方で構造化する。R′は反射的・対称的・推移的である。というわけで、常識的には、探究の領域がもつ構造は、その要素間のどのような関係ないし性質に注目するかによって異なる。領域に固有の唯一の構造（the structure）なるものはない。

ところが、存在的構造実在論では、対象なしの構造のみが存在するとする。だとしたら、常識的にはいろいろありうる複数の構造のうち、どれか一つがその探究領域の固有の構造だと言わねばならない。探究のターゲットになっている領域がある特定の抽象的構造である、と言うことが意味をなすためには、あちらの構造ではなくこちらの構造という具合に、特定されなくてはならない。これが、その領域の対象間に現にどのような関係が成り立っているのかと独立に行えるとは思えない。しかし、現にどのような具体的関係が成り立っているかは、領域が示す抽象的構造ではない。それは構造主義をはみ出した実質的なことがらである。

これらのある意味で極めて常識的な疑問に対して、レイディマンらは答えを用意してある。存在的構造実在論は、対象すなわち関係づけられているところのノード（関係項）に、関係が先行すると主張する。この主張が意味するのは、次のようなことにすぎない。確かに探究のプロセスでは、対象が構造を導くのに使われる。しかし、探究のゴールにおいては、対象つまり関係項は、ノードとして構造に還元される。このような意味で、関係項は関係構造に他ならないことが最終的には明らかになる。このように、存在的構造実在論は関係項（対象）に対して、還元主義的反実在論と道具主義とをミックスしたような立場をとっている。

というわけで、存在的構造実在論は、関係の結節点（ノード）として、関係構造に還元可能なものとしての対象について語ることを、ある意味で認めていることになる。それが否定するのは、日常的対象についての直観的理解をそのまま構造の担い手として持ち込むことである。それをやってしまうと、量子的対象は、個物なのかそうでないのかといった疑似問題が生じてしまう。

関係項と関係の概念が相互依存的であることは確かだが、そのどちらがプリミティブかという形而上学的議論にはおそらく決着がつかない。関係項があってはじめて、関係がありうるとも言えるし、関係があるから、それぞれのものは関係項と呼べるのだとも言える。どちらの語り方（形而上学的枠組み）も、この点では同格である。そうすると問題は、構造・関係へのコミットメントに加えて、対象へのコミットメントをするべき積極的理由があるか、ということになる。

これまでの議論を見るところ、その理由の候補はおおむね三つある。一つは、属性や関係の共起であり、もう一つは因果的変化、もう一つは構造についての知識の可能性である。たとえば、チャクラヴァティは、対象についての知識を措定しないと、なぜある特定の属性および関係がいつもつねに共在し、整合しているのかが説明できないだろうと述べる（Chakravartty 2003）。たとえば、負の電荷とある特定の静止質量がいつもともなって見出される。これは単なる偶然の一致とすべきか、それとも電子という対象があるからとすべきか。チャクラヴァティは、答えは後者なのは自明だと考えているようだ。しかし、フレンチのような存在的構造実在論者は、構造主義者にとって、対象とはすなわち諸関係の偶然の一致以上のものではない、と答えている（French 2006）。因果については次項で検討しよう。

第三の理由は、次のようなものだ。シロスは、われわれが構造的関係を直接にとらえる認識能力を持っているとは思えないとする（Psillos 2009 p.134）。われわれが構造的関係を知るには、個体たちの集合を並べ、それぞれにおける性質と関係を互いに対応させる他はない。レイディマンとフレンチがよく引き合いに出す群論の例においてすら、群の構造はまずもって何らかの特定の個体領域から抽象されたものである。確かに、この疑問に対しては、彼らは答えを用意してあった。つまり、探究のプロセスでは、対象が構造を導くのに使われるが、最終的に対象は構造に還元される。しかし、シロスはさらに問う。このように、対象は探究のための道具、発見法にすぎないのだとしても、もし構造を知る唯一の方法が対象を経由することだとするなら、なぜ対象へのコミットメントが消去できるのか、その理由は明らかではない（Psillos 2009 p.135）。

(3) 構造だけを用いると因果(的変化)を説明できなくなるのではないか

構造に加えて対象が必要に思われるのは、因果の記述という場面である。規則性に還元されるヒューム的な因果を超えた、もう少し実質的な因果概念や変化の概念にとっては、個別の対象という概念が中核的である。したがって、抽象的構造だけに言及する存在的構造実在論者は、因果的変化を説明できないどころか記述すらできないのではないか(cf. Chakravartty 2003, Psillos 2006, Busch 2003)。

野内玲はこのことを説明するために、ボイル＝シャルルの法則を例に挙げている(野内 二〇〇九、一五頁)。時刻t_1で気体の状態を観察し、そのあとt_2においても同じ系の状態を観察する。温度、圧力、体積が時間に依存して変化している。この変化の原因は、通常なら、気体分子に帰属される性質によって説明される。しかし、構造のみに目を向けている限り、時刻t_1でもt_2でも、この系の温度、圧力、体積はボイル＝シャルルの法則に従っており、その意味で同じ構造である。こうして、構造にのみ注目していると、時間に沿って生じる因果的変化が記述できない。

また、次のようなかなり頭ごなしの議論も可能だ。物理的世界の構造をWとしよう。そしてそれに同型な数学的構造をW′とする。物理的世界Wは、因果性をもっているだろう(物理的世界だから)。一方、W′は数学的構造である。ここでかりに、数学的構造は具体物によって例化される必要はなく、それじたい存在しているとしよう。(8) W′は数学的構造であるゆえに、因果性を含まない。このことから、物理的世界Wのもつ因果性は、その抽象的構造によっては決まらないし、記述もできないことが帰結する。なぜなら、存在的構造実在論では、W′と同型である限りの構造をWがもつのであり、それ以外の要素は実在しないことになる。だとしたら、Wがもちうる因果的構造(があるとして)は、W′がもつそれであることになるが、W′は抽象的数学的構造であるために因果的構造をもたない。したがって、存在的構造実在論者が因果を取り込もうとするなら、抽象的構造を超えるもの、たとえば構造のノードを占める対象間の具体的関係の助けを借りる他はない。

こうした批判に対して、フレンチのような存在的構造実在論者は、まず、現在のところ受容されている因果的な記述様式を暫定的なものとして受容しておき、それを最終的には構造的な記述に還元することを提案している(French 2006 p.181)。そのために、まず、構造を様相化する。つまり現象間の関係に、必然性、可能性、潜在性などを伴わせる。そして、科学が記述しているのは世界の様相的構造であるとするわけだ(cf. Ladyman 1998, 2004, French & Ladyman 2003, Ladyman & Ross 2007)。その上で、因果的構造は、特定の科学において、世界の様相的構造の実践上の代用品だと位置づける。これは、対象の存在が果たしている役割を、様相化し去る(modalize away)戦略であり、様相で存在の代わりをさせるという、反実在論的議論では常套的なやり方だ。これがうまくいくかはいまのところ未知数である。うまくいけば、存在的構造実在論は、少なくとも因果を扱えないという批判は回避できるだろう。

五　構造実在論はそもそも悲観的帰納法を回避できないのではないか

すでに述べたように、構造実在論は悲観的帰納法を回避するための分割統治戦略の一種として位置づけられる。しかし、果たしてそれが目論見通りにいくものかどうかは検討の余地がある。構造実在論は、科学理論を理論的対象に関する部分と、それらのなす構造を記述する方程式の部分に分け、後者に対してはエーテルの消滅といった「ラディカルな理論変化」を生き延びると主張する。

この主張が成り立つためには、まず、科学理論を対象とその本性についての部分と構造についての部分に分離可能であることが必要だ。しかし、それはそれほど自明ではない。シロスは、こうした区別は幻想にすぎないと論じる。成熟した科学では、対象の属性は、対象の振る舞いを記述する法則において定義され、その法則は数学的方程式として定式化される。対象の「本性」なるものをより深く理解することは、その対象が他の何かとの関係で従う法則をより明確にすることに他ならない。シロスは、質量の本性を例にとる（Psillos 1999 p.156）。物体の質量は、はじめその物体が有する物質の量と定義されていた。この段階では、確かに質量の構造は質量の本性とは別のものに見える。しかし、科学革命を経て、この概念は慣性質量の概念に置き換わっていった。つまり、物体の質量とは、力が加わったときに加速に抵抗する性質になり、その関係はニュートンの第二方程式によって表現される。質量は物体が力と加速度との関係でもつ、いわば構造的性質になったと言えるだろう。同様に、重力質量の概念も導入される。これは物体が他の物体の重力場に置かれたときに受ける力によって定義され、その関係は万有引力の法則（方程式）によって記述される。さらに、これら二つの質量は等価であることが経験的に確かめられると、質量はより広い構造の中に置かれることになった。これが質量の「本性」をより深く理解するということに他ならない。だとすると、物理的対象の本性と数学的構造は連続体をなしていると考えるのが妥当だろう（Psillos 1999 p.157）。シロスはここから、構造実在論は伝統的な実在論と同じものになってしまうか、間違っているかのいずれかであると結論する。

次に、かりに、こうした批判に対抗して、対象と構造、あるいは本性と構造の二分法が正当化できたとしてみよう。そうすると次に検討しなければならないのは、(1)構造に限定された奇跡論法は妥当か、(2)理論変化に際して、つねに構造レベルでは連続性が保たれると言えるのか、という問題である。

構造実在論は分割統治戦略の一種であるから、対象と構造を別様に扱う。われわれは対象の本性については知りえないが、数学的構造は知りうる。そのため、構造に限定した奇跡論法に訴えることになる。つまり、理論の予言面での成功はもっぱら理論の数学的構造の側面によるものだ、と言わなくてはならない。しかし、それは難しいだろう。われわれは数学的方程式だけから意味のある予言を引き出すことはできないからだ。

同様に、構造はそして構造だけが理論変化を生き延びるということも怪しい。たしかに、エーテル理論の消長という事例では、数学的構造だけが保たれたように思われる。しかし、いつでもそうなのか。そうではないことはほとんど自明ではないだろうか。構造も理論変化の過程で失われることがありうる。野内玲は、構造レベルでの非連続性の事例として、ハミルトニアンの量子化を挙げている（野内 二〇〇九、一六〜七頁）。ハミルトニアンは、系全体のエネルギーを表す物理量である。古典的な系のハミルトニアンを量子力学的理論で扱おうとするときには、量子化という手続きが適用される。つまり、古典力学的なハミルトニアンにおける位置と運動量という正準変数を演算子に置き換える。

光の理論においてこの量子化手続きを遂行するとどうなるだろうか。光を電磁波として古典的に取り扱うマクスウェル方程式をハミルトン形式に書き直すと、電磁場は無数の調和振動子の集まりになる。次に、これを量子化するために、この方程式の正準変数を生成消滅演算子に変換する。こうした演算子を導入すると、量子化された電磁場には光子という対象が含まれるようになる。

さて、まずここには、対象レベルの非連続性が見られる。古典的電磁場には現れなかった光子なる対象によって量子化された電磁場は表象されているからである。この種の非連続性を、オリジナルな悲観的帰納法は問題にしていた。しかし、この事例では構造レベルでの非連続性も生じている。ハミルトニアンが書き換えられており、異なる方程式となっているからである。もし、方程式が「構造」のメルクマールなのだとするならば、この事例は構造レベルでの非連続性の事例となっていることになる。

というわけで、理論変化にともなって構造レベルでの記述がラディカルに変わる事例を集めて、構造版悲観的帰納法とでも呼ぶべきものを構成することがおそらく可能であり、こうした悲観的帰納法に対しては、構造実在論は無力なのである。だとするなら、悲観的帰納法を回避できるという点に訴えて、構造実在論を他のバージョンの実在論より優れたものだとすることはできない。

第9章　半実在論

実在論者が、悲観的帰納法による反実在論的議論に抵抗しようとすると、何らかの形でシロスの言う分割統治戦略をとることになる（第3章参照）。つまり、悲観的帰納法が事例に挙げるようなラディカルな理論変化をくぐり抜けて保存される何かがある。そして、その保存されている部分が理論の成功をもたらす。この部分には、認識論的にコミットする十分な理由がある。

このような戦略は、理論が語るすべてのことにはコミットしないという点で、反実在論的な懐疑をある程度取り込んでいるとも言える。このようにして、悲観的帰納法以降、科学的実在論論争は素朴な実在論と実証主義的な経験論の両極の間に、妥当な着地点を見出す営みの性格を強めていく。本章で取り上げるアンジャン・チャクラヴァティ（Anjan Chakravartty）は、こうした段階に達した実在論の試みを選択的懐疑論（selective skepticism）と名づけている。選択的懐疑論は、理論変化を生き延びるのは理論の或る側面だけだと考え、理論が主張する多くのことがらのうち、認識論的に安全で、保存されやすいものだけを取り出そうと試みる。前章と前々章で扱った対象実在論と構造実在論は、選択的懐疑論の代表例である。

チャクラヴァティは分割統治戦略を洗練し、悲観的帰納法に抵抗しうると同時に、もっと科学の営みに忠実な実在論を描き出し、それを半実在論（semirealism）と名づけている。この半実在論が本章の主題である。

一　これまでの選択的懐疑論に対する不満と学ぶべき教訓

チャクラヴァティが半実在論を本格的に展開したのは二〇〇七年の『科学的実在論のための形而上学』である(Chakravartty 2007)。この書物は、科学的実在論論争のあり方の変化を象徴しているという点でも興味深い。この書物で目論まれているのは、そもそも実在論とはどのような主張であるべきかということの問い直しである。論争が開始された当初は、実在論も反実在論も、それがいかなる主張であるかということにかなり広範なコンセンサスがあった。この段階では、論争の焦点は、実在論の主張にどのような擁護を与えられるか、つまり実在論のコミットメントにどのような認識論的な正当化を与えることができるかにあった。しかし、論争が進むにつれ、実在論も反実在論も細分化されてしまった。実在するのは何か、われわれが認識論的にコミットメントを正当になしうるのは、科学のどの部分についてか、といった具合に、そもそも科学の何について実在性を主張するのか(あるいは主張できないとするのか)というレベルで、多様な立場が乱立するといった状況に至ってしまった。

そこで、チャクラヴァティの目的は、実在論を擁護する前に、何が擁護されるべきかを明確にすることにある。どのような主張を「科学的実在論」として擁護すべきなのか。実在論の名の下に主張されているさまざまな立場のコアとして共有されているものを取り出し、実在論者も反実在論者も議論のターゲットとして共有できるような、ミニマルな「実在論」を明確にすることが、彼の目標となる。

半実在論がそれだ、というのがチャクラヴァティの答えなのだが、彼は半実在論に至るために次のような手続きを踏んでいる。簡単に言えば、これまでに試された代表的な選択的懐疑論(分割統治戦略)である対象実在論と構造実在論の「いいとこどり」をする、ということだ。そのために、彼はまず両者の学ぶべき論点と難点を明らかにし、構造実在論に対象実在論の重要なポイントを加味することで、構造実在論の難点を修正し、いわば「洗練された構造実在論」として半実在論を提示する。そこで、まずチャクラヴァティが対象実在論と構造実在論のそれぞれをどのように評価しているかを確認することから始めよう。

（1）対象実在論の難点と教訓（Chakravartty 2007 pp.27-33）

すでに見たように、対象実在論は、理論が記述している対象は独立の実在として存在すると信じるよい理由があるとする一方で、これらの対象について記述している理論の内容については懐疑的な態度をとる。こうした選択的懐疑により、悲観的帰納法に抵抗すると同時にあくまでも実在論の一種に留まろうとする。大きな理論変化の前後でも「同じ対象」について語っていると語る余地が生じるとともに、その対象は経験主義者の意味で観察不可能であり、観察不可能な対象の知識を認めることができる。

どんな条件が成り立つときに対象の存在を信じて良いか。これについては、いろいろな考え方の余地があるが、チャクラヴァティは、煎じ詰めれば対象との因果的接触がコアにあるとする。たとえば、ハッキングやギャリーは、介入実在論をとる。科学者は実験を行う。その実験は、ある対象が存在していることを前提している。他のものに介入するためにそれらを操作し、その因果的力を使って探究の道具にしているとき、その存在を疑うことはできないだろうというわけだ。また、カートライトも、因果的接触の認識論的重要性を強調している。基礎理論は「嘘をつく」が、現象の因果的説明を受け入れるとき、しかるべき原因の実在を受け入れねばならない。

たしかに、対象と因果的接触ができるようになったとき、それらは理論が変わっても保持されることが多い。チャクラヴァティが挙げるのは電子の例である。陰極線を微粒子の流れだと考えたトムソン以来、電子の本性についての理論はいろいろ変わったが、電子の存在じたいは現在の理論でも保持されている。

しかし、対象実在論には重大な困難がある。チャクラヴァティは二つを指摘している。

ⓐ対象と理論の区別に関して

対象についての存在主張（電子がある）とその他の理論的主張（電子とは何か）は、たしかに主張としては別物である。だとしても、われわれの知識という観点からは、両者はそんなに簡単に分けられない。われわれは、対象の存在についての知識を孤立してもつことができないからである。対象実在論に沿って、観察不可能な何か、たとえば電子が存在することを知るには、他のもの、たとえば電子の検出装置とか電子銃のように電子を操作する装置に対して、電子がもつ関係について詳しく知る必要がある。電子のような対象がそうした関係をもてるのは、電子がもつ性質のおかげである。そして、電子の性質と関係はまさに理論が記述しているところのものに他ならない。

だとすると、対象の存在だけを信じ、それを超える理論主張（対象の本性的性質についての主張）を信じるなと命じる点で、対象実在論は無理なことを強いていることになる。ここからチャクラヴァティが引き出す教訓は、実在論者であるためには、理論の少なくとも一部の側面についても実在論者である必要があるということである。

ⓑ悲観的帰納法に対する抵抗の仕方に関して

対象の本性についての理論が変わろうが、その存在についての知識は保たれるというのが、対象実在論が悲観的帰納法に抵抗するための「分割統治戦略」である。しかしこれは、異なる世代の科学者たちが対象の性質や正体についてラディカルに異なる考えをしているときには、きわめて空虚な主張になってしまわないだろうか。トムソン、ミリカン、ラザフォードらの実験家が、電子の正体について信じていたことは大きく変化している。また、プリーストリーとラヴォアジエが、分離したガスの正体について信じていたことも異なるし、ラヴォアジエの「酸素ガス」とわれわれの「酸素ガス」もその正体は異なる。しかし、彼らは同じものについて語っていたのだ。このように語るのは、そのように言えないこともないがほとんど実質はない。

ここからチャクラヴァティは次のような教訓を取りだす。対象実在論は雑すぎる。実在論者が要求すべきことは、もう少し洗練されたことでなければならない。つまり、対象の存在主張だけでなく、それがもとづいている対象の性質や関係のうち少なくともある種のものについての知識も保たれることが必要だ。

というわけで、理論変化の前後で何が保たれると考えるべきかについて対象実在論は正しい答えを与えていないのだが、対象実在論からは重要な教訓を学ぶことができる。観察不可能な対象の存在を信じる根拠を、その対象とわれわれとの因果的つながりに求める点である。ただし、ここで注意すべきなのは、対象の存在についての信念は程度の問題にすぎないということだ。観察不可能な対象へのコミットメントは、強弱の連続体をなす。一方の端には、その対象の因果的力能をうまく利用して操作できるようなケースがある。この場合、その対象の存在を疑うことは不合理になる。しかし、対象とわれわれの因果的接触が弱くなるにつれ、対象の存在はだんだん疑いの余地あるものになってくる。操作はできないが検出はできるケースが次に来るだろう。そしてもう一方の端には、道具的・発見的役割だけを果たす想定上の対象が位置することになる。こうした連続主義とでも言うべき態度を、チャクラヴァティは実在論者の方法論的指針として求めている。このようにして、操作はできないが検出実験に成功した場合に、しかじかの「存在が確かめられた」と述べる科学者たちの実践にも一定の合理性を与えることができる。こうしたアプローチについて、チャクラヴァティは「リアリストはリアリスティックでなければならない」と表現している（Chakravartty 2007 p.47）。

（2）構造実在論の難点と教訓（Chakravartty 2007 pp.33-9）

対象実在論と同様に、構造実在論も二つの面を合わせ持つことで選択的懐疑論として機能している。つまり、一方で、観察不可能な構造の知識にコミットし、他方で、その構造を実現している対象の本性については懐疑的な態度をとる。こうして、ある種の奇跡論法を取り込み、実在論であり続けている。われわれが理論を用いて予測や操作にしばしば成功するのはなぜか。それは、理論が世界の構造を写し取っているからだ、という具合である。一方で、構造の記述を与えているのは理論の一部だけだと考えれば、理論の不連続性を超えて保存される要素が確保でき、悲観的帰納法に悩まずに済むように思われる。

構造実在論には、前章で述べたように、認識的構造実在論と存在的構造実在論を始めさまざまなバリエーションがあるが、チャクラヴァティがまず標的にしているのはウォラルのそれ、そしてその先駆者であるポワンカレとラッセルの構造主義である。ターゲットが限定されていないかという批判は当たらない。なぜなら、チャクラヴァティが目指しているのは、構造実在論の「構造」をどう捉えるべきかを再考することで、それを修正して半実在論に至る手がかりを得ることだからである。構造実在論に対する包括的批判は必要ない。じっさい、ウォラルらの認識的構造実在論は、前章で指摘したような大きな欠点をもつが、選択的懐疑論を修正する方向性について貴重な洞察を与えてくれる。

復習しよう。構造実在論は、大雑把に言えば次の主張だった。科学理論は独立の実在について近似的に正しい描写を与えていると信じるよい理由がある。しかし、科学理論は、実在の本性ではなくその構造について語っている。実在の構造は方程式によって記述されるところのものである。ここに、本性（nature）と構造の二元論的区別がある。対象実在論における対象と理論の区別と同様に、この区別が維持できるものなのかについては疑問があるが、いまはそれを前提して話を進めよう。

チャクラヴァティは、前章二〇二〜五頁で紹介した認識的構造実在論への批判をほぼ踏襲している。つまり、「構造」を高階の形式的関係と見なしているかぎり、構造実在論はトリビアルな主張に陥るか、かりに理論的記述に観察語が現れることを認めてこのトリビアル化を免れようとしても、構成的経験主義と区別がつかなくなってしまう。

困難の源は、構造実在論の「構造」の捉え方にある。だとしたら、このことを逆に、実在論者が構造をどう理解すべきかについての重要な教訓として活用しよう。つまり、これまで構造実在論が観察不可能な領域に関して主張してきたような、高階の形式的性質についての知識では、科学的実在論には足りない。したがって、ラッセル的な構造的同一性の定義を、実在論者に必要な構造概念の必要条件のみを述べ、十分条件を述べたものではないと理解すること、それにより構造を高階の性質と同一視しないこと。これが、実在論者のとるべき戦略になる。ニューマン型の反論が当てはまるかどうかは、どのような種類の構造を知りうるとするかに依存するのであるから。

じつは、こうした戦略じたいも構造実在論の流れに伏在していた。ニューマンは、事物の間の第一階の関係についての質的な知識をわれわれがもつような場合には、自分の反論は妥当しないと述べていた（Newman 1928 p.140）。また、グローヴァー・マクスウェルも、因果的結合はこれらの構造的性質の一種と見なすべきであるという示唆を行っている（Maxwell 1970b p.17）。というのも、観察不可能なものが互いにそして観察可能なものとの間で相互作用するのは、因果的結合による。それゆえ、ラムジー文が観察可能な帰結をもつのは、因果的結合によるからである。こうして、因果的結合の重要性を示唆する点で、マクスウェルは実在論者にとってきわめて重要なことを示唆していた。だとするなら、次の目標は、構造に因果的結合という要素を組み込むことで、構造実在論をニューマン的な批判を免れたものにすることだ。それこそが、チャクラヴァティの半実在論に他ならない。そして、半実在論が構造実在論と対象実在論の「いいとこどり」になっているということも理解できるだろう[1]。

二　構造とは何かを考え直す

(1) 抽象的構造と具体的構造

以上で理解できたのは、実在論者に必要な構造は、高階の性質、つまり対象の第一階の性質同士の関係の性質や対象の関係の性質ではない、ということだった[2]。これに代えて、チャクラヴァティは、構造を、第一階の性質同士の関係と同一視することを勧める。まずは、この違いを理解しよう。

チャクラヴァティは、日常的な構造の概念に戻って考え直すことから始めている (Chakravartty 2007 pp.39–45)。何らかのモノの構造を明らかにするためには、その部分を列挙して、その部分同士の関係を記述するのが普通である。たとえば、テーブルの構造や、社会の構造を考えてみればよい。これが実在論者に必要な構造概念に他ならない。つまり、特定の種類の関係項 (relata) とそれら同士の特徴的な関係としての構造概念である。

科学的知識の文脈では、関係項は、対象、出来事、プロセスなど (これらをチャクラヴァティは特殊者 particulars と言う) の確定した量的性質 (質量、電荷、体積) になる。したがって、構造はこれらの量的性質の間の関係、つまり特殊者の第一階の性質の間の関係になる。

この構造概念とラッセル的な構造概念との違いを際だたせるため、チャクラヴァティはレッドヘッドから、抽象的構造と具体的構造という語を借用している (cf. Redhead 2001a, 2001b)。ラッセルが念頭に置いていたのは抽象的構造である。これは、関係の高階の形式的性質に相当する。しかし、一つの同じ抽象的構造が異なる具体的構造によって例化される。スプーンを長さで並べた列とケーキを重さで並べた列は、いずれも同じ抽象的構造 (全順序構造) の実例になっている。

これに対し、さまざまな長さのスプーンの長さの間の関係は一つの具体的構造をなす。したがって具体的構造は、特殊者の第一階の性質の間の関係に他ならない。多くの場合、事物の第一階の性質が或る仕方で関係していたら、その性質を持つ事物同士もそれと関連したある仕方で関係している。スプーンxの長さとスプーンyの長さの間により大きいという関係が成り立っているなら、xはyより長い。

（2）具体的構造と抽象的構造の同一性基準

二つの構造が同じであるとはどういうことか。この同一性基準も、具体的構造と抽象的構造では異なる。チャクラヴァティはワトソンとクリックが作成したDNAの模型を例に引いている（Chakravartty 2007 p.40）。ワトソンらがつくった金属製の二重らせん模型はDNA分子の構造を示していると言う。このような表象関係は抽象的構造の同一性の一例である。多くの場合、表象を構築するためには、表象が表象されるモノと同じ（あるいは近い）抽象的構造を例化することだけが必要になる。

しかし、DNA分子と模型は同じ高階の形式的性質を共有している（だから後者は前者を表象できる）が、これらは異なる二つの具体的構造である。DNA分子を構成している原子と模型を構成する材料は異なる種類の関係項であり、両者は異なる具体的構造だ。つまり、具体的構造の同一性基準は、抽象的構造としての同一性に加え、二つのシステムの要素と関係とが同じ種類のものであることを要求する。

（3）具体的構造の導入によりニューマン型批判を免れることができる

構造実在論者は、観察不可能な領域に関する科学的知識を抽象的構造の知識に限定することによってのみ、悲観的帰納法を回避できると考えたが、これは間違いだった。すでに見たように、具体的構造は第一階の性質間の関係である。したがって、それについて知ることは、関係についてたんにそれらの高階の性質を知ることではなく、質的な何かを知ることになる。この理由で、具体的構造の知識によりニューマン型の反論を免れることができる(Chakravartty 2007 p.41)。

三　半実在論とはいかなる立場か

半実在論とは、構造実在論の言う「構造」を、抽象的構造から、以上で定義された意味での具体的構造に置き換えた立場である。もちろん、この考え方も選択的懐疑論の一種と見なすことができる。なぜなら、理論で記述されていることがらには具体的構造を超えたものがある一方で、半実在論は具体的構造にだけコミットするからである。

(1) 具体的構造と因果的結合

先行する二つの選択的懐疑論からチャクラヴァティが学んだ教訓、つまり因果的結合が存在へのコミットメントにとっても構造にとっても重要な役割を果たす、という論点は半実在論の中でどのように活かされているのだろうか。

具体的構造は第一階の性質たちのなす関係だった。この第一階の性質を、チャクラヴァティは因果的性質と見なす。特殊者はなぜ、どのようにして相互作用しうるのかを考えてみれば、この同一視は正当化されるだろう。相互作用が可能なのは、特殊者たちが、特定の仕方で振る舞うという性質を持つからだ。質量・電荷・加速度・体積・温度といった性質はすべて、それをもつ対象に或る力能を与える。それらの力能は、他の特殊者とそれがもつ特定の性質が存在するという条件下で特定の仕方で振る舞う潜在的性質、つまりディスポジションとして捉えることができる。たとえば、質量という性質は、力が働くという条件下で、或る仕方で加速するディスポジションである。これらのディスポジションが互いに結びついている仕方、つまり、さまざまな性質を持った特殊者が他の特殊者と一緒になったときに振る舞うディスポジションのされ方が、因果プロセスを生み出す（Chakravartty 2007 pp.40–1)。第一階の性質は、関係のディスポジションを与え、したがってそれをもっている特殊者に振る舞いのディスポジションを与える。

（２）半実在論は本性（内的性質）にもコミットする

半実在論は構造実在論の洗練化と見なすことはもちろん可能だが、従来の構造実在論の中心的テーゼを拒否している。それは、事物の内的本性についての知識なしに構造の知識をもちうるという考え方である。構造実在論は抽象的構造の知識にコミットする一方で、内的な性質の知識にはコミットしない。しかし、半実在論はこれをとらないのは明らかだろう。それは、具体的構造の知識は内的本性の知識を含んでいるからである。具体的構造は第一階の性質の間に成り立つ関係に他ならない。そして、第一階の性質は事物の本性をなすものである。したがって半実在論では、二つのシステムが同じ構造をもつと言うとき、両システムのメンバーの内的本性について何かを言うことになる。

しかし、このように言うと、次のような困惑が生じるだろう（cf. Chakravartty 2007 p.43)。構造実在論の利点は、対象じたいではなく関係について語ることで、内的本性をなしで済ますことができる点にあったのではないか。半実在論が、第一階の性質の間の関係として構造を定義することにより、構造についての知識だけでなく、第一階の性質という形で本性や因果的性質についての知識も許すならば、これはそもそも構造実在論の洗練化というよりそれからの逸脱ではないか。そもそも、「構造」という語は、具体的な関係の体系と、それが実現している抽象的な構造とを区別するためのものではなかっただろうか。ツェルメロが定義した自然数、

ϕ, $\{\phi\}$, $\{\{\phi\}\}$, $\{\{\{\phi\}\}\}$, …

と、フォン・ノイマンの定義した自然数、

ϕ, $\{\phi\}$, $\{\phi, \{\phi\}\}$, $\{\phi, \{\phi\}, \{\phi, \{\phi\}\}\}$, …

では、個々の自然数の正体は異なる。ツェルメロの2は$\{\{\phi\}\}$だが、フォン・ノイマンの2は$\{\phi, \{\phi\}\}$だ。これは集合としては別物である。また、それぞれの列の各項の関係同士も同じではない（前者では直前の元だけが次の元の要素だが、後者ではそれまでの元のすべてが次の元の要素になっている）。にもかかわらず、どちらもω列という抽象的な構造の実例になっている。こうした区別をつけることができるのが、「構造」という語が導入された目的ではなかっただろうか。

具体的な因果的構造に特殊者の内的本性を含めてしまうことは、半実在論の構造主義的要素を薄めることになる。その結果、旧来型の包括的な科学的実在論に崩壊してしまい、選択的懐疑論とは呼べなくなり、選択的懐疑論の利点つまり悲観的帰納法への抵抗力を失うのではあるまいか。この懸念についてのチャクラヴァティの答えを次節で見ることにしよう。

四　半実在論と悲観的帰納法

具体的構造の知識にコミットする半実在論は、「半」がついているが、あくまでも実在論である。良い科学理論が成功するのは奇跡ではない、なぜなら、それは実在の具体的構造を記述しているからだ、と議論できるからである。しかしながら、半実在論が選択的懐疑論でもあるためには、理論のうち科学の進展にともなって保持される部分と、されない部分とを分ける一貫した方法を与える必要がある。さらに、半実在論が効果的な選択的懐疑論であるためには、この区別の方法が悲観的帰納法に対する十分な抵抗力をもたなければならない。チャクラヴァティは前節末尾で述べた懸念を、こうした方法論的問いとして捉え直した上で、それに答えようとする（Chakravartty 2007 pp.45–52）。

（1）じつは構造実在論は悲観的帰納法に対抗できない

構造実在論の「構造」の概念は根本的な困難を抱えていた。しかし、そうした困難がなかったとしても、じつは構造実在論は悲観的帰納法を回避する有効な選択肢ではないのである。まずはこのことを見ておこう。ポワンカレやウォラルは方程式に含まれる知識が理論変化を生き延びると示唆している。これは彼らが例に使ったフレネルの方程式については成り立つかもしれないが、光についての他の方程式については成り立たない。フレネルと同時代の科学者たちはエーテルのモデル化に没頭していた。そうしたモデルでは、構成要素間のさまざまな関係が方程式の形で数学的に記述されていた。しかし、これらの方程式のほとんどはマクスウェルの方程式に保存されてはいない。方程式が構造を記述しており、構造は理論変化を生き延びるとしても、一般に科学理論は多くの方程式を含み、多くの構造を記述している。困ったことには、そのうちのいくつかしか保存されない。方程式が記述する構造ならなんでも保存されるわけではない。だとすると、実在論者は、どんな構造なら保存されるのかを教えてくれる基準が必要になるが、構造実在論はそれを提供してくれない。

もちろん、多くの実在論者が理論のうち保存されやすい部分を特定することを試みてきている。理論のある側面だけが予言や説明で「仕事をする」のだと考え、他の部分はその仕事に本質的ではないとする。キッチャーは理論の遊んでいる（idle）部分と、仕事をしている（working）部分とを区別することを提案したし（Kitcher 1993 pp. 140–9）、シロスが分割統治戦略で目指したのも同趣旨の区別である。

しかしながら、この種の試みは次のいずれかだった。つまり、十分に特定的でないため両者をよりわけるための明確な基準を与えてくれないか、特定のケーススタディに特化しすぎていたかである。そうすると、最悪の場合どうしても後知恵にならざるをえない。理論の仕事をしていた部分はどこか。いまも残っている部分がそれだ、ということになってしまう。理論の「本当の仕事」がどういうことなのかについての一般的説明をしなければならない。

（2）検出性質と補助的性質との区別

というわけで、実在論者の課題は、理論のうち信じるに足る部分とそれほど保証のない部分とを腑分けすることである。この腑分けができれば、悲観的帰納法を認める一方で、同時に理論の自分がコミットする部分については、その種の部分は保持されやすいという程度には楽観的帰納法を主張することができる。

ここで、半実在論が対象実在論から学んだ認識論的教訓が生きてくる。対象実在論の最重要の洞察は、実在論者がコミットすべき構造は、われわれの世界への因果的結合を記述するのに不可欠な性質と関係を含むという点だった。この論点を半実在論に導入するなら次のようになる。実在論者は、検出（detect）され科学理論で記述されている具体的構造にコミットするべきである。

チャクラヴァティはこの発想を展開するために、検出性質（detection property）と補助的性質（auxiliary property）の区別を導入する（Chakravartty 2007 p.47）。検出性質とは、われわれが何らかの仕方で検出できた因果的性質を指す。これらは、検出装置の正常な振る舞いと因果的に結合している。これに対し、理論によって帰せられる他の一切の想定上の性質を補助的性質と呼ぶ。

これは性質についての区別だが、区別の基準は認識論的なものであることに注意しよう。検出性質は、因果的性質のうちわれわれが知っているものであり、世界とわれわれの因果的接触にもとづいてわれわれが合理的に存在を信じているところの性質である。これに対し、補助的性質の存在論的身分はまだわからない。それは、理論によって事物に帰されてはいるものの、検出にもとづいてその地位を決めるには不十分な根拠しかない段階に留まっている。因果的性質かもしれないし、フィクションかもしれない（図4参照）。どっちになるのかは、科学の進展による。科学が進むと、補助的性質のうちあるものはそのまま残り、あるものは検出性質に昇格し、あるものはたんに捨てられる。

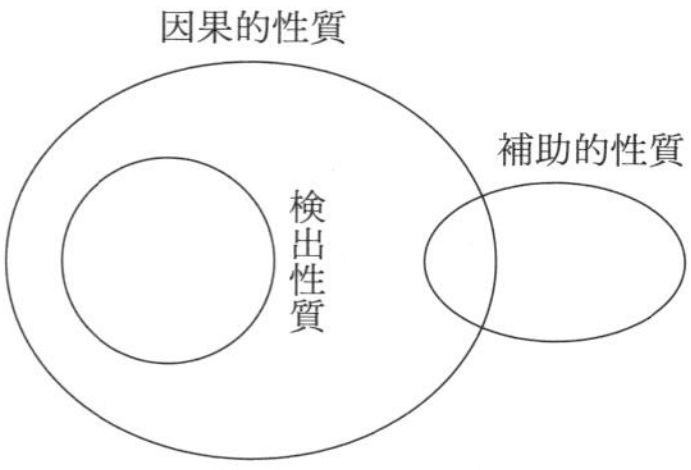

図4　半実在論が前提する性質の分類

（3）理論の最小解釈

チャクラヴァティの目論見はこうである。検出性質は理論変化を生き延びやすい、捨てられるのは多くの場合補助的性質である。したがって、検出性質の関係（構造）にコミットし、補助的性質については懐疑的ないし不可知論的な立場をとるのが合理的だ。つまり、実在論者が選択的にコミットすべきなのは検出性質（の構造）に、つまり科学者が世界と因果的にコンタクトをとったということを根拠に、その存在を合理的に信じることのできる性質に限られる、としよう。こうして、アドホックでも後知恵でもない腑分けの基準をもつ選択的懐疑論が可能になるに違いない。

そうすると、半実在論を完成させるために残った仕事は、次の二つを説明することになる。

①こうした認識論的保証をもった具体的構造をどう同定できるのか

②そのような具体的構造が理論変化で保持されやすいのはなぜか

まず第一の問いに答えよう。検出性質は、因果プロセスを介してわれわれの検出装置に結合されていることに注意しよう。多くの場合、この因果プロセスは方程式で表現され、その方程式は量的性質間の関係を記述するものと解釈できる。チャクラヴァティのアイディアは、これによって、こうした種類の方程式の最小解釈（minimal interpretation）を与えるのに必要な性質を、検出性質と同一視すればよい、というものだ。最小解釈を超える解釈はある。たとえば検出の実践につながっていないとか、間接的にしかつながらない方程式の解釈がそれである。こうした余剰な解釈はなんであれ、科学の仕事をするのにぎりぎり必要なものを超えている。その超えた分が記述している性質は補助的性質と見なせばよい。

そのうえで、半実在論は、最小解釈で与えられた検出性質間の関係（構造）にコミットせよ、そしてその構造を超えるものにはコミットメントを差し控えよ、と命ずることになる。

フレネルからマクスウェルへの移行を例にとって説明しよう。屈折現象についてフレネルが立てた方程式を実在論的に解釈するために最小限必要な性質がいくつかある。たとえば光の強さや伝播方向がそうだ。これらを光のもつ第一階の内在的性質と見なすことにしよう。一方、この方程式の文脈に限れば、エーテルや電磁場は補助的である。理論はこれらを重要な発見法的装置として含んでいる。それらは現象の概念的像を完成するために必要だが、検出性質ではない。

（４）検出性質が理論変化を生き残りやすいのはなぜか

検出に結びついた方程式に最小解釈を与えることによって検出性質とその関係の記述が得られる。これが理論変化を生き残りやすいのはなぜだろうか。チャクラヴァティの答えはきわめて単純である。それなしでは何も進まないから、というものだ。まず、その種の方程式は、検出装置の規則的な振る舞いを記述するのに不可欠である。検出装置は、世界とわれわれとを因果的に結合する。ここで対象実在論の教訓を思い出そう。観察不可能な対象の存在を信じる最良の根拠は、対象とわれわれとの因果的つながりに求められる。一方、検出に結びついた方程式は、その因果的結合を記述している。したがって、その方程式を具体的構造として最小解釈を与えたなら、われわれが最良の認識論的アクセスをもっているのは、その具体的構造だということになる。これらの構造は検出手段に、そしてそれを介してわれわれに因果的に結びついているからだ。最良の認識論的アクセスができる構造の記述が生き延びやすいのは不思議なことではない。

　こうして半実在論はかなり強い主張を可能にしてくれる。それなりの予言をする能力を保ちたいなら、ほとんどの場合、検出性質を含む具体的構造の記述を保持しなければならない。もちろん、すべての構造がわれわれの検出実践に因果的つながりをもつわけではない。期待できるのは、検出、介入、操作といった実践を記述するのに使われる方程式の最小解釈を与えるのに必要なかぎりでの具体的構造である。こうして、半実在論はある種の構造が保存されると考えるべき理由を与えてくれる。

五　まとめと残った問題

ここまで、チャクラヴァティの半実在論の概略を示してきた。重要なのは、彼のプロジェクトにおいては、二つの互いに関連しているが区別しうる課題が同時進行的に果たされているということである。つまり、

(i)悲観的帰納法に耐性をもつ選択的懐疑論（実在論）の或る変種、つまり半実在論を定式化すること。これには、科学理論の内容のうち、どの部分にコミットしどの部分にコミットするべきでないかについての線引きを含んでいる。

(ii)その半実在論を記述し、正当化するための形而上学的枠組みを提案すること。チャクラヴァティは、著書の第二部でこの作業を行っている（Chakravartty 2007 Part II）。ようするに、単なる規則性と区別された因果の実在論、そうした因果関係を支える力能としての性質、偶然的規則性と因果的必然性を区別するための、事物の側にある必然性（*de re* necessity）といった形而上学的道具立てが導入される。

これが『科学的実在論のための形而上学』という書名の由来にもなっているわけだが、このように、半実在論の主張そのものと、それをサポートする形而上学的枠組みを区別して提示していることは、チャクラヴァティのプロジェクトの著しい特徴となっている。これまでの科学的実在論論争では、両者が明確に区別されたことはほとんどなかった。支持しうる科学的実在論のバージョンが、そのままわれわれが採用すべき形而上学でもあるかのように議論は進んできたからである。

このように二階建て構造になっていることには積極的な意義があると筆者は考えるが、たとえばシロスは、この二つの課題・目標を、チャクラヴァティの半実在論に不必要な葛藤を持ち込むものと解釈する（Psillos 2009 pp.

22-5)。まず第一に、半実在論にとって(ii)のような強めの形而上学（「非ヒューム的」とシロスは形容する）へのコミットメントが不可欠だとするなら、より穏当な形而上学を好む実在論者には半実在論は魅力的でなくなってしまうだろう。

実際、チャクラヴァティの形而上学は、かなり重装備だと言わざるをえない。因果関係は、われわれが自然界に読み込むものではなく、自然界に実在するものであり、それは事物の性質のディスポジショナルな本性に根ざしている。言い換えれば、因果は事物がもつ力能である。そして、因果的法則は単なる偶然的規則性ではない。それは必然性をもっている。

さてそうすると、次のような疑念が生じる、とシロスは言う。半実在論は選択的懐疑論によって悲観的帰納法をかわそうとしている。つまり、因果的に検出可能な性質へのコミットを勧め、その他のもの（たとえば補助的性質）には懐疑的な立場をとることを勧める。しかし、チャクラヴァティが彼の形而上学において実在的コミットメントをしている必然性、ディスポジションなどは、それじたい検出可能なものではない。これらは、偶然的規則性と法則性を区別したり、検出性質と補助的性質を区別するなどの、説明的な役割を果たすからという理由で認められている。だとすると、半実在論の形而上学的基礎なるものは、彼の区別に従えば補助的なものになる。それらは科学における補助的性質（エーテル）と同じように疑われてしかるべきなのである。

そうすると、チャクラヴァティは、科学的理論に対する場合と、形而上学に対する場合とで異なる基準を使い分けていることになる。科学理論においては、単に説明の役に立つだけではコミットメントするには足りないと言い、形而上学においては、それに訴えているからだ。われわれがあらためて考え直さなければならないのは、科学的実在論と、「科学的実在論のための形而上学」の関係である。この点についての私見は、第12章で述べることにする。

第III部　論争を振り返り、未来を展望する

第10章　公理系アプローチからモデル中心的科学観へ

一　科学理論についての公理系アプローチ

専門分野としての科学哲学の誕生は、一九二〇年代後半の論理実証主義運動の開始に求められることは第1章で述べた。「哲学的問題」としての科学的実在論論争も、彼らの還元主義的反実在論から説きおこされるのが常である。しかし、論争の開始点を論理実証主義に求めることは、科学的実在論論争ぜんたいの枠組みに強い経験主義的バイアスを課すことになった。つまり、直接観察できるものと観察不可能な理論的対象の区別を前提として、後者についての知識主張の正当化の程度が問われ、経験主義者でも満足のいく程度の正当化を理論的知識に対しても与えることが実在論側に課される、といった枠組みである。この点についてはすでに再三指摘し、その問題点も明らかにしてきた。

こうした経験主義的バイアスに加え、論理実証主義はもう一つのバイアスを実在論論争、あるいは科学哲学全般に持ち込んだように思われる。それは、科学をまずは文の集まりもしくは公理系としてモデル化して考えるという方法である。それを「公理系アプローチ」と呼んでおこう。本章ではまず、論理実証主義者による公理系アプローチの得失について整理し、一九六〇年代から徐々に現れた、それに取って代わろうとする科学の見方の系譜を辿る。こうした代替的な科学観は、科学をモデルの集積として理解しようとする。こちらには「モデルアプローチ」という名を与えておこう。公理系アプローチからモデルアプローチへの転換が、科学的実在論論争にどのような含意をもつかは次章で扱う。したがって、本章は第II部で扱った時代から、もういちど歴史を遡ることになる。

（1）数学を手本にして自然科学をモデル化する

第一世代の科学哲学者たち、つまり論理実証主義者は、科学という活動を理論構築作業と捉え、さらに理論を文の集まりと見なして分析するという戦略をとった。科学理論を公理系として定式化し、検証・反証・仮説演繹法・決定実験・説明・理論間還元・予測などの科学におけるさまざまな活動を、公理系内あるいは公理系間でおこなわれる推論の一種として、その論理を分析していこうというやり方である。(1)

これは時代背景を考えればきわめて合理的な選択だった。論理実証主義者が科学哲学を活発に展開した一九三〇年代は、ちょうど現代の記号論理学がとりあえず完成する時期と重なっている。たとえば、高名な論理学者であるクルト・ゲーデル（Kurt Gödel　一九〇六〜七八）の業績だけとってみても、第一階述語論理の完全性証明が一九三〇年、不完全性定理の証明が一九三一年、選択公理と一般連続体仮説の無矛盾性証明が一九三八年という具合だ。このように、一九世紀末から二〇世紀初頭にかけて圧倒的成功を収めた数学基礎論、数理論理学の手法を応用して、経験主義プログラムの復興を果たそうというのが論理実証主義だった。

さて、数理論理学の成功の一つの重要な要因は公理的方法の採用にあった。そうすると、これだけうまくいっている公理的方法を、科学という複雑怪奇な現象の分析に使わない手はない。論理実証主義者の多くは、伝統的な意味での哲学畑というよりは科学畑の出身だった。その彼らにも、公理系アプローチは科学哲学研究の土台としてしごく当然のものとして受け入れられたのだから、このモデルが、科学者にとっても受け入れやすい、ある種の自然さと利点をもっていたことは否定できない。

たとえば、論理実証主義の公理系アプローチでは、科学的説明はある条件を満たす演繹的推論に他ならない。すでに第2章で紹介したヘンペルとオッペンハイムの演繹的・法則的モデルが好例である。それによると説明とは、ある条件を満たす、公理系内での推論に他ならない。

また、同じく論理実証主義の影響下にあったネーゲル（Ernst Nagel　一九〇一～八五）は、現在では「ネーゲル・モデル」として知られる、理論間還元についてのモデルを提案した（cf. Nagel 1935, 1949）。ネーゲル・モデルでは、還元は二つの公理系の間に翻訳を与えることとして捉えられている。その上で、こうした翻訳的還元がなされるためには、次の二つの条件が満たされることが必要十分であるとされる。

(i)結合可能性（connectability）条件：還元される理論T_2の理論語が還元先の理論T_1の理論語に結びつけられる。具体的には、T_2に現れるがT_1には現れないすべての理論語「M」に対して、T_2では構成できないがT_1では構成できる理論語「N」があって、BL「すべての対象xについて、xがMである⇕xがNである」が成り立つ。

このBLは、橋渡し法則（bridge law）と呼ばれる。たとえば、化学理論T_2の物理学理論T_1への還元において、T_2に現れるがT_1には現れない理論語「原子価が＋1である」に対して、化学T_2では構成できないが物理学T_1では構成できる理論語「一電子供与体」があって、「すべての対象xについて、xの原子価が＋1である⇕xが一電子供与体である」が成り立っている。

(ii)導出可能性（derivability）条件：還元される理論の法則（つまり公理）が還元先の理論から導出できる。つまり、T_1の公理とすべての橋渡し法則からT_2のすべての公理が論理的に導出できる。

説明のモデルと還元のモデルには深いつながりがある。ヘンペルは、説明とは説明項から被説明項を導く演繹的議論の一種だとした。これに加え、ネーゲルは、還元は説明の一種だと考えたわけである。さらに結合可能性と導出可能性を満たすことにより、たとえばケプラーの法則がニュートン力学に還元される。このことは、ケプラーの法則がニュートン力学により「説明された」ということでもある。還元のもつ説明力に注目したのは、ネーゲルの重要な洞察だった。

ヘンペル・モデルもネーゲル・モデルも、有力な図式として強い影響をもった。しかし、まもなくいずれのモデルにも、致命的な欠点があることが明らかになってきた。そしてそれらに対する批判は、次第に、両者が共通して前提していた公理系アプローチじたいへの批判へとつながっていった。以下では、まず説明と還元とについて両モデルの欠点を確認し、次に公理系アプローチじたいの限界を指摘しよう。その上で第三にその限界が科学的実在論論争に対してもつ含意を検討する。

(2) 公理系アプローチの限界

ⓐ科学的説明の重要な二類型がうまく扱えない

演繹的・法則的モデルでは、法則といくつかの条件（これらが説明項）から、説明すべきことがら（被説明項）を演繹することが説明だとされる。被説明項を法則の一事例として包摂することが説明である、とする立場だと言ってもよい。これは、たとえばニュートンの二法則によるケプラーの法則の「説明」にはうまく当てはまる。しかし、科学的説明には少なくとももう二つの重要な類型がある。第一は、原因の特定による説明である（cf. Salmon 1984）。白亜期末の大量絶滅がなぜ起きたのかを隕石の衝突によって説明するタイプだ。隕石が衝突すれば必ず大量絶滅が起きるわけではないし、大量絶滅はつねに隕石の衝突によって引き起こされるわけでもない。したがって、隕石の衝突と絶滅とを結びつける法則はないと考えてよいだろう。したがって、こうした説明を演繹的・法則的モデルの枠組みの中に押し込むには無理がある。

また、或る患者が聴覚障害になったことをストレプトマイシンの服用が原因だと説明する場合もそうである。ストレプトマイシンはごく稀に聴覚障害を引き起こす。しかし、聴覚障害を起こさない方が圧倒的に確率は高い。この場合、ストレプトマイシンはほとんど聴覚障害を引き起こさない、というのが法則性であろう。それにもかかわらず、この患者については現にストレプトマイシンが原因なのであり、それを指摘することが彼の聴覚障害を説明する。

もう一つの類型は、実現メカニズムの特定による説明である（Craver & Darden 2001, Craver 2001, 2002, Machamer et al. 2000）。たとえば、免疫や生物時計などの機能がどのような細胞・分子レベルのメカニズムによって実現されているのかを明らかにする、といったタイプの説明がこれにあたる。生物学、認知心理学、脳科学での多くの説明が、こうした実現メカニズムの特定を行っている。これも、演繹的・法則的モデルには馴染まない。

ⓑ現実の科学において還元が果たしている役割が見えなくなる

科学における「還元」の典型例とされているものを挙げてみよう。ケプラーの法則（およびガリレイの法則）のニュートン力学への還元、熱力学の気体分子運動論への還元、自然数論の集合論への還元、ニュートン力学の相対論への還元、古典遺伝学の分子遺伝学への還元、原子価に依拠した古典的化学の量子力学的化学結合論への還元、などが直ちに想起される。しかし、実はこれらは非常に雑多なものの集まりなのではないだろうか。

ネーゲル・モデルは、公理系の形で書かれた二つの形式的理論間の翻訳手続きとして還元を捉える。つまり、典型的には、たとえば「完成した心理学理論」の「完成した物理学理論」への還元、といった非現実的な、と言って悪ければめったにない事態が想定されている。しかし、たとえば心理学にそもそもそのような完成した包括的理論があるか疑わしいし、心理学がそのような包括的理論の構築を目的とした営みであるということじたい、自明のことではない。だとするならば、心理学の脳科学への還元、にはネーゲル・モデルは適用できないことになる。

さらに問題なのは、ネーゲル・モデルが当てはまるような科学史上の事例がほとんどない、ということである。

先ほど指摘したように、科学において「還元」と呼ばれていることがらは決して一枚岩ではない。[2] 重要な区別は、レベル間還元（intralevel）とレベル内還元（interlevel）のそれである。レベル間還元では、何らかの意味での階層が前提され、「上位レベル」の理論が「下位レベル」の理論へと還元される。その階層は、全体部分関係にもとづく、全体とその空間的な構成要素との階層であったり、より抽象的な階層であったりする。前者の例として、ニューロンの活動電位のナトリウム・ポンプにもとづく説明、多数の原子の磁気モーメントが相互作用により一定方向にそろうことによってマクロな磁性体の磁化を説明しようとするイジング・モデルなどを挙げることができるだろう。後者の例としては、古典遺伝学における表現型の遺伝子型による説明を挙げておこう。おそらく、典型的に還元としてイメージされているのは、このレベル間還元だろう。

これに対して、レベル内還元は、そうした階層を前提していない。たとえば、ケプラーの法則を万有引力の法則と運動方程式に還元したとされる、いわゆる「ニュートン的総合（Newtonian Synthesis）」や、ニュートン物理学を特殊相対性理論の特殊ケース（運動物体の速度が光速に比べて非常に小さいケース）として位置づけた事例がそれにあたる。しかし、これらは還元としては典型的ではないと考えるべきだと思われる。むしろ、こうした総合や包摂は、理論変化の一種と見るべきだろう。理論変化はひとつのスペクトラムをなす。一端には、レベル内還元に失敗し、先行理論が後継理論に完全に取って代わられる「消去（elimination）」のケースがある。第3章で見たフロギストン理論と酸素燃焼理論との関係がこのケースに相当すると言ってよいだろう。もう一方の端には、ニュートン的総合のように、先行理論が後継理論から導出されたり、前者が後者の特殊ケースとして包摂される「統合（unification）」がある。両者の間に、いくつもの中間的事例がある、といった具合である。

ネーゲル・モデルがうまく当てはまるのは、レベル内還元の、それも一部に限られる。ケプラーの三法則はいずれもニュートン力学の基本法則から演繹できるし、ニュートン力学の法則は特殊相対性理論で $v \ll c$ と置くことで導出できる。レベル間還元の典型的事例がありそうなのは生物学だろうが、そもそも生物学に普遍法則や、公理系として形式化可能な理論があるだろうか。この点は後に詳述する。

また、ネーゲル・モデルそのものには内在的・形式的な問題点もある。理論はそれぞれ特有の理想化（idealization）や抽象化（abstraction）を含んでいる。このため、そのままでは還元できない。理論T_1を理論T_2に、そして理論T_2を理論T_3へと順次還元することを考えてみよう。いま述べた理由で、T_1をT_2に直接還元することはできない。T_1、T_2はそれぞれ別の理想化と抽象化を含んでいるからだ。そこで可能なのは、T_1の「変種」T_1^{*}をT_2の変種T_2^{*}に還元することだけである（Schaffner 1967, Churchland 1986）。一方、T_2をT_3に還元する際にも、T_3はT_1ともT_2とも異なる理想化・抽象化を含むため、できるのはT_2^{**}のT_3^{**}への還元である。しかし、そうすると、還元は推移的ではなくなってしまう。ここで述べた意味でT_1がT_2に還元され、T_2がT_3に還元されたとしても、T_1がT_3に還元されたことにはならない。こうして、ネーゲル・モデルの信奉者がひそかに期待していた統一科学、すなわち、すべての科学を物理学へと還元するプログラムはそのままでは達成できないことになる。

以上からわれわれの引き出すべき教訓は、メンデル遺伝学の分子生物学への「還元」のように、科学史上の「還元の典型例」とされるものが還元ではなくなってしまうなら、それは還元についての哲学的分析の方が間違っているのではないか、というものだ。必要なのは、還元の典型事例を適切に扱える還元の新しいモデルである。

ⓒそもそも基本法則をもたないため公理化できない理論の方が普通である

公理系アプローチにうまく当てはまる科学理論は、もちろん数学と、いくつかの理論物理学、理論物理学を模範として理論化を進めた近代ミクロ経済学くらいのものである。その他の分野は、そもそも公理系としてモデル化することが適切かどうかがきわめて怪しい。

まず第一に、公理系アプローチでは、科学理論という文の集まりが何かを説明する力をもつのは、そこに含まれる法則が普遍的で必然的だからだと考える。しかし、科学理論に現れる「法則」らしきものは、期待されるような普遍性も必然性ももたず、むしろ、単なる一般化と言った方が良いようなものの方が多い。たとえば分子遺伝学には、万有引力の法則やシュレーディンガー方程式に相当するような基本法則は存在しない。遺伝情報はＤＮＡ分子の塩基配列にコード化されている、あるいは、その暗号においてはたとえばＧＣＣがアラニンに対応している。これは確かに地球上のほとんどすべての生物に当てはまる。しかし、これは地球上の生物だけである。それどころか、地球上においてすら例外がある。ある種のウィルスはＤＮＡではなくＲＮＡが遺伝情報の担い手になっている。だから、この「法則」はきわめて一般的であるのは確かだが、法則に期待されるような普遍性はもっていない。必然性となるとなおさらもたない。

さらに、すべての生物の遺伝情報は核酸にコード化されている、という「法則」が例外のない普遍性と必然性をかりにもっていたとしても、これは、他の生物学的真理がそこから導出される、という意味で「基本的」ではない。しかし、基本法則をもたないからといって、生物学が物理学に比べて劣っているわけではない。むしろ物理学が特殊なのである。

（3）公理系アプローチが科学的実在論論争にもたらしたバイアス

さて、以上で確認できたのは、科学（理論）を無理に公理系という鋳型に流し込むことによって、公理系アプローチは科学の重要な特質を明らかにするというよりは、むしろ隠蔽してしまう可能性もあるということだった。そして、本書のテーマである科学的実在論論争も例外ではない。そこで次に、論理実証主義者の公理系アプローチの中で科学的実在論論争が開始されたことが、この論争にどのようなバイアスや「歪み」をもたらしているのかを明らかにしておこう。

ⓐ抽象化と理想化が真理探究のために役割を果たしていることをうまく組み込めない

理想気体は、現実の気体に抽象化と理想化をほどこしたものであり、この世には存在しない。したがって、理想気体の状態方程式がそのまま当てはまるような気体は存在せず、現実の気体は少しずつ状態方程式とはズレた振舞いをする。だとすると、理想気体に関する理論を文字通り受け取り、現実世界に照らして値踏みするなら、それは偽だということになってしまう。まさしくカートライトが述べたように、基本法則は「嘘をつく」のである。

しかし一方で、われわれは理想化と抽象化を施すことによって、この世界のより本質的な真理に近づいていく、という直観も捨てがたい。この直観を公理系アプローチはうまくすくい取ることができない。むしろ、公理系アプローチでは、科学理論は嘘を述べているのだが、現象を救うための道具として役立つ、という道具主義的・反実在論的な科学観につながりやすい。

ⓑ対象の存在についての言明と対象の本性についての理論的説明とが癒着してしまう

たとえば、公理的集合論の公理は、空集合公理、無限公理のように、どのような集合が存在するかを述べる存在公理と、和集合公理、ベキ集合公理、分出公理、置換公理などのように、すでに与えられた集合からどんな集合がつくれるかを述べる公理に大別される（この分類のいずれにもおさまらない公理もある）。しかし、どちらも公理としては同等である。これと同様に、公理系として形式化された科学理論では、どんな理論的対象が存在するかを述べるのも公理、その対象がどんな性質をもっているかを述べるのも公理、というわけで同格に扱われる。そうすると、ある理論が反証されて捨てられたとき、その理論が措定していた理論的対象の存在も運命をともにすることになる。

第3章で見たように、ラヴォアジエは酸素燃焼理論を打ち立てたと言われるが、生涯を通じて熱の元素の存在を認め、それを「カロリック（熱素）」と呼んでいた。ラヴォアジエの考えていた酸素ガスは酸素と熱素の化合物であり、燃焼は、酸素ガス＋X→酸化X＋熱素（熱・光）のように捉えられていた。この熱素は一八六〇年代まで残っていたが熱現象の理解が進むにつれて、その存在は否定された。さて、ラヴォアジエの理論に現れる「酸素ガス」と今日の化学理論に現れる「酸素ガス」は字面は同じでも意味は異なる。そうすると、ラヴォアジエの理論が否定されたとき、その理論に含まれる酸素ガスの存在も否定されたことになる。それにとって代わってこの世に現れたのは、「酸素ガス」という同じ語で呼ばれる全く異なるものである。こうして、われわれは、同じ酸素ガスについて、ラヴォアジエはわれわれとはちょっと異なる理解をしていた、と言えなくなってしまう。

ⓒ科学の累積的進歩が説明できない

ⓑにより、公理系アプローチのもとでは、科学の歴史が不連続で通約不可能な「パラダイム転換」の歴史として描かれることになりやすい。これについては少し説明が必要だろう。

一般に、変化ということが意味をもつためには、その根底に変わらずにずっと同じに保たれるものがなくてはならない。そうでないと、「一つの同じものに起きた変化」ということが意味をなさなくなってしまう。したがって、変化という現象を考えるとき、じつは「変化せずに同一であること」も一緒に考えておかねばならない。そこで、科学理論の同一性基準は何かということが問題になる。少しずつ手直しされても、それでも同じ理論に起きた変化だと言えるための基準は何なのかが問われることになる。「同じ理論がだんだんと変化していく」とか「徐々に改良されていっている」と言えるためには、手直し前と手直し後で変化は生じたが、それでも同じ理論に起こった変化だと言えなければならない。

しかしながら、公理系アプローチだと、この基準はきわめて与えにくくなる。公理系アプローチにおいては、理論を手直しするということは、公理を書き換えたり追加することに相当する。理論の同一性基準を統語論的に与えている限り、文の集まりである理論は、その要素である文を書き換えたり入れ替えたりしたならば、別の理論になってしまう。また、理論の同一性基準を理論語の意味で与えるとしても、その理論語の意味は公理によって暗黙的に与えられると考える限り、公理が置き換われば、理論語の意味は変化したことになってしまう。いずれにせよ、公理系アプローチでは、ちょっとした手直しをするごとに、理論はまるで違う理論に入れ替わることになってしまう。同じ一つの理論が徐々に変わっていくんだと語ることが、公理系アプローチではきわめて難しくなる。ようするに、公理系アプローチは全体論的にすぎるのである。

以上のような理由により、公理系アプローチを採用した論理実証主義以降の論争過程が、相対主義、反実在論的傾向の強いものになったのは、偶然ではない。

二　科学におけるメタファーとモデルへの注目

公理系アプローチが大きな成功を収めたこと、科学哲学の「科学性」の向上に貢献したことは間違いない。しかし、以上述べたような理由で、科学哲学の展開の中で、次第に、公理系アプローチに対する不満が蓄積されてきた。その結果、こうしたプログラムを支える、科学を文の集まりあるいは公理系と見なすというモデル化の仕方そのものが次第に支持を失っていき、公理系アプローチの限界を踏まえ、それに取って代わろうとするオルタナティブが現れてきた。科学を「モデル」の集積として捉えようというアプローチである。(3)

(1)　ブラックのモデル＝メタファー論

以下では、こうしたアプローチの歴史について簡単にまとめることにしよう。まずは、科学におけるモデル概念の分析を与え、それをメタファーと結びつけることによって、この話題に関する初めてのまとまった仕事となったマックス・ブラック（Max Black 一九〇九〜八八）の考え方を紹介する。ブラックは一九五八年にペンシルヴェニア大学で「モデルと原型」というタイトルの講演を行い、その原稿を一九六二年に出版された彼の論文集『モデルとメタファー』に採録している（Black 1962）。

この講演で、彼はまず、「モデル」と聞いて水素原子のボーアモデルを思い浮かべるような人はいないだろうと述べ、最も「典型的」なモデルの概念として、まず、スケールモデル（scale model）の概念を分析することから出発する。われわれが、日常的に「模型」と呼んでいるもの、つまり戦艦大和のプラモデルや、科学館などに展示されている細胞の模型といったものはスケールモデルの例である。物体、システム、プロセスの実物における各部分の相対的大きさを保ちながら、全体の大きさを縮小したり拡大したモデルである。プロセスをスケールモデル化するには、時間を縮小・拡大することもある。

ブラックは、スケールモデルから以下の特徴を取り出す（Black 1962 p.220）。

(i)モデルは必ず何かのモデルである。この関係は対称的ではない。実物（the original）はモデルのモデルではない。

(ii)モデルには目的がある。スケールモデルの場合、戦艦がどんな形をしているかを示す、機械がどのように動くかを示すなど。

(iii)モデルは表象である。つまり、その使い道はモデルのもつ性質から、実物のもつ性質を「読み取る」ことにある。

(iv)この表象作用にとって、モデルのいくつかの性質は重要性を持たず、別のいくつかの性質は本質的である。モデルはどこからどこまでも実物にそっくりなわけではない。

(v)表象である以上、そこにはモデルを解釈するための慣習が存在する。

こうした特徴は、スケールモデル以外のモデルにも多かれ少なかれ共通した特徴である。そうした特徴を摘出したのち、ブラックは次の段階、アナログモデル（analogue model）に駒を進める（Black 1962 p.222）。アナログモデルの例として彼が挙げているのは、経済システムの水力学的モデル（hydraulic model）である。

アナログモデルにも右記の諸特徴が成り立つ。しかし、スケールモデルとアナログモデルとの間には、読み取りのための慣習に反映するある重要な違いがある。スケールモデルでは、実物の相対的な幾何学的比率が保たれているのに対し、アナログモデルではそれは失われている。保たれているのは、より抽象的な、実物の構造（structure）である。したがって、実物とモデルの間の関係は同型性（isomorphism）になる。構造が同じであるという条件は、その構造をもつ媒体（media）についてはいかなる制約も課さない。この意味で、アナログモデルは媒体の変更（change of medium）を許す。

次いで、「余談」と断った上で扱われるのが数学的モデル（mathematical model）だが、ブラックによればこの語は社会科学でよく使われるようになってきたものの、ややあいまいに使われる傾向がある。たんに「理論」や「数学的取り扱い（mathematical treatment）」のような意味で用いられることも多い。とはいえ、これは実物のもつ構造を数学的構造に投影するということであるから、やはり同型性が重要であり、その意味ではアナログモデルの一種とも言えるだろう。たとえば、ユークリッド幾何学はわれわれの暮らす日常サイズの空間の数学モデルと見なすこともできる。

ブラックが数学的モデルを扱ったのは、次に主題となる「理論モデル（theoretical model）」との対比のためだったと思われる。典型例として挙げられているのは、マクスウェルのモデルである（Black 1962 p.226）。マクスウェルは、電磁場のモデルとして、架空の非圧縮性流体を考えた。興味深いのは、初期マクスウェルと後期マクスウェルとではこのモデルの使い方が異なっていたことである。そして、その違いが、モデルの説明力そして直喩（simile）とメタファーの違いという論点と絡まり合うことになる。

ブラックによれば、マクスウェルは当初、この流体があくまで架空のものであることを強調していた。このモデルは、より正確な数学的関係を把握するための記憶の便法（mnemonic device）、あるいはせいぜい発見法にすぎない。数学的方程式が定式化された暁には、それに座を譲る「心的イメージ」のように語られている。

> それ［=流体］は、たんに想像上の性質の集まりにすぎない。これらの性質が採用されているのは、代数的記号だけが用いられる場合よりも、物理的問題により適用しやすく、多くの人々に理解しやすい仕方で、ある定理を確立するためである。（Black 1962 p.227）[4]

しかしながら、じきにマクスウェルは流体への存在論的コミットメントを深めていく。たとえば、ファラデーの力線は純粋に幾何学的なものではないとし、「それはたんなる数学的抽象と見なされてはならない。それは、ロープの張力、いやむしろわれわれ自身の筋肉の張力と同様に、媒体が張力を発揮する方向を表しているのである」と述べるようになる（Maxwell 1890b p.323）。

ブラックは、前期と後期の違いを次のように対比している。はじめ、マクスウェルは電磁場を流体で満たされているかのように（as if）語っていた。後には、電磁場は流体であるものとして（as it is）語られる。前者は、直喩と類比による議論（対比と比較）であるのに対し、後者はメタファーに特徴的な同一視を含んでいる。つまり、マクスウェルは、直喩「電磁場は流体と似ている」からメタファー「電磁場は流体だ」に移行したのである。「モデルはより一般的な種類のメタファーとして機能する」とブラックは述べる（Black 1962 p.236）。

直喩に留まる限り、存在論的コミットメントは保留される。しかし、それと引き替えに、説明力は失われる。この段階に留まるモデルの使用法を、ブラックは「モデルの発見法的虚構としての使用」と呼ぶ。これに対し、モデルをメタファーとして捉えることは、存在論的に踏み込んだ主張になるため、間違いの危険性をより多く引き受けることになる代わりに、モデルは説明力を獲得する。こちらの使用法は「モデルの存在論的使用（existential use）」と呼んでいる（Black 1962 p.228）。

そして、ブラックによれば、この存在論的使用が物理学の偉大な理論家たちの仕事を特徴づける。ラザフォードの原子の太陽系モデル、ボーアの原子モデルなどは、たんに数学的方程式を絵解きして見せたものではなく、原子とは現にどんなであるか（the atom as it is）を描写しているのである（Black 1962 p.229）。このような、解説的、発見法的な役割を超えた働きを理論的モデルはもちうる。つまり科学的説明、とくに因果的説明を与えるという機能だ。因果的説明を与えるためには、この世はどんなものでできていて、それがどんな働きをしているかを述べなければならない。モデルはメタファーを通してそれを提供してくれる。ふつう理論の仕事だと思われている説明という機能を果たすので、「理論モデル」と名づけられている。

公理系アプローチのもとでは、文が特権的な表象の地位を与えられ、しかも、その文は観察文に還元しうるか否かによらず、何事かについて「文字通り」語ろうとするもの（あるいは、反実在論者にとっては語ろうとして失敗するもの）と捉えられる。このような枠組みの中では、メタファーは、高々科学理論の内容を素人にもわかりやすく伝えるための、コミュニケーションの便法といった二次的な意義しか与えられない。これに対し、ブラックは、文の集まりとしての理論に代えて、モデルを科学の重要な分析ツールとして導入し、さらにモデルはメタファーとして機能しうることを示すことによって、モデルが一見、実物と異なる系についてのものでありながら、実物についても説明をもたらすのはなぜかを解明しようとしている。

しかし、このような曲芸が可能になるためには、メタファーについても或る特定の見方を採用しておく必要がある。たとえば、メタファーは直喩の省略にすぎないという説（直喩省略説と呼んでおこう）をとる限り、以上で見てきたようなモデルの発見法的虚構としての使用と存在論的使用との区別そのものが成り立たない。じっさい、ブラックの議論を支えているのは、相互作用説（interaction view）と呼ばれる、特殊なメタファー論である。以下ではこのメタファーの相互作用説について簡単に触れておく。

直喩省略説は、「彼はタヌキだ」のようなメタファーを「彼はまるでタヌキのようだ」という直喩の省略と見なす。しかし、直喩からたとえであることを明示するための言語標識（「まるで」「のよう」）を取り去ると必ずメタファーになるわけではない。「彼はまるで社長さんのようだ」を「彼は社長だ」にすると、字義通りの表現として受け取られるだろう。メタファーでは、語の連結が文字どおり受け取られると、明らかに誤りまたは不条理にならなくてはいけない。人は、文字どおりには狼ではないし、電磁場は普通の意味では流体ではない。また、メタファーにたとえであることを明示するための言語標識を補えば直喩になるとも限らない。「ブルーな気分」はメタファーだが、「まるでブルーのような気分」はそもそも意味不明の表現になる。

相互類似説なるものもある。メタファーは隠れた類似を呈示することだとする説である。「○○は××である」というメタファーは、「○○は……という点で××に似ている」を短縮したものだという考え方である。これも一種の直喩省略説と言える。しかし、この説によると「○○は××である」はすべてメタファーになりそうなものだが、たとえば、水と油はどちらも液体であるという点で似ているのに、「水は油である」はメタファーにならない。

代置説によると、「人間はか弱き存在である」と言う代わりに、われわれは「人間は葦である」というメタファーを用いることができる。つまり比喩的表現「葦」は直接的表現「か弱き存在」の代替物であり、この二つの文は意味的には等値である。メタファーの中では、「葦」は文字どおりでないメタファー的意味をもつ。さて、この考え方については次のような問題がある。まず第一に、二つの文が本当に意味的に等値かどうかは怪しい。少なくとも、人間と葦という植物がある点で似ているという意味が後者にはあるが前者にはない。前者を言う代わりに、

「人間はガラス細工である」「人間は風前の灯火である」などと言えるが、これらのメタファー的表現がみな同じ意味だったら、あえて「葦」と言う言葉を選択する必要がなくなってしまう。さらに、メタファーにつねに対応する直接的表現があるとは限らない。「あいつは蛆虫だ」と軽蔑して言う場合、その「蛆虫」は何に代置可能だろう。「不潔」「誇りがない」「貪欲である」などなどのどれか、または全部か。しかしこうした語句で言えないからこそ「蛆虫」という語を使うのではないだろうか。

以上のような諸説の欠点を踏まえて、ブラックはI・A・リチャーズに由来するメタファーの相互作用説を採用する（Black 1962 p.38 ; cf. Richards 1936)。「人間は狼である」と言うとき、「人間」に「狼」についての連想システムがかぶさる。狼は獰猛である、狼は攻撃的である、……といったその言語共同体で抱かれている標準的な含意・信念が、人間のある特徴を際だたせ、別の特徴を抑えて、人間についてのある見方を強調し組織化していく。と同時に、このメタファーが狼をより人間らしく見せていくという効果も生む。これが相互作用説と言われるのは、主体が二つある点で代理説と異なるからだ。二つの主体がメタファーにおいてそれぞれ相互作用しながら新しい関係を構築していく。ここには重要な点が二つある。まず、二つの主体（人間と狼）のどこが似ているのかはあらかじめ固定されているわけではない。第二に、人間が狼にたとえられているわけだが、メタファーを通じて、人間についてだけでなく狼についてのわれわれの理解も変化していくということである。

メタファーをいかに理解するかとモデルをいかに理解するかは連動している。モデルを一時的な便法と見るか科学研究に不可欠なものと見るかは、そこに含まれるメタファーをどのようなものと見るかにかかっている。モデルは、本当は不要な一時しのぎのもの、心理的手助けにすぎないと見る人々は、本当は純粋理論言語だけでやっていけるのだから、モデルは同じことがらの（しばしば不正確な）別の言い方にすぎないと考える。これは、メタファーを、ストレートなものの言い方に寄生した単なる飾りにすぎず、前者は後者に還元可能だと考える立場に似ている。これに対し、メタファーには装飾以上の意義がある、とりわけストレートな言い方にはない認識・説明上の機能がある、という立場もある。メタファーの非固定性と相互性を重視する相互作用説はそうした立場の一つである。相互作用説の採用は、メタファー論を理論モデルの理解に援用する際にきわめて重要な役割を果たしている。

（2）モデルと科学的説明――ヘッセによるブラック説の展開

メアリ・ヘッセは『科学におけるモデルとアナロジー』（1963）などの著作において、ブラックがスケッチしたモデルについての見解をより明晰化し、それにもとづいて演繹的・法則的モデルに代わる説明についての新しい見解を提案した（cf. Hesse 1963, 1966, ヘッセ 一九八六）。まずは、ヘッセが再構成した理論モデルとその役割についての見解を整理することから始める。

いくつかの用語を導入しよう。

（i）原型領域（original field）と第二領域（secondary field）：これは、もともとブラックが相互作用説の解説に用いた用語である。[5] 例として気体分子運動論におけるビリヤード玉モデルを取り上げよう。このとき、気体分子が原型領域、ビリヤード玉モデルが第二領域と呼ばれる。ビリヤード玉が気体分子のモデルになるからといって、ビリヤード玉があらゆる点で気体と同様だなどということはない。そこにあるのはアナロジーの関係である。

（ii）否定的アナロジー、肯定的アナロジー、中立的アナロジー：第二領域のビリヤード玉にはあるが、原型領域の気体分子にはない性質を、モデルの「否定的アナロジー」あるいは「類比における異質項」と呼ぶ。たとえば、ビリヤード玉はプレイヤーの突き棒によって動かされるが、これは気体分子にはない性質である。ビリヤード玉の材質、色、大きさもそうである。これに対して、運動と衝突・跳ね返りは、ビリヤード玉の性質であり、まさにモデルにおいて分子に与えようとしている性質でもある。これを「肯定的アナロジー」あるいは「類比における同質項」と呼ぶ。たとえば気体の圧力は衝突と跳ね返りから説明できる。しかし、まだ肯定的だか否定的だかわからない第三の性質群がある。これを「中立的アナロジー」「類比における未定項」と呼ぶ（ヘッセ 一九八六、八～九頁）。

ここでヘッセは、先だって存在する何らかの類似性やアナロジーを二つの領域の間に認識するからこそモデルをつくることができると言っているかのように見える。もし、これだけの話だったら、モデルは比喩の一種だとしても、その比喩は相互類似説で説明されてしまうように思われる。相互類似説では、メタファーは原型領域と第二領域の間に成り立っている類似性を明示的に言明したもの、ということになってしまう。理論モデルの場合は、第二領域を記述する言明は第二領域と原型領域の間の類比を述べる明示的な文にそっくり置き換えられてしまえることになるから、結局のところ、第二領域はなくてもよかったということになってしまう。しかしながら、科学におけるモデルの使用の実例を見ると、事態はこんな風になっていない。むしろ、両領域の類比がどこまで及んでいるのかわからず、それがわからない点にこそモデルの実り豊かさがある。たとえば、ビリヤード玉の力学的振る舞いのうち中立的アナロジーに属するものが、気体の分子運動にも当てはまるだろうと考え、気体分子について新しい予測を立てることができる。このように原型領域と第二領域とのアナロジーがどこまで及んでいるのかわからないからこそ、モデルは発見法として実り豊かなものになる。ようするに、原型領域が第二領域の枠組みを通して眺められる。そして、相互作用説をとるならばメタファーによって原型領域も第二領域も変わってゆく。狼のメタファーが使われたのちには、人は以前よりも狼に似て見え、狼は人に似て見えるようになる。

次いで、ヘッセは、以上の相互作用説的メタファー論にもとづくモデル理解を、科学的説明についての考察に結びつける。彼女によれば、科学的説明は被説明項をメタファーによって記述し直すことである（ヘッセ 一九八六、一五九頁）。ヘッセは、ヘンペルとオッペンハイムの演繹的・法則的モデルの難点を指摘し、それをモデル＝メタファー説は解消できるという議論を通じて、右の見解を正当化している。

説明についての演繹的・法則的モデルにおいては、科学理論の被説明項は説明項から演繹できなければならない。この条件があるから、説明の「演繹的」モデルと呼ばれているわけだ。しかし、こうした演繹可能性の要請は満たされない。まず、説明項と被説明項の間には、厳密に言うと、演繹関係があることはまれである。状況はむしろ以下のようなものだ。被説明項の領域に言明Dがあれば、それを説明する言明Eは、Dではなく、むしろDとはただ近似的にのみ等価なD′という言明を結果としてもたらすのが普通である。Eが説明として受け入れられるためには、EとD′の間に演繹的関係があり、しかもD′が被説明項の領域でDよりも受け入れやすい記述として認められるようになることが必要である。

また、そもそも、説明項である理論から被説明項はそのままでは演繹できない。フグ毒に当たると息苦しくなるのはなぜかを生物学理論から説明することを考えよう。「当たる」とか「息苦しい」といった語彙は生物学理論にはない。だとすると、「フグ毒に当たると息苦しくなる」という文（被説明項）を生物学理論（説明項）から演繹することは、はじめからできない相談である。

そこでヘッセは次のように考える。生物学理論から演繹されるのは、たとえば「テトロドトキシンはナトリウムチャンネルの作用を阻害して神経伝達を遮断する」である。これがもともとの被説明項「フグ毒に当たると息苦しくなる」をメタフォリカルに記述し直したものに相当する。科学的説明とは、日常語で述べられた被説明項を、こうした似ているが違うことを述べている文で述べ直すことなのである。この限りで、新しい演繹可能な被説明項は、もとの被説明項のメタファーになっている。要するに、説明により被説明項は変わってしまうのである。説明が被説明項を修正してしまうということは、相互作用説ではメタファーと原型領域の間の関係にすでに組み込まれていたことに注意しよう。

ブラックとヘッセの貢献は、科学におけるモデル（メタファー）の使用は、単なる啓蒙的解説や飾りではなく、発見法や説明という本質的かつ生産的な認識論的役割を果たしていることを明らかにした点にある。

（3）媒介項としてのモデル

また、最近ではモデルの媒介項（mediator）としての役割も注目されている（Morgan & Morrison 1999b）。多くの場合、理論は直接に実在システムに適用することはできない。適切なモデルを構築してそれを両者の媒介項とすることが必要になる。例を挙げて説明しよう。流体力学には二つの基礎方程式がある。摩擦や粘性をまったくもたない理想流体が従う方程式（理想流体の方程式）と、摩擦や粘性を考慮したナビエ＝ストークス方程式である。しかしながら、これら二つのいずれも、たとえばパイプの中に流れている現実の液体の流れに当てはめることができなかった。

そこで、一九〇四年に流体力学者のルートヴィヒ・プラントル（Ludwig Prandtl 一八七五〜一九五三）は、次のような実験を行った。水槽に水を循環させる装置を作って、ハンドルを回すことで流れを作り、そこに水に溶けない細かな粉を投入する。粉の運動をよく観察すると、おおむね水が二つの層に分かれて動いていることがわかる。パイプの壁面に近いところは粘り気の高い液体が流れているかのように振る舞う。パイプの中央は、サラサラした理想流体が流れているかのように振る舞う。そこで、プラントルは、パイプ中の水の流れが二つの層からなるというモデルを作り出した。これをプラントルの二層モデルと言う。二層モデルによれば、中央の層には理想流体の方程式が当てはまり、壁に近い層にはナビエ＝ストークスの方程式が当てはまる。二つの方程式は、まず二層モデルに適用され、二層モデルは実在する系（現実の水流）によく似たものになっている。このようにモデルが媒介者としての役割を果たすことではじめて、二つの基礎方程式は実在する系に適用可能になる。

二層モデルは、二つの方程式の一方だけでは問題を解決できない本質的な理由を説明すると同時に、それらの方程式と実在システムとを媒介している。こうして、パイプ内の水の流れに二つの方程式を適用できるようにすることによって、二つの方程式に経験的テストを（間接的に）与えているのである。また、このモデルは、実験にもとづく現象論的考察を基礎に構築されたものであり、理論から天下り式に導出されたものではない、という具合に理論とは相対的な自律性をもつ。(6) 理想流体の方程式とナビエ＝ストークスの方程式という二つの理論を含みながら、どちらからも独立に構築され、機能している（cf. Morrison 1999）。このように、媒介項としてのモデルは、それ自体が探究の最終目標というわけではないが、探究の目標となっているもの（理論、あるいは高次のモデル）と実在とのインターフェイスを与えて、理論を適用可能にしたり、理論をテスト可能にするためのモデルと位置づけることができる。つまり、モデルは単なる理論の絵解きではないのである。

第11章　モデル中心的科学観と実在論論争

一　理論の意味論的捉え方

（1）意味論的捉え方とは何か

前章で概略を辿った、科学におけるモデルの役割の見直しをさらに一歩進めてみよう。つまり、理論の発見法、説明のツールといった、理論を補佐する認識論的道具としてモデルを考えるのではなく、むしろ、これまで理論が占めていた位置にモデルを据えて、モデルを構築することが科学の認識論的目標と考えてみたらどうなるだろうか。こうした発想の原型となるのが、「理論の意味論的捉え方（semantic conception of theories）」と呼ばれる考え方である（van Fraassen 1980, Giere 1988, Suppe 1989, Suppes 2002, Ruttkamp 2002, 森田 二〇〇四も参照）。

意味論的捉え方は、論理実証主義者の公理系アプローチに対する批判として、一九四〇年代末ころにはすでに現れていた。公理系アプローチでは、科学理論を公理系と見なして、その公理系が実在世界そのものによって値踏みされると考える。つまり、世界と公理系の二者を立てて、両者の間に「指示する」「充足する」あるいは「当てはまる」という関係（意味論的関係）を考えるわけだ。

しかしこのように考えると、すでにカートライトが明らかにしたように、理論は必ず理想化と抽象化を含むために、いかなる理論も世界に照らす限り真ではありえなくなる（物理学は嘘をつく）。それがいやなら、論理実証主義

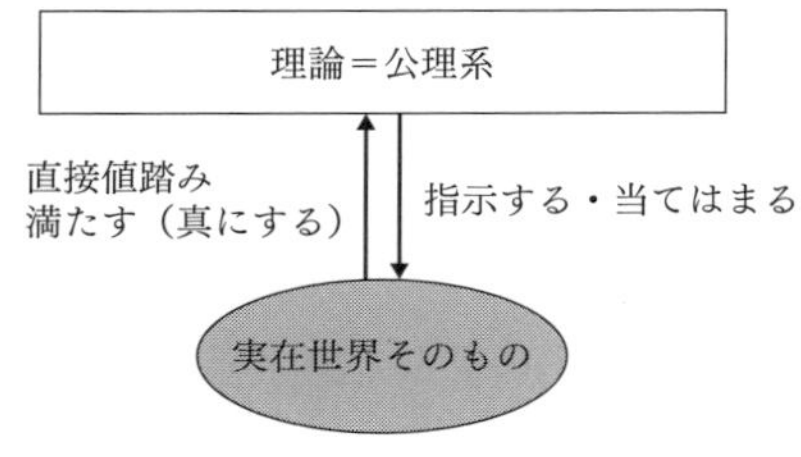

図5　公理系アプローチ

者がしたように、理論文を観察文に還元して、理論文は長い観察文の省略形であり、世界の観察不可能な部分について何かを語るものではないのだという還元的経験主義に逆戻りするかのいずれかを選ぶ他はなくなる。

これに対し、理論の意味論的捉え方では、公理系の形で形式化された理論と実在世界の間に「モデル」を噛ませる。ただし、当初この「モデル」は、統語論的対象としての理論（公理系）に対する、論理学における意味でのモデル、つまり公理系に意味論を与える集合論的対象として捉えられた（だから「意味論的」捉え方）。理論が直接に実在世界によって値踏みされるのではなく、理論が値踏みされるのは、このモデルに照らしてである。

意味論的対象としての「モデル」とは次のようなものである（戸田山 二〇〇〇参照）。いま、何らかの公理系があるとしよう。これは統語論的対象である。その公理系の語彙や公理に次のようにして解釈を与えることを考える。まず、何らかの集合を土台にする。この集合は論議領域（domain）と呼ばれる。その上で、公理系の各語彙に次のようにしてその指示対象を定義していく。まず、個体定項（名前）には、論議領域内の何らかの要素を対応させる。これが名前の指示対象に当たる。一項述語記号には、論議領域の何らかの部分集合を、多項述語記号には論議領域内で定義される関係を対応させる。関数記号には論議領域内で定義される何らかの関数を対応させる。つまり、それぞれの記号に対して何らかの集合論的対象を割り当てるわけだ。

次に、公理系の語彙でつくれる文とモデルの間に、「充足する」「真である（当てはまる）」といった関係を定義する。たとえば、Faという文がモデルMで真なのは、モデルMが個体定項aに対応させる論議領域内の要素が、Mが一項述語記号Fに対応させるその部分集合の要素になっているとき、といった具合である。このような解釈の下で、公理系Sの公理がモデルMにおいてすべて真になっているとき、Mは公理系Sのモデルである、と言う。逆に、公理系の各語彙にモデル内の何らかの対象を割り当て、各文に真理値を割り当てることを、その公理系を値踏みする（evaluate）と言う。そうすると、「指示する」「真である」「充足する」などの関係は、公理系（理論）と世界の間に成り立つ関係であるというよりは、理論とモデル（意味論的対象）との間に成り立つ関係である、ということになる。これらの関係は、意味論的関係と言われる。

理論の意味論的捉え方は、以上の意味での「モデル」を、これまで「理論」と呼ばれてきたものと同一視することを提案する。理論とはモデルのこと、あるいはモデルの集まりのことである。たとえば、ファン＝フラーセンは次のように意味論的捉え方を導入している。

> 理論の構文論的［＝統語論的］な見方によれば、理論は、それを表現するために選ばれた一つの特定の言語で述べられた諸定理の総体と同一視される。この見方に対して、まず、諸構造からなるあるクラスを、その理論のモデルのクラスと見なすことによる、理論のもう一つの提示法が対置される。この第二の、意味論的アプローチにおいては、理論を表現するために使われる言語は、基本的でもないし、一義的でもない。諸構造からなる同一のクラスは、それぞれ独自の限界をもつ非常に多様な仕方で記述できる。モデルが、中心的な位置を占めるのである。（ファン・フラーセン 一九八六、九三頁）

このことの意義は明らかだろう。最も直截な意義は、理論の同一性基準が明確になるということだ。たとえば、有理数体の公理系に公理を付け加えて実数体の公理

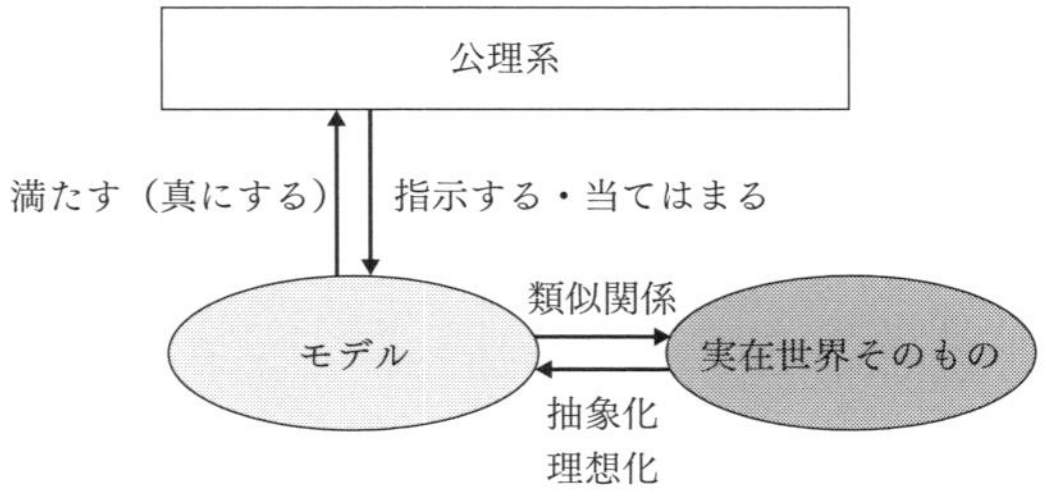

図 6　意味論的捉え方

系をつくる方法は一つではない。付け加えるべき公理は「連続性の公理」と呼ばれるが，どの公理を連続性の公理として選ぶかは一つに決まらない。切断公理や完備性の公理など互いに同値ないくつもの公理がある。これらのうち一つを有理数体の公理につけ加えると，実数を有理数と区別して特徴づけてくれる公理系になる。

ということは，切断公理をもつ公理系も，完備性の公理をもつ公理系も，どちらも実数論の公理系だということになる。二つの公理系は同じ理論（実数論）の違った表現法，同じ理論の違った形式化と考えるべきだろう。だとすると，理論を文の集まりと同一視するのはそもそもおかしいということになる。二つの公理系は，統語論的対象として見た場合，異なる公理を含んでいるから異なる対象になる。それでも，二つは実数についての同じ理論である。ということは，理論とは，文の集合ではなく，「それが表しているところのもの」つまり，モデルと同一視するべきだろう。科学理論を公理系と同一視するのは，理論の同一性基準としては不適切だったということになる。

このように，意味論的捉え方では，指示・充足・真理という意味論的関係は，まず第一に理論（公理系）と集合論的対象としてのモデルの間に考えられる。では，実在世界（あるとして）と理論はどのような関係をもちうるのだろうか。意味論的捉え方は，モデルと実在世界との間に，「前者が後者の理想化されたレプリカになっている」という関係を考える。言い換えれば，モデルと実在システムとの間には「似ている」という関係が成り立つ。[1] ここで，類似性はかなり緩やかに理解されている。その最も極端なケースはモデルと実物の間に同型性（isomorphism）が成り立つ場合だろうが，かならずしもそうでなくともよい。[2] 重要なのは，こうした類似関係は意味論的な関係ではないということだ。実在も，モデルも，どちらも対象である。何かを述べるという機能をもつものではない。類似関係は，フィギュアと実物，虎とライオン，こうもり傘とミシンの間にも成り立つ，対象同士の関係である。

例を挙げて説明しよう。ここで実在システムと呼んでいるものの具体例として，現実の気体をとろう。このとき，モデルは気体分子のビリヤード玉モデル，公理系に相当するのが気体分子運動論を構成する方程式になる。気体を構成する分子は、もちろん大きさをもっているし、お互いに引力や電磁気力をおよぼしあっている。さらに、二酸化炭素や酸素分子のように二つ以上の原子が結合している場合は、回転したり振動（分子を構成する二つの酸素原子が近づいたり離れたりすること）したりもする。さらに原子は、原子核と電子からできているため、内部構造をもつ。単なる「点」ではない。こういう点では、モデル中の「気体分子」と実在システムの気体分子はどこからどこまで同じとは言えない。

さて、気体分子運動論の方程式が厳密に当てはまるのはモデルの方だけである。しかしながら、モデルと実在システムはある点でよく似ている。気体は多数の飛び回る粒子からできている。それから、気体同士はかなり離れているから、分子同士がおよぼしあう力はとりあえず無視できる。また、ヘリウムやネオンのような単原子分子であれば、回転運動や振動も無視できるからさらに似てくる。電子の運動に変化をもたらすにはかなり高いエネルギーが必要だから、ふつうの温度の気体を考えているうちは、気体原子の内部構造もとりあえず無視できる。このように、モデルと実在システムは大事なところが似ているから、モデルを使って、実在システムについて予言したりそれをコントロールしたりすることができる。

まとめよう。公理系が直接に記述するものは抽象的な集合論的対象としてのモデルだが、このモデルは、実在システムを理想化したレプリカになっており、モデルと実在システムの間にはさまざまな程度の類似関係が成り立つ。このことにより、公理系は間接的に実在システムについて、理想化を含みつつ何ごとか近似的に真なことを語ることができるようになる。そして意味論的捉え方では、従来「理論」と呼ばれてきたものを公理系ではなくモデルと同一視しようと提案する。公理系は理論を表象・表現する方法と位置づけられる。したがって、同じ理論を異なる仕方で公理化する、と語る余地が生じる。

意味論的捉え方ではしばしば「モデル」という言葉が二重の意味で使われる。実在システムと公理系を媒介する中間項としてのモデルは、公理系との関係で言えば、公理系の「意味論的モデル」、つまり公理系の諸記号に解釈を与える装置である。同じモデルが、実在システムとの関係では、実物の単純化した模型という意味での「モデル」になる。むしろ、意味論的捉え方はモデルにこうした二重の役割を担わせることによって成立している立場だ、と言うことができる。

(2) 意味論的捉え方の意義

意味論的捉え方の創始者の一人は、ファン＝フラーセンである。このことからもわかるように、意味論的捉え方は科学的実在論とはとりあえず独立の主張だ。しかしながら、意味論的捉え方は科学的実在論のレパートリーを拡げてくれる。すなわち、これまで科学的実在論論争は、主として（近似的）真理や指示のような意味論概念を使って行われてきた。これに対して、意味論的捉え方において、モデルと実在システムとの間に想定される類似関係は意味論的関係、つまり語や文のような表象とそれが表すもの（表象されるもの）との関係ではない。プラモデルと実物の関係のように二つのモノの間の関係である。こうして、意味論的捉え方は、実在論者が自分の実在論的直観を述べる際のレパートリーを豊かにしてくれると同時に、真理とは何か、指示とは何かといった厄介な問題を実在論者がバイパスすることを可能にしてくれる。実際、ロナルド・ギャリー、フレデリック・サッピらは、意味論的捉え方を採用した上で、それを科学的実在論の擁護に用いている（cf. Giere 1988, Suppe 1989, Ruttkamp 2002）。

とはいえ、以下では、まず実在論とは切り離した形で意味論的捉え方の利点をまとめ、次節でこの捉え方が科学的実在論に対してもつ意義について考えよう。

ⓐ抽象化と理想化が理論構築において果たす役割を正当に扱える

意味論的捉え方のもとでは、抽象化（abstraction）とは、実在システムのうちのいくつかの重要なポイントだけを取り出してきてそれをモデル化すること、となるだろう。現実の気体分子はいろいろな量や性質（大きさ、回転モーメント）をもっている。しかし、気体分子のビリヤード玉モデルでは、それらは無視される。

これに対し、理想化（idealization）は、実在システムが物理的に満たすことの不可能な条件を設定し、「もしかりにその条件が成り立っていたなら、実在システムはどのようであっただろうかを考えること」と特徴づけることができる。ビリヤード玉の衝突をモデル化することを考えてみよう。そのとき、実在システムでは玉とビリヤード台との摩擦や空気抵抗をゼロにすることはできない。また、玉にはハスラーや月からの引力も働いている。これもゼロにはできない。理想化とは、もしかりにこうした力がみんなゼロだったら、玉の運動はどうなるかを考えるということに当たる。

理論は、必ずこうした理想化と抽象化を経ている。だから、理論と実在システムとはぴったり同じではない。そういう意味では、理論は実在システムについては「嘘をついている」。この点でカートライトの指摘は正しい。重要なのは、理論がつく「嘘」は、われわれを実在についての知識から遠ざけるようなものではなく、われわれに知識をもたらしてくれるような種類の「嘘」だという点だ。

ⓑモデルは視点・関心に依存するということがうまく組み込める

とは言え、抽象化や理想化はやればやるほど良い、というわけでもないし、モデルと実在システムの類似性を高めていくことだけが科学の進歩の方向だというわけでもない。たとえば、投射されたブーメランが戻ってくるのはなぜかを説明するときに、ブーメランの形状や空気抵抗を無視したモデルをつくって、ブーメランを質点としてあつかうわけにはいかない。このように、どの程度の抽象化や理想化が必要になるかは、理論（モデル）を構築する目的やその用途に相対的に決まる。つまり、類似関係は程度を許すだけではなく、視点・関心に依存する。モデルと実在システムは、そのモデルをどう使うかに応じて決まる、程度とポイントにおいて似ていればよい。つまり、両者は「大事なところが十分に似ている」ことだけが必要なのである。このように、視点・関心によって類似性のポイント（どこが似ているか）と程度（どの程度似ているか）が限定されることはきわめて重要である。なぜなら、あらゆるものがあらゆるものとどこかしらが似ているため、限定なしの類似性は空虚な概念になってしまうからだ。

二　科学の多様な表象戦略と意味論的捉え方の拡張

ところで、意味論的捉え方には公理系アプローチの残滓とでも言うべき或る偏りがあり、そのために「モデル」という第三項を導入した利点が十分に活かし切れていないきらいがある。それは、すでに指摘したこの捉え方の特徴、つまり「モデル」という語の二重性に関係している。「モデル」は公理系に対しては、意味論的モデルの役割を果たす。つまり、公理系に現れる記号への付値を与える。一方、実在システムに対しては、ふつうの科学者が言うところの「モデル」の役割を果たす。つまり、実在のレプリカとしてのモデルである。意味論的捉え方は、この二つを重ね合わせたところに新味があった。

しかし、このままでは、モデルと公理系とのつながりが強すぎるように思われる。そのため、結局のところ公理系や文の集合として捉えられたかぎりでの「理論」に、諸表象の中で特権的な地位を与えてしまっているのではないだろうか。そこで、次のように意味論的捉え方を強化することを提案しよう。まず第一に、科学の目的を真なる理論をつくること、から「実在と重要な点で似ているモデルをつくること」へと捉え直す。その上で、モデルはさまざまな媒体によって表象しうるものであり、言語を用いて公理系という仕方で表象するのは、その一つのやり方にすぎないと考える。

すでに明らかなように、理論の意味論的捉え方に立つ限り、モデルそのものは言語的対象ではない、すなわち表象ではない。公理系が表象するものであり、モデルは表象されるものとされている。しかし、科学におけるモデルを表象するものは公理系に限らないのではないだろうか。じっさいのところ、科学のモデルは、文・グラフ・表・絵・計算機プログラム・写真・アニメーション・3D模型など、多様な媒体で、おそらく部分的に、不完全に表象されている。モデルは、公理系によって表象することもできるかもしれないが、そうである必要はない。公理系アプローチでは理論を文の集まりと考えるため、文以外の表象は、本来は文で表象されるはずのものの理解を助けるために使われる補助手段にすぎないということになってしまう。

さらに重要なのは、それぞれの表象の仕方のどれ一つとして、それだけで理論のすべてを完全に表象し尽くしていると考える必要はないということだ。たとえば、ナトリウム・ポンプがどう働いているかについての理論をまるごと表している一種類の表象などありそうにない。それは、さまざまな図やグラフや文、方程式などによってそれぞれ部分的に表象されている。理論を学ぶということは、こうした複数の表象のつながりをマスターすることだと考えることができる。

このように、モデルを表象する仕方の多様性を前提すると、逆に、初期の科学哲学で、なぜ公理系という表象の仕方に特権的な重要性が与えられたのかがわかる。モデルは特定の視点・用途に相対的にではあれ、実在と重要な点で似ていることが求められる。しかし、それをどうやって知ればよいのだろうか。そのモデルから何が言えるかを引き出して、それをさまざまなチェック（典型的には実験）にかける他はないだろう。二〇世紀初頭において、「そこからなにが言えてなにが言えないか」を最もコントロールされた形で探究できる方法が与えられていたのが公理系だったのである。

しかし、現在では「モデルから何が出てくるか」を調べるさらに強力なツールがある。たとえば計算機がそうだ。

計算機モデルは、ここでの言い方に直せば、「計算機プログラムという仕方で表象されたモデル」ということになるだろう。モデルを計算機プログラムとして表象しておいて、プログラムを実行し、そこから何が出てくるかを見ることによって、モデルから予言・帰結を引き出すことができる。しばしば、人間の情報処理能力によっては引き出すことが不可能な帰結を引き出すことすらできる。(3)

場合によっては、絵という仕方で表象した方が生産性が高いこともある。たとえば地図は、実在の大陸がどんな形をしているかについてのモデルを絵として表象したものである。アルフレッド・ウェゲナー（Alfred Wegener 一八八〇〜一九三〇）は、その大陸の絵を切り取って重ね合わせたり並べたりする、という操作を行うことによって、大陸移動説という仮説を形成した。人間の認知的特性を踏まえて、どのような表象が、どのような操作に適しており、それゆえ科学のどのような作業に向いているかを調べることは、意味論、認知科学、科学史、科学哲学の共同研究のテーマとして有望だろう。

このように多様な表象戦略を取り込む方向に拡張された意味論的捉え方の最大の利点は、生物学や心理学などの、これまでの公理系アプローチに馴染まなかった、基本法則を欠く「メカニズム探究型」の科学が正当に扱えるようになるという点である。じっさい、これらの科学では、「理論」や「法則」よりも「モデル」概念を用いて分析する方が現実に即している。これらにおいては、上位レベルに見いだされる、機能・パターン・因果的規則性を実現する下位レベルのメカニズムを特定することが重要な課題である。たとえば、シナプスはどのようにしてニューロンからニューロンへと情報を伝達するのか、蝶の翅の目玉模様はどのようにしてできるのか、等々。

そして、さらに重要なのは、こうした実現メカニズムの特定がそのまま、上位レベルの機能・パターン・因果的規則性に対する説明を与えているという点である。「どうしてそうなるのか」への答えが、普遍法則に包摂することによって与えられることもあるだろう。しかし、多くの場合われわれはそれを実現しているメカニズムをつきとめようとするし、それが成就したときに「説明が与えられた」と思うのである。

また、実現メカニズムの特定による説明は、同時に「還元による説明」でもある。その理由は次のように与えられる。実現メカニズムは原因の特定ではない。原因の特定がいわば、結果と同一レベルにある因果連鎖をたどっていくことなのに対し、実現メカニズムの特定には、機能分解（あるいはタスクアナリシス）が含まれる（cf. Piccinini & Craver 2011）。視覚のモデルを例にとろう。二次元の網膜像を入力とし三次元の知覚を出力するシステムがある。そのシステムは「どのようにして」その計算をやっているのか。これが実現メカニズムによる説明を求める問いである。この問いに答えるには、その計算を、さらに細かなステップに分けていく必要がある。このサブ機能は、通常はそのシステムの（何らかの意味での）部分が担当しているのだろうと想定される。こうして機能分解は、全体・部分の階層を下に降りていく過程を含む。

ただし、ここで注意しなければならないことがある。とくに生物学の場合、実現メカニズムのモデルは、いくつものレベルにわたる対象のハイブリッドになることがほとんどである。たとえば、シナプスにおける情報伝達のモデルを考えてみよう。それは通常、一枚の絵によって表象される。そこには二つのニューロンという細胞、シナプス小胞という細胞内小器官、レセプターや電位依存性カルシウム・チャンネルのような高分子、カルシウムイオンやナトリウムイオンのような原子など、さまざまな階層に属する対象が登場する。一方、説明にとって関連性をもたない部分はブラックボックスとしてほうっておかれる。このような複数レベルにまたがる不完全なモデルを構築することによって、シナプスにおける情報伝達がどのように実現されているかが説明される。こういう仕方で、モデルはいくつもの階層を縦に貫くものになる。

このようなモデルじたいのもつ間レベル性を念頭に置き、しかもそうしたモデルを構築することが科学の目的だとするならば、「レベル間還元」ということを根本的に考え直さねばならないように思われる（菅原 二〇一四参照）。

間レベル的モデルを構築することによって、じつはすでに還元は果たされているのである。ただし、そのようにして構築されるモデルは、シナプスにおける情報伝達のモデル、軸索内における情報伝達のモデル、内分泌系における情報伝達のモデル、といった具合にローカルなものである。重要なのは、そうしたローカルなモデルを貼り合わせていくことだ。或る単一レベル内で「生物学理論」ができ上がった暁に、それを「物理学理論」にどう還元するか、という問題設定がいかに現実離れしたものであるかはもはや明らかだろう。こうした還元のイメージは、科学を形式化された理論＝公理系を構築する作業と捉えた上で、自然の階層を言語階層に重ね合わせ、還元を翻訳の一種と捉えることによって生じた幻にすぎない。むしろ、還元は説明の一種であり、科学の中心的な活動、科学の駆動力の一つであり、理論化（theorizing）が終わってから二つのレベルをつなぐためのものではない、と考えるべきなのである。

だとすると、認知心理学を脳科学に還元できるかどうか、還元されてしまうのなら認知心理学には自律性はないのではないか、といった従来型の心の哲学の問題設定は、かなり的外れなものなのではないかと思われる（戸田山二〇〇九）。自律性を保ちつつ、化学、物理学とつながる少なくとも一つの仕方を生物学が例示してくれている。同様のことは心理学研究にも可能なはずである。高次の心理学も、実現メカニズムの特定＝還元を通じて、脳科学的知見から下からの制約をとりこみ、逆に脳科学の研究に上からの制約を課す道を探り、さらなる探究を促す発見法を開発することが可能だ。

三　ギャリーの構成的実在論と観点主義

さまざまな視点や用途に応じて、さまざまな理想化と抽象化を被った複数のモデルがありうる。しかし、類似関係を程度と目的依存性をもつものと考えれば、それはあくまでも「一つの実在システム」のモデルであると言うことができそうだ。これが、意味論的捉え方が科学的実在論に対してもつ最大の意義だろう。ギャリーはこの論点を強調した意味論的捉え方の新バージョンを提案し、それを構成的実在論（constructive realism）と名づけた（Giere 1985, 1988）。近年ではそれをさらに展開させた観点主義（perspectivism）を主唱している（Giere 1999, 2006）。

（1）構成的実在論と構成的経験主義

「構成的実在論」という名は、もちろんファン＝フラーセンの「構成的経験主義」から来ている。ギャリーは自分の立場を、構成的経験主義の実在論的代替物と位置づけている（Giere 1988 p.93）。両者に共通しているのは次の洞察である。科学者たちはモデルを構成して自然を理解しようとする。モデルは人間が構成した人工物である（社会的に構成されるとすら言ってもよい）。その際、自然は、どのようにモデルを構築したら自らを最も良く表象できるかについて、われわれに直接教えてくれるわけではない。ギャリーは、この洞察を実在論者が取り込んではいけない理由はないと述べている。構成的実在論と構成的経験主義の違いは、こうしたモデルの類似性の強さにある。

理論的仮説は、特定の理論的モデルとそれがターゲットにしている特定の実在システムとの間に類似性が成り立っていることを主張している。すでに見たように、類似性概念は、そのポイント（どこが似ているか）と切り離すことはできない。そして、実在論者と反実在論者を分かつものは、類似性のポイントとしてどこまでを認めるか、という点である。概して、実在論者はこの点に関してリベラルであり、反実在論者はより限定的になる。頑固な反実在論者だったら、いかなるポイントにおいてもモデルと実在システムは似ていないと言うだろう。つまりモデルはそもそもレプリカではない。逆の極端として、両者があらゆるポイントにおいて類似しているという立場も（論理的には）ありうる。ギャリーはこの立場を「無制限の実在論（unrestricted realism）」と呼んでいる（Giere 1988 p.96）。しかしこの立場はあまりに現実離れしている。たとえば、ビリヤード玉モデルを使うからといって、気体分子にカラフルな色が塗られているわけではない。このように、モデルの諸側面のいくつかは実在システムに対応するものをもたない。そして、その線引きを形式的基準としてあらかじめ与えておくこともできない。

構成的実在論も構成的経験主義も、これらの立場を両極端とするスペクトラムの間に位置する。この意味で、構成的実在論は「制限された実在論（restricted realism）」ということになる。モデルのすべての側面について、実在システムとモデルとの類似を主張するわけではないからだ。そして構成的経験主義は、類似性をさらに限定しようとする。つまり、類似性のポイントを世界の観察可能な側面に限る。ファン＝フラーセンの言い方を借りれば、仮説はモデルの「経験的サブ構造（substructure）」についての主張に限られるべきであり、経験的十全性が要請するのはそこまでである。残りの、理論的サブ構造は「受容」されるかもしれないが、実在システムと類似していると信じるべきではない。これに対し、構成的実在論は、実在システムとモデルの類似ポイントを、観察可能／不可能の境界を超えて拡張しようとする。

ギャリーとファン＝フラーセンの間にはもう一つの大きな違いがある。ファン＝フラーセンは、経験主義という哲学的立場によって、類似性のポイントをどこまで許容するかをあらかじめ限定できると考えている。ギャリーはこうしたアプリオリズムをとらない。

それ［＝構成的実在論］は、科学的モデルのどの側面が実在システムの特徴に似ていると主張できるかあるいはできないかについて、一般的でア・プリオリな制限を課そうとするいかなる試みをも斥ける。そして経験主義者が実在の観察可能な側面に限定しようとするのは、この試みの典型例である。(Giere 1988 pp.97–8)

(2) 意味論的捉え方と科学的実在論の擁護

すでに指摘したように、理論とは何かという問いに対して、公理系アプローチをとるか、意味論的捉え方をとるかは、実在論・反実在論の選択とは独立である。したがって、意味論的捉え方の導入により、それだけで実在論が論争において有利になるわけではない。しかし、文と近似的真理という概念装置に代えて、モデルと類似性を採用する（ギャリーの立場は「真理のいらない実在論（realism without truth）」だと言ってもよい。cf. Hackenberg 2009）ことにより、実在論者は反実在論からのある種の批判に答える新しいリソースを手に入れるのも確かである。ここでは三種類の実在論批判に、構成的実在論がどのように応答できるかを見ておこう。

ⓐ近似

科学において、近似（approximation）が果たしている役割を考慮に入れる限り、実在論者は、仮説や理論は文字通りに真であるとか、文字通りの真理を科学は目指しているとはとても言いがたい。こうして、論争に「近似的真理」の概念が導入されたのだった。しかし、この概念を明確化することに実在論者は成功しなかった、と言うのが公平だろう。そもそも、近似的真理は真理の一種なのかと問うことすらできる。近似的真理は、正確には真理ではないということを含意する。ならば、それは偽の一種ではないか。こうして、科学において中心的な近似をうまく扱うことができない以上、実在論は欠陥がある、とされる。

しかし、近似的「真理」の概念に正確な定義を与えることができないということが、科学に近似が重要な役割をもたないということを意味しないのは明らかである。近似を文やその真理という観点から分析しようとすることが的外れだったと考えるべきである。当然のことながら、ギャリーは、科学における近似を、モデルと実在システムの類似性に訴えて理解すればよい、とする（Giere 1988 p.106）。その利点は二つある。もちろん第一に、近似的真理なる厄介な概念を導入しないで済むこと。第二に、近似にはそもそも、ポイントにおける近似と、程度における近似の二つの次元があるのを、類似性に訴えることによってきちんと扱えるようになる。近似的真理の概念はこの二つの次元を覆い隠してしまう。

ⓑ悲観的帰納法

悲観的帰納法は、成功していたがラディカルに間違っていた理論の実例から議論をスタートさせる。ここで「ラディカルに間違っていた」理論とは、何が存在するのかのレベルで間違っている理論のことだった。こうした議論の全体は、まず真理と間違いという軸に沿って定式化され、なおかつ、近似がもっぱら程度の問題であるという前提のものでなされていることに注意しよう。何が存在するのかについては真で、その性質について一部間違えていたなら、近似の程度は高く、何が存在するのかにおいて間違いを含んでいれば、近似の程度は極めて低いか「ラディカルに間違っている」ことになる。

しかしながら、近似的真理という概念装置に代えて、モデルと世界の類似性という概念装置で、こうした事例を考え直すなら、ことがらは違った相貌を呈する。ポイントにおける類似という次元が理論の評価に加わるからだ。たとえば、エーテルがあろうがなかろうが、電磁場の振る舞い（実在システム）と、エーテルの振る舞い（モデル）とは、多くのポイントで似ている。この意味で、エーテル理論は電磁場の近似なのである。

もちろん、エーテルが存在しないという事実は、モデルと実在システムの間に強い類似性を認めがたくするポイントではある。このため、歴史的にはエーテルモデルは捨てられることになった。しかしこのことは、エーテルモデルと実在との間の類似性に関する、すべての主張を拒否する根拠にはならない（Giere 1988 p.107）。

ⓒ形而上学的実在論

パトナムは、形而上学的実在論と彼が呼んだものを批判し、科学的実在論は形而上学的実在論を招来するがゆえに、やはり斥けられるべきだと論じた（Putnam 1981 p.49）。形而上学的実在論とは、世界がどうなっているかについてのたった一つの完全で真なる記述があるとする立場である。形而上学的実在論がこのようなものだとするなら、それはパトナムの言うとおり不整合な立場だろう。おそらく世界全体について語るような理論には、論理学で言うところの非標準モデルが存在するからだ[4]。つまり、そのような理論は複数の同型でない構造によって真になる。だとすると、理論はこの世界がどういう構造なのかを一意に指定できないことになる。世界の「たった一つの完全で真なる記述」なるものは絵に描いた餅にすぎない。

まずこの議論が、理論を文の集まりと見なす公理系アプローチの枠内で行われていることに注意しよう。したがって、同じく公理系アプローチに立つ科学的実在論が、同時に世界の究極理論を科学の目的に算入するなら、たしかに科学的実在論は形而上学的実在論につながるという批判は当たっている。しかし、公理系アプローチを排する立場（ギャリーの構成的実在論はもちろんその一つ）ならば、必ずしも形而上学的実在論を招くとは限らない。科学は、（世界全体ではなく）限定的な実在システムに対して、さまざまな異なるポイントにおいてさまざまな程度に類似している複数のモデルを構成する営みだと考えるなら、これらのモデルに対して実在論的な解釈をとったところで、形而上学的実在論につながることはない（cf. Giere 1988 p.98）。

(3) 観点主義への展開

ギャリーは、以上のような構成的実在論に「観点（perspective）」という概念を導入することでさらに展開し、自ら「観点主義」と名づけた独自の立場を展開している。観点主義は一九九九年の『法則のない科学』で萌芽的に導入され（Giere 1999 pp.212–5）、二〇〇六年には『科学的観点主義』という著書にまとめられた（Giere 2006）。

観点主義は、大雑把に言えば次のような立場である。科学のモデルは、特定の観点から選択された実在のある局面だけを表象する。(5) 世界全体のあるがままの表象というものをわれわれは持ちえない。われわれが持ちうるのは、人間の特定の観点から見られた世界の断片・一局面についてのモデルである。この観点は、われわれの実践的関心に左右される。表象関係は二項関係ではなく、SがWをPのためにXをもちいて表象している、という四項関係として理解しなければならない。

ギャリーは、色の知覚、科学における観察、科学理論（モデル）の三つの段階を踏み、すべてが同じ構造をしていることを確認することで、観点主義を導入すると同時に正当化している。常識的には、色はものの側の性質のように思える。たしかにわれわれは、「このミカンはまだ青い」などと言う。しかし、色覚の科学が明らかにしたことは、物体の色は物体に内属する固定した性質ではないということだ。むしろ、物体の表面の物理・化学的性質と人間の知覚システムがある光条件のもとで相互作用した結果が色である、と言うべきだ。その証拠に、この三つのどれを変えても物体の色が変化する。色はわれわれの知覚システムという観点に依存する。しかし、これは色が客観的でないということを意味するわけではない。ほとんどの人は、特定の光波長域に似たような特定の反応をする。典型的には「青い」と口に出す。たしかに、客観性は世界だけの性質ではなく、むしろ世界とわれわれの神経系とわれわれの慣習と学習の歴史の相互作用の産物ではあるが、このように観点主義は客観性と両立可能である（Giere 2006 chap.2）。

次いで、ギャリーは、科学における観察・観測についても観点依存性が当てはまると主張する（Giere 2006 chap.3）。ほとんどの科学的観測は装置を媒介したものである。装置の主要機能は、世界のある側面についての測定の客観性を高めることにある。しかし、装置を介したからといって、観察が観点依存的でなくなるわけではない。すべての装置は、世界からの刺激のごく限定された範囲にのみ反応するにすぎないからである。たとえば、顕微鏡や望遠鏡は電磁波にだけ反応し、宇宙線やニュートリノには「盲目」である。人間の視覚システムが可視光線にしか応答しないのと同様に、カメラだってフィルムもしくはセンサーが扱える波長にしか応答しない。こうして、われわれの知覚がつねに特定の観点のものからのものであるのと同様に、装置を介した観察も、特定の観点からのものに他ならない。

そして、この観点はわれわれの実践的関心に応じて異なりうる。ギャリーが例に挙げるのは脳画像である（Giere 2006 pp.49–58）。ｆＭＲＩによる画像は、活動中の脳そのもののスナップショットのように見えるが、実際は計算機内で処理されたデータを脳の構造画像に何重にも重ね合わせた、かなり媒介されたものである。最終的な画像は、人間が肉眼で見て違いがわかるように加工されたものなので、まずは人間の視覚システムによって制約されている。さらに、パラメータをどう設定するかによって、最終的な画像はかなり異なる。どのように最終的な画像をつくりだすかは、さまざまなトレードオフの結果である。ということは、脳を正確に表象するただ一つの最良なＭＲＩ画像などない、ということである。いろいろな画像処理の仕方があり、それぞれ利点と欠点がある。どれを選ぶかは、われわれの実践的関心つまり研究目的によって異なる[6]。

最後にギャリーは、知覚と観測について成り立つ観点依存性は、科学の理論化（モデルの構成）にも当てはまると主張する（Giere 2006 chap.4）。彼は、モデルのプリミティブな例として地図を用いながら、次のように述べる（Giere 2006 pp.72–80）。地図に真偽を問うことはない。むしろ問われるのは正確さ、効率性などである。知らない土地を訪れたときに、迷わずに目的地に行けるか、ルートを簡単に見つけられるか。このように、地図は人間のある特定の目的のために構成される。地図は、目的に応じて、特定の特徴を特定のスケールで強調するためにある。道路地図では道路は実際以上に太く描かれている。一方で、地図は表象的でもある。つまりそれは「何かの」地図である。しかし、地図は不完全な表象である。すべての細部を網羅した世界全体の地図はありえない。それは世界そのものになってしまうだろう。

以上のことはモデル一般に当てはまる。モデルを評価する軸は真偽ではない。正確かどうか、あるいは役に立つかどうかである。このためには、モデルが実在のある側面に何らかの観点で似ていればよい(7)。

これら三つの場合に共通しているのは、次の点である。知覚も観測もモデルも、われわれの反応を世界にマッピングするためのものだと言える。しかし、それはあるがままの客観世界との対応づけではない。ある観点から眺められた世界との対応づけである。この意味で、この三者は徹底して観点依存的なのだ。そして、観点は、人間のもって生まれた神経系、作りえた観察装置、研究目的のような社会的偶然性によって制約されている。

以上がギャリーの観点主義の概要である。いくつかの不満はある。まず第一に、コアにある「観点」という概念がかなり融通無碍に使われていることは否めない。色覚と科学的モデルの話では、かなり異なるものが「観点」と呼ばれているように思われる。第二に、構成的実在論と比べて、観点主義はかなりプラグマティズムおよび構成主義の色彩を強めている。観点主義がまだ実在論の一種と言えるのかはかなり微妙な問題だろう。実際、ピーター・リプトンは『サイエンス』誌上での（Giere 2006）の書評において、観点主義を客観主義者に対する意味での構成主義者の系譜に連なるものと位置づけている（Lipton 2007）。

一方、ギャリーは観点主義によって、科学的実在論論争の背景に隠れながら潜在していたある重要な問題を再び顕在化させたとも評価できる。長らく科学的実在論論争は、われわれは科学的言明のうちどこまでを根拠をもって信じることができるか、という問題だと考えられてきた。反実在論者はそれを観察言明に限定しようとし、実在論者はもうすこし広い範囲にコミットできると主張してきた。これに対し、ギャリーが構成主義という要素を強調することによって表に出してきた問いは次のような問いである。科学のモデルはわれわれが構成したものである。われわれが構成したものであるから、われわれの認知リソースや歴史的経緯に制約されている一方で、その制約内では自由度もある。一方で、モデルは実在システムの構造を何らかの意味で「写し取った」ものだとも考えられている。こうしたモデルの構成的性格と表象的性格をどのようにしたら両立させることができるだろうか。ギャリーは観点主義によって、この問いに答えようとしたものと考えることができる。そして、その方向性は筆者には正しいものに思われる。次章では、ギャリーの発想に学びつつ、これまでの各章で扱ってきた科学的実在論の諸立場を結び合わせることにより、この問いに答えることのできる、ミニマルな実在論のバージョンを描き、その実在論でわれわれは十分満足することができることを示そう。

第12章　擁護に値するミニマルな実在論

前章まで、われわれは科学的実在論論争の展開を辿ってきた。論争の過程で、論点はさまざまに分岐し、実在論も反実在論も一枚岩の立場ではなくなり、私見ではこの論争は現在のところ膠着状態にあって、それをどう乗り越えたらよいのかが見失われているように思われる[1]。われわれには何らかのブレイクスルーが必要だ。

こうした現状において、筆者にはチャクラヴァティの半実在論とギャリーの構成的実在論が、論争の到達点を示しているように思われる。そこで本章では、構成的実在論の立場から出発して、その利点を再度明確に定式化し若干の擁護を試みるとともに、半実在論が見出した重要な論点を構成的実在論の中に位置づけることで、擁護すべきミニマルな科学的実在論を提示する。

一　構成的実在論をさらに展開する

(1) 構成的実在論の再定式化

構成的実在論のコアは、科学理論についての公理系アプローチをモデルアプローチに置き換え、それにともなって、真理を類似性に置き換えることにある。すでに述べたように、科学的実在論論争にモデルアプローチを導入したのは、反実在論者のファン＝フラーセンだった。これについてギャリーは、ファン＝フラーセンは論理実証主義のくびきから経験主義を解放したときに、意図せずに自分が忌み嫌う実在論も同時に解放してしまったのだ、と述べている（Giere 1999 p.174）。「論理実証主義のくびき」とは、科学についての哲学的分析は言語分析に他ならない、という前提である。そうではない。科学で重要なのは言語形式ではなくモデルである。科学にはそれを分析するための特定の標準的言語はない。こうして、ファン＝フラーセンは、科学哲学を言語の一般問題から解放してくれた。

ギャリーが述べているのは、これが同時に、実在論者が自分の実在論的直観を定式化する際の自由度を高めた、ということである。構成的実在論は次のようないくつかの主張の集まりである（cf. Giere 1999 ch.9）。まず、構成的実在論と構成的経験主義の双方に共通した主張を挙げよう。

(i)普遍的自然法則があって、それを真なる一般言明によって表現できるとは考えない。むしろ科学はモデルを構成し改良していく営みとして捉えることができる。

(ii)モデルは、方程式、図表、計算機プログラムなどさまざまな仕方で表現される、それじたいは抽象的な対象である。つまり、本の上のインクの染みとか、計算機のメモリ内にたくわえられた磁気のパターンのような具体物ではない。そのような具体物によって表されている「何か」である。

(iii)モデルは、たとえば方程式によって定義される。そのため方程式によって明示的に特定された性質のすべて、そしてそれだけをもつ。したがって、たとえば調和振動子のモデルが方程式を完全に満たすかといった問題は生じない。定義によりモデルはそれを定義する方程式を満たすからである。

では、モデル（たとえば調和振動子）と実在システム（実物のバネ、振り子、振動する分子）との関係はどうなるのだろうか。構成的実在論と構成的経験主義に共通するのは、

(iv)モデルは抽象化と理想化を含む。モデルのターゲットになっている実在システムはそのモデルに類似している。

という言い方である。これは、モデルと実在システムとの関係を述べているので、ある種の理論的仮説だと見なすことができる。

ここに現れる「類似」をどう解釈するかで、(iv)はさまざまな程度の経験主義と実在論を生み出す。たとえば、モデルを、あらゆる点で世界全体の細部まで忠実なレプリカであると解釈すると、かなり極端な実在論になる。ファン＝フラーセンは、こうした立場を実在論と見なして批判しているようにも見える（ファン・フラーセン 一九八六、一三三頁）。しかし、そもそもこのような実在論はとても採用することができない。たとえば、調和振動子モデルと現実のバネはこのような極端な類似関係に立てない。調和振動子は永久に振動し続けるが、現実のバネはいつか必ず止まる。さらに、地球上のバネにはコリオリの力や遠心力も働いている。また、モデルを用いた計算結果をすべて採用せず、ある種のものは物理的に意味がないといって捨てている科学者の実践とも整合しない。

さらには、調和振動子モデルはニュートン力学にもとづいている。そして、もし相対性理論が正しい（それがどういう意味であれ）とするなら、この世界にはそもそも調和振動子モデルとぴったり一致する実在システムはありえないことになる。というわけで、実在システムはモデルによってあますところなく正確に捉えられるという主張は放棄しないといけない。

もう一方の極端が、ファン＝フラーセンの構成的経験主義である。構成的経験主義は(iv)をきわめて制限的に主張する。「類似」をモデルの観察可能な側面に限定するというわけだ。すでに第5章で指摘したように、ファン＝フラーセンは、何が観察可能であるかを、語彙の分類（観察語と理論語）で行えるとは思っていないので、モデルから「経験的サブ構造」を取りだし、観察可能な事実に類似するなんらかの経験的サブ構造をもつことだけをモデルに求める（あるいは許す）。この条件が「経験的十全性」に他ならない。

これらの両極が張るスペクトラムの中間に構成的実在論が位置する。「類似」をファン＝フラーセンの捉え方より広くとって、実在システムの直接観察が不可能な部分についても、モデルとの類似性を語ることを許す。そして、類似の程度も、極端な実在論より弱い類似性を認めることで緩和する。そうすると、問題は「類似の程度」をどう捉えるかである。

公理系アプローチにもとづいて議論をしていた実在論者も、「パーフェクトな真理」では自分たちの立場をあまりに極端なものにしてしまうことにはもちろん気づいており、だからこそ「近似的真理」という概念を導入した。真理には度合いがあって、近似に成功するほどパーフェクトな真理に近づくというわけだ。これをモデルアプローチのセッティングで再現しようとすると、次のようになる。モデルの系列を考える。その系列の終点にあるモデルは実在システムにぴったり一致する。系列において終点から遠ざかるほど、モデルは実在システムとの類似度が下がる。逆にいえば、終点にあるモデルに近づくほど、よい近似だということになる。しかし、このようにして近似とは何かを説明することはできない。すでに述べたように、相対論が正しければ、実在システムに正確に当てはまるニュートン力学的モデルはない。だとすると、実在システムを近似しているニュートン力学的モデルはありえないことになってしまう（cf. Giere 1999 p.179)。

調和振動子のニュートン力学的モデルが現実のバネ振り子を近似しているとは、おおよそ次のようなことだろう。バネ振り子の変位や周期など、いま或る観点から注目している実在システムの示す値は、振動開始後の最初のうちは、そのモデルを使って果たそうとしている目的に照らして十分に小さな誤差でモデルの値と一致する。ここで重要なのは、モデルがどういう観点に照らして、どの程度実在システムに類似しているかである。決して、理想的モデルとの遠近ではない。

そこで、理論的仮説は次のような一般形式を持つと考えよう（Giere 1999 p.179）。

(iv′) モデルのターゲットになっている実在システムは、特定の観点に照らして、特定の程度まで、そのモデルに類似している。

観点と程度を明示的に指定したということが、ギャリーの最も大きな貢献である。のちに、自分の立場を「観点主義」ないし「観点主義的実在論（perspectival realism）」と呼ぶようになったのも当然だろう。これらを明示化することによって何が可能になったのだろう。まず第一に、これによって、理論的仮説が空虚な主張になることが避けられている。およそいかなるものも、何らかの点で他のものと似ている。そうすると、すべてがすべてに類似していることになる。このような類似性のインフレに、観点と程度の特定が歯止めをかけている。また、観点というパラメータが陽に言及されることで、同じ実在システムに対して、観点を異にする複数のモデルが許されることになる。これらのモデルは互いに両立しないかもしれないが、それぞれ異なる観点において実在システムと類似している。第三に、観点が異なれば、それぞれのモデルがもつ認識論的徳（epistemic virtue）もさまざまであることになる。[2] モデルを評価する尺度はさまざまである。正確さ、厳密さ、計算の簡便さ、スコープの広さなど。これらはときには互いにトレードオ

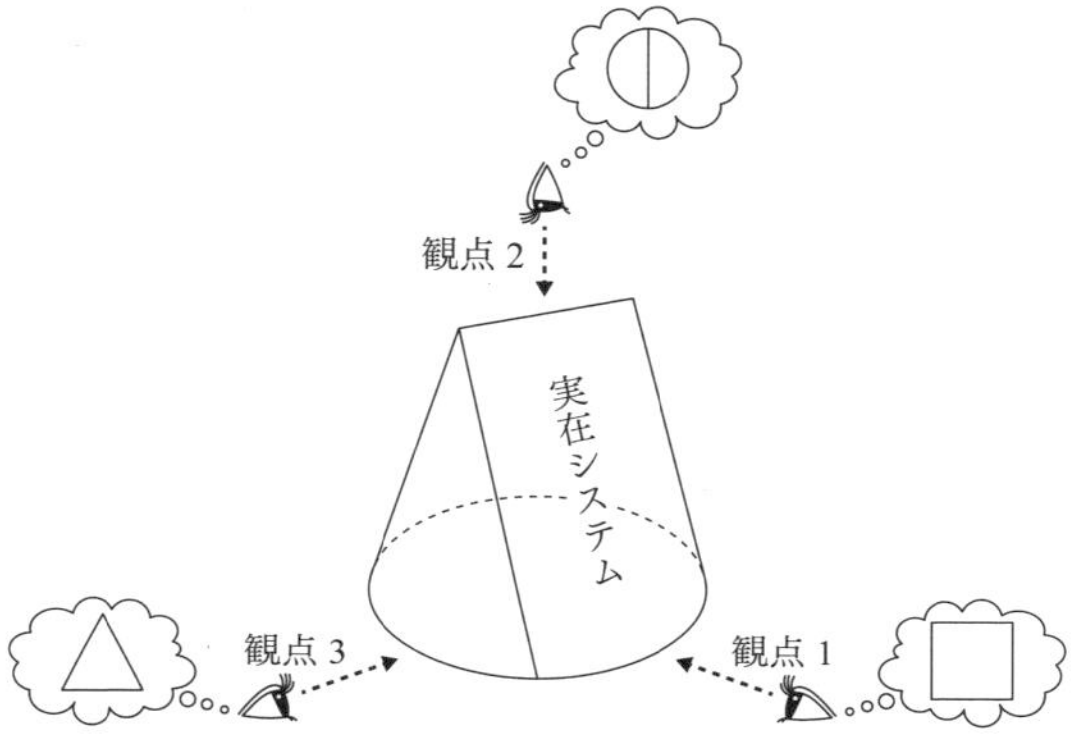

図 7　観点主義の考え方

フの関係にある。こうした多様な、もしかしたら両立しない認識論的徳をどうしてわれわれはモデルに要求するのか。多様な観点を許すことで、こうした問いに答えることもできる。

構成的実在論の立場に立つならば、科学はさまざまな観点と程度において実在システムに類似したモデルを構成することで、世界のさまざまな側面を部分的かつ不完全に（つまりある程度の歪みを含みつつ）表象している、ということになる。だとするなら、科学的世界像は普通考えられている以上にメタファーに近いことになる（第10章第二節参照）。メタファーこそ、対象を歪ませつつ重要なことを述べる言語使用だからだ。プラントルの二層モデルを思い出そう。二つの基礎方程式がある。しかしいずれも、現実の水の流れには当てはまらない。当てはめたらどちらも嘘になってしまう。嘘なのだが、うまくモデルを構築すると、このモデルには方程式を当てはめることができる。モデルのある部分にはナビエ＝ストークスの方程式が、別の部分には理想流体の方程式が当てはまる。そしてこのモデルじたいも、実在システムのありのままではない。現実の水の流れは、二つの層にきれいに分かれていない。

同様に、「うちの社長はとんでもないタヌキだ」というのは社長について嘘のことを言っている。社長はヒト（ホモ・サピエンス）であってタヌキ（ニクテレウテス・プロキオニデス）ではないからだ。しかし、このメタファーは社長について何かしら正しいことを言ってもいる。モデルと実在システムの関係は、メタファーとターゲットの関係と並行している。こういう仕方で、科学的世界像はモデルを通して実在に「当たらずといえども遠からず」のことを言うことに成功しているように思われる。このようにして、ブラック、ヘッセの先駆的なモデル＝メタファー論は、構成的実在論に無理なく回収することができる。

（2）構成的実在論の強さを測る

以上で図式化したように、構成的実在論は、極端な実在論と構成的経験主義の間のかなり広い領域をカバーしている。類似性の観点として何をとるか、どの程度の類似性を求めるかに応じて、構成的実在論にはさまざまな強さのバージョンがありうる。だとすると、これらのうちどれをとるべきかについて議論をする必要があるのだろうか。そうではない。いろいろな強さの実在論を包含でき、極限的ケースとして構成的経験主義さえ包含できるのが構成的実在論の強みだからだ。まず、科学者が現に「現象を救う」ことだけを目的としてモデルを構成することはありうる。古くは、ギリシアの天文学における周転円モデルがその例に当たるだろう。また、コペルニクスの『天球回転論』に序文を寄せたオジアンダーは、コペルニクスのモデルを計算の便宜として正当化しようとしている（コペルニクス 一九九三参照）。

また、モデルに含まれるいくつかの要素について、実在システムに対応物をもたないことを承知の上で、モデルを構成し使用することも頻繁にある。たとえば、物性物理学における正孔は、あたかも正の電荷をもった粒子のように扱われるが、「本当」は半導体において電子で満たされているべき領域の電子が不足した状態を表している。半導体中では、周囲の電子が正孔に落ち、別の場所に新たな正孔を生じる過程がくり返されて、あたかも正孔が正の電荷をもった移動粒子のように振る舞う。しかし、このモデル全体がある観点から半導体をある程度の類似性をもって表象しているかぎり、正孔が電子のようには実在システムに対応物をもたなくとも、問題にはならない。

さらに、陽電子（positron）のように、負エネルギーの電子によって満たされた真空（ディラックの海）にできる「穴」として仮想的に導入されたのちに、検出に成功し対象として存在することが認められたケースもある。

このように、モデルのさまざまな要素について、実在システムに対応物をもつのかもたないのか、大雑把に言えば、個々のモデルがどのような観点からどの程度実在システムに似ているのか、似ていればよいのかについては、あらかじめ確定した答えはない。この種の問いはケース・バイ・ケースに答えを出す他はなく、答えを出せるのは科学者である。それぞれのケースでどれをとるかは科学内の論争なのだ。科学に先立って、もしくは科学の外部から哲学が決着をつけられるような問題ではない(3)。

そうすると、構成的実在論はかなり穏健な立場である。それは、普遍主義を捨てている。つまり、いかなる時代のいかなる分野のいかなる科学者の実践にも当てはまる単一の科学の捉え方は存在しない。しかし、ときに科学は、観察可能な領域を超えて実在システムに類似したモデルをつくることを目指すのであり、われわれには科学がそれに（しばしば）成功してきたと考える合理的な理由がある。この程度の実在論的信念が正当化されれば、筆者には十分に思える。その意味で、構成的実在論は、われわれに必要な限りでのミニマルな実在論、擁護するに値する最小限の実在論を与えてくれている。

（3）構成的実在論をとるべき理由はあるか

ここまでは、構成的実在論がどのような主張なのかを明確にすることに努めてきた。それでは、反実在論ではなく構成的実在論をとるべき理由は何か。これに対する答えは次の二種類に区分される。

①構成的実在論を採用した場合の利点を指摘する

②（構成的）経験主義を批判する

順に試みよう。①については、すでに前章で部分的に扱っておいた。つまり、通常、実在論者を悩ませる批判、つまり(1)近似的真理とは結局のところ何だかわからないという批判、(2)悲観的帰納法、(3)形而上学的実在論に陥るという批判、をうまくかわすことができる（できそうだ）という論点である。ここでは、もう一つの利点を指摘しておく。構成的実在論は、決定不全性から反実在論を導く議論を、これまでとは違った仕方でブロックできるということだ。

経験的データによる理論の決定不全性を受け入れるなら、データだけから理論を一つに絞ることができない。さらに、もしスタンフォードの強化版悲観的帰納法をとるなら、理論のオルタナティブをわれわれは尽くすことすらできない。いずれにせよ、特定の時点で受け入れられている理論は、もしも歴史的成り行きが異なっていれば、異なったものになっていた可能性がある。[4] そうすると、現在のデータをすべて救ってくれるが、重要な点で異なる理論をわれわれがもつことになっていた可能性がある。だとするなら、いまの理論が真であると信じる理由はないし、科学の歴史が真理に近づいていると信じる理由もない。

こうして、決定不全性から反実在論が導かれるように思われてくる。この議論についてはすでに第6章で批判したが、理論をモデルに取り替え、真理を類似性に取り替えると、次のようにこの議論を斥けることができる。この議論は、世界についての真なる理論、つまり、世界の忠実な写しになっている理論は（もしあるなら）ただ一つだと前提している。決定不全性は、それを選び出すことの障害になるから、反実在論を招くとされている。しかし、このことは、真理という概念が、科学の営みを解釈する基礎として不適切だということを示しているにすぎない。われわれは同じ実在システムについて、さまざまな観点でさまざまな程度に類似した複数の異なるモデルをもつことができる。しかし、どれも実在システムのある側面をうまく表象している。経験的データは、こうしたモデルの選択肢のうち、特定の観点に関してどちらが重要な点でよりよくフィットするかを教えてくれる。別の歴史的経緯を経ていたなら、異なるモデルが得られていたかもしれない。しかし、そのモデルも、われわれのものとは異なる観点からやはり実在システムをうまく表象しているだろう。そして、その別の歴史も進歩の歴史として記述できるだろう。このように、構成的実在論は科学に対する実在論的理解と、科学の歴史的発展の偶然的な性質を両立させることができる。

次に②のタイプの議論について検討しよう。すでにわれわれは、構成的実在論を、構成的経験主義を一方の極とする連続体として位置づけた。構成的経験主義は、モデルと実在システムの類似関係へのコミットメントを、観察可能な側面に限定する、モデルアプローチにもとづく構成主義の変種である。そうすると、そのように観察可能なものにコミットメントを限定することに根拠があるのか、ということが争われることになるだろう。したがって、第5章で行った、経験可能なものと経験不可能なものの区別の恣意性に関する批判の論点はそのまま、構成的実在論者も用いることができる。

とはいえ、このことは構成的実在論者がこれまでに案出された構成的経験主義批判のすべてを利用できるということを意味しない。構成的実在論は、真理を実在論的信念を表現する際の重要概念だとは見なさない。むしろ、科学の営みの捉え方を歪めたものとして批判的に見る。したがって、たとえば理論の連言化に訴えたシロス流の批判（本書一四六〜七頁）は、構成的実在論者は採用できないだろう。

ここでは、経験主義を批判するための補助的な議論を一つ示しておこう。経験主義者が前提している認識論的枠組みが古すぎて、到底科学的知識に適用できるようなものではないのではないか、という批判だ。経験主義は古典的認識論の一つの立場である。古典的認識論は、人が何かを知っていると言える条件として、(1)信念を正当化する根拠をその本人がもっていること、そればかりか、(2)その正当化根拠を本人が自分の意識にのぼらせることができること、を要求している。(1)を個人主義、(2)を内在主義と呼んでおこう。[5] こうした枠組みの中で、信念の正当化根拠は、究極的には直接の知覚経験をもつことに求められるとするのが経験主義だ。

しかし、二〇世紀後半の認識論の展開において、個人主義も内在主義も現実離れした想定ではないかと疑われるようになった。内在主義は、知識主体が自分の心の中を覗いて、自分の思っていることの根拠はこれだ、その根拠の根拠はこれだ、という具合に見つけ出してチェックできる反省能力を要求する。つまり、心の中をすみずみまで意識にのぼらせることができるという前提を置いている。これこそ、近年の心理学研究で否定されてきたことがらではないだろうか。というわけで、知識をもつのに、正当化が本人にアクセスできる形で抱かれていなくてもよく、信念内容と外界の状況との間に事実として信頼に足るつながりがあればよいとする、外在主義が支持を拡げてきた（より詳しくは、第2章六六頁以降を参照）。

一方で、知識の個人主義も批判の対象になった。古典的認識論は、信念を正当化する根拠をその本人がもっていることを求める。しかし、こうした考え方こそ、科学的知識には当てはまらない。なぜなら、科学における正当化の構造はきわめて集団的なものだからだ（cf. Hardwig 1985）。単純化したモデルで示そう。科学的知識は典型的には次のように正当化されている。

①科学者Aはmを知っている
②科学者Bはnを知っている
③科学者Cは、科学者Aがmを知っているということと、mならばoであることを知っている
④科学者Dは、科学者Bがnを知っているということ、科学者Cがoを知っているということ、nかつoならばpであるということを知っている
⑤科学者Eは、科学者Dがpを知っているということを知っている

さて、この五人の科学者の知っていることをすべて合わせると、pが帰結する。しかし、pを正当化する四つの証拠（mであること、nであること、mならばoであること、nかつoならばpであること）をすべてもっているメンバーは誰ひとりとしていない。こうした認識論的依存が成立しているとき、pという知識のもち主をDとEとするとしても、その正当化はどこにあるのだろう。DもEも自分の知っていることの証拠を、他の人に頼っている。こうした現象を認知的依存（epistemic dependence）と言う。認知的依存があるような状況では、知っているからには、その

本人が正当化の根拠をもっていなければならないという、個人主義的な前提が成り立たない。

明らかに、少なくとも正当化については、知識の個人主義を捨てる必要がある。科学は、きわめて集団的・社会的な営みだ。その傾向は現代に近づくにつれ、いっそう加速している。科学は、他の人が明らかにしたことを、とりあえずは疑わずに受け入れることで進んでいく。自分の使っている統計手法が信頼できるものなのかの正当化は統計学者に任せて、物理学者や心理学者たちはその統計手法を使う。これらを個々の科学者が一から正当化しはじめたら、科学の進歩は止まってしまうだろう。古典的認識論はこうした科学の社会的分業に無関心だった[6]。

この認知的依存の例では、正当化の持ち主は五人の誰とも言えず、集団全体としか言いようがないものの、ｐという知識は、ＤあるいはＥのもの、と言えそうだ。つまり、正当化については認識論の社会化が必要だが、知識のもち主は個人、ということでよさそうに思える。しかし、知識のもち主に関しても個人主義は捨てた方がよい、という考え方も可能だ。知識は個人の心に宿る心理状態の一種であるという考え方そのものがどうも怪しくなってきているからである。

たとえば、二〇〇三年にヒトゲノム計画が終了し、ヒトＤＮＡの全塩基配列が決定された。これは、人類にとって非常に貴重な知識だろう。しかし、ＡＴＴＧＣＣＡＴＣＣＧ…といった知識が、誰かの頭の中にあったことが一度でもあるだろうか。この貴重な知識は、データベースの中にある。個々の生物学者の頭の中には、データベースの利用法や、ＤＮＡの構造についての一般的な知識等々があるだけだ。それにも関わらず、ヒトＤＮＡの塩基配列は、「人類が新しく知ったこと」ではないだろうか。そして、人類はその知識を、遺伝病の治療や人類の進化の解明などさまざまなことに活かすことができる。

古典的認識論では、知識は「正当化された真なる信念」と定義された。この「信念」は個人の頭の中に宿る心理状態である。ヒトゲノム計画の事例が意味するのは、このように知識を個人の心理状態と考えることがいかに的外れであるかということだ。信念は、おそらく知識を実現する一つの形にすぎない。知識は、もちろん個人の心に宿ることもあるが、集団にも宿ることができるし、データベースや書物や制度や工業製品といった人工物にも宿ることができる。[7] つまり、知識の概念を脱心理化する必要がある。

以上が示唆しているもう一つの点は、知識生産でも人工物が大きな役割を果たしているという事実だ。従来、人工物は人間の頭の中にある知識を外に出したもの、あるいはそういう知識を使ってつくられた最終産物と位置づけられてきた。そうではなく、人工物は、知識を生み出すもの（観測機器、分析機器、データ処理機器）でも、知識を加工・保持（記録装置、データベース）するものでもある。もはや、知識の担い手と生産の主体を、多数の個人と、制度や機械などの人工物との複合体と見なすべきときが来ている。

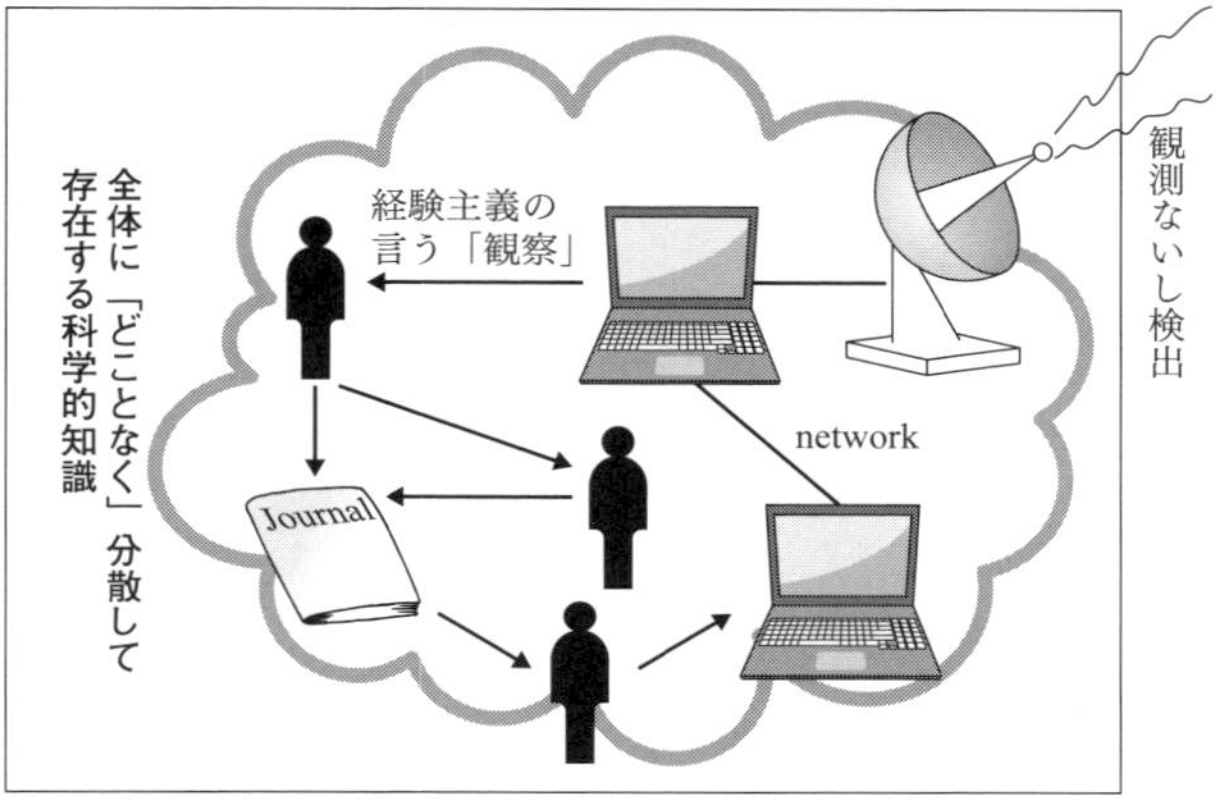

図8　科学するハイブリッドな主体

たしかに、科学が人間を重要なノードとして含む営みである以上、科学の主体である人間集団と人工物のハイブリッド・システムの内部で行われるコミュニケーションにおいて、機械からの出力が人間にとって観察可能なものにされる必要はある。データベースから引き出した膨大なデータは何とか「可視化」されねばならない。[8] こうして、計算機シミュレーションの結果は、いくつかのパラメータだけを残してカラフルな図表にされる。電波望遠鏡で観測した星間ガスの分布は、目で見ることのできるマップに表現される。しかし、このハイブリッド・システムへの情報の取り込み口を、人間による観察に限る必要はない。じっさい、多くの観測機器が、人間には手に入れられない情報を、科学の主体へともたらしている。だとするなら、科学的知識の源泉を、人間による観察可能性（observability）をもつものに限定する必要はない。観察可能性を科学的検出可能性（scientific detectability）に拡張すべきである。

知識に主体の心的アクセスは必要とは限らない。そして、科学的知識の主体は個人というより、ハイブリッド・システムである。このように外在主義化・脱個人化された知識観を受け入れるなら、少なくとも科学的知識については経験主義をとるべき理由は消滅する。たしかに、個人を単位に考えると、外界についての情報の入口は感覚知覚だけになる。経験がすべての知識の源泉だ、と言いたくなる。しかし、これが科学的知識については、もはやほとんど説得力のない認識論であることは明らかだろう。経験主義は内在主義的・個人主義的すぎるのである。

ファン＝フラーセンは、公理系に代え、モデルを科学を分析する視点として導入することにより、論理実証主義を生み出した二つの源泉のうちの一つ、つまり言語論理分析による問題の定式化と解決という理念からわれわれを解放してくれた。しかし、もう一つの源泉、個人主義的・内在主義的認識論、つまり古典的経験主義には依然としてとらわれている。すべての知識は外部からの情報取り込みにもとづくと考えるのは間違いではないが、それはもはや個人の経験を超えているのである。

（4）構成的実在論と半実在論をつなぐ

検出可能性の概念を導入することによって、構成的実在論は自然に半実在論に結びつく。半実在論は、われわれが何らかの仕方で検出できた因果的性質、つまり検出性質の織りなす具体的構造には合理的にコミットできるが、そうでない性質（補助的性質）に対しては、理論を構築するための虚構の可能性があるため、不可知論的な態度をとるべきだとする。そして、この実在論的態度を正当化するために、非ヒューム的な因果関係とそれを支える力能としての因果的性質という形而上学的枠組みを「科学的実在論のための形而上学」として提案する。

これに、構成的実在論の基礎的構成要素であるモデル、類似性、観点といった概念装置を重ね描くことによって、われわれは次のような「構成的実在論のための形而上学」を手に入れることができる。

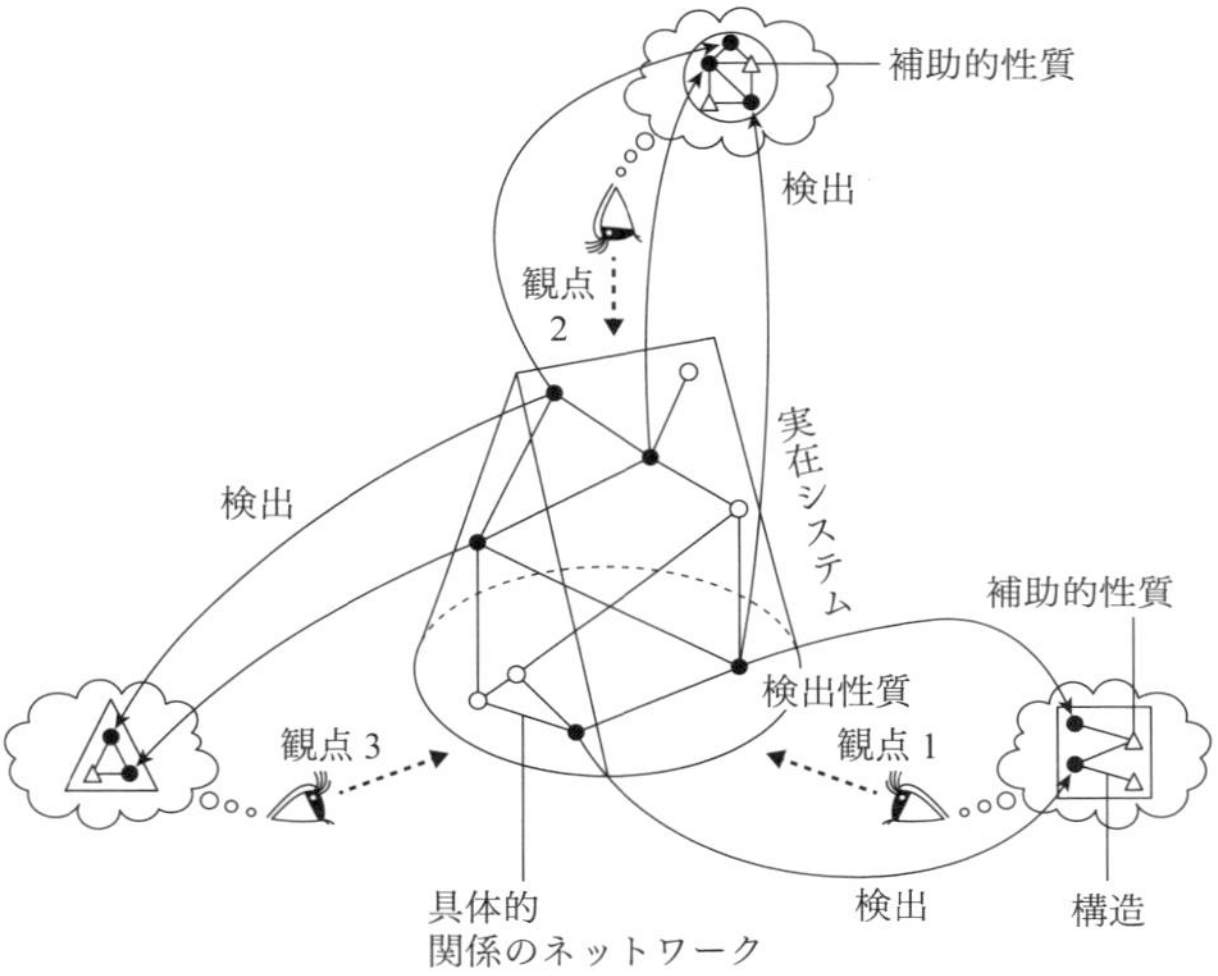

図 9　構成的実在論のための形而上学

【構成的実在論のための形而上学】

(1)世界は、われわれに検出可能な性質、検出不可能な性質をもつ何かからなる。これらの性質同士は互いに因果的に関係し合って、ある特定の構造を形づくっている。検出可能な性質のいくつかは、検出装置などを通して、われわれと因果的に相互作用する（われわれによって検出されたり、操作されたりする）。それが可能なのは、われわれも世界の一部であり因果のネットワークの中に組み込まれているからである。

(2)しかし、世界の構造はきわめて複雑である。また、われわれの知覚と検出装置などの限界と認知能力の限界のため、人間が思いつくどんなモデルもその全体に正確に類似することはできない。

(3)したがって、われわれのつくるモデルは、世界全体の忠実なレプリカというよりも、世界の一部の検出性質の織りなす具体的構造の一局面を、ある観点から捉えるためのものにとどまる。

(4)このように、観点に相対的なものであるため、世界の同じ領域について複数の異なるモデルが可能になる。

この形而上学の上に乗るかたちで、次のような実在論が主張できる。

【構成的実在論】

(5)検出を通して世界の具体的構造と相互作用することを通してモデルはつくられ、受容される。これが、成功したモデルが世界の一局面にある観点である程度まで類似していると信じる理由を与える。

(6)観点の複数性のため、さまざまなモデルがありうるが、それぞれのモデルはそれぞれの観点から、それぞれの程度で世界の局面を表象している。どのモデルも、世界の局面にある仕方で似ており、世界の実在論的理解を与えている。

(7)モデルに含まれる補助的性質に関しては、検出性質とその構造のようには強くコミットすることはできない。しかし、モデル全体として、世界の一局面に「似ている」ということにはコミットすることができる。それゆえに、モデルに含まれる検出されていない補助的性質については、モデルを構成するための虚構という可能性に加えて、実は検出可能であるがまだ検出できていない可能性もわれわれは信じる理由がある。

(8)後者の可能性が、さらなる検出実験のための努力を促す。こうしてモデルは発見法として機能する。

半実在論が対象実在論と構造実在論の「いいとこどり」を目指すものであったことを考えれば当然かもしれないが、このバージョンの実在論は対象実在論者と構造実在論者の直観の双方をうまくすくい取っている、と同時に対象と構造というかなり形而上学的身分が異なるものについての実在論がなぜ生じるのかという問いにも答えを与えてくれる。鍵になるのは「観点」の多様性である。

世界は複雑である。同じ「何か」がたくさんの検出性質を担うとともに、一つの検出性質がたくさんの具体的構造に「参加」している。われわれは、こうした複雑な世界の一局面を、ある観点からモデル化する。どの観点を選ぶかは、そのモデルを使って何をしたいのかにも左右される。複数の一見異なる実在システムに共通のモデルを当てはめて統一的な説明をしたいなら、モデルの記述する構造はいきおい抽象的になる。典型的には、一組の微分方程式にまとめあげられる。このときは、モデルは「実在の数学的構造」を表象している、と言いたくなる。

一方、さまざまな検出性質の担い手である何かを、操作し利用したいとき、われわれのモデルは特定的になり、しかも複数のモデルを重ね合わせて用いたりする。ある高分子（たとえばブロムヘキシン塩酸塩）を医薬品として使おうとしている場合、それが目的としている効果（たとえば去痰効果）を生み出すメカニズム（痰の成分である酸性ムコ多糖類の繊維を溶かす、といった）を知る必要がある。このためにはモデルが必要だ。しかし、医薬品として使うかどうかを考えるには、めまい、アナフィラキシー様症状などさまざまな副作用を心配しなければならない。そうすると、この高分子が神経系、免疫系という文脈でどのような因果構造のネットワークに置かれるかも知らねばならない。こうすると、さまざまなモデルの重なり合いによって張られる複数の因果構造のいわば「結節点」として、対象（ものとしてのブロムヘキシン塩酸塩分子）が立ち現れる。

対象実在論も構造実在論も、科学におけるモデルの使い方の一面を捉えている。しかし、実在論的コミットメントをして良いのは対象だけだ、とか、理論のラディカルな変化を超えて生き残るのは構造だけだ、と限定的に語る点で誤っている。科学はどちらにもコミットしており、その強度が場合によって異なるのである。

一つ残った宿題がある。ここで提示したバージョンの構成的実在論は、チャクラヴァティの半実在論を土台にしてギャリーの観点主義を加味した二階建て構造になっている。したがって、第9章末尾で指摘したシロスの半実在論批判にどう答えるかという問題が残っている。次節では、この問いにも一定の答えを出そう。そのためには、まず、これまでかなり融通無碍に使われていた（ギャリーもそのように使っている）「観点」の内実を整理してみる必要がある。

二　構成的であることの意味

(1) 重要だが滅多に問われることのない問い

悲観的帰納法へ対応しようとするうち、実在の何にコミットするかをめぐって、実在論は対象実在論、構造実在論、半実在論といった具合に、複数の立場に分裂した。しかし、次のような疑問が浮かんでくる。対象にせよ、構造、性質、因果的力能にせよ、実在論者が実在の何にコミットして良いか、ラディカルな理論変化を超えて何が次代に生き残るかを語る際に、哲学者が用いるカテゴリーが、きわめて日常的な形而上学的カテゴリーであるのは奇妙ではないだろうか。たしかに、われわれは普通の生活ではあまり「構造」だの「力能（power）」だのといった語彙を用いることはないが、「もの」「パターン」「性質」「はたらき」といった語彙で、世界がどういう風にカテゴライズできるかを述べている。科学的世界像の構成要素について一般化されたことがらを語る際に、こうしたきわめて日常的なカテゴリーがそのまま使われているのは、よく考えると不思議だ。

この不思議さをより納得してもらうために、次のような思考実験をしてみよう。

【異星人から見た地球の科学の奇妙さ】 われわれの知性をはるかに凌駕する知性を備えた異星人が地球にやっ

てきて、科学的実在論論争を耳にしたとしよう。彼らは次のように問いかける。君たちは、自分たちの科学的世界像ないし科学理論がホントウに実在を捉えているか、と問うているようだね。しかしここで、その問いを逆転させて、次のように問いを立ててみたらどうだろう。かりに実在論者の主張が正しくて、君たちが現に持っている科学的世界像が、この世界のありさまを何らかの仕方で大雑把にでも捉えているとしよう。つまり、君たちの科学理論がこの世界について現に近似的に当てはまっているとしてみよう。しかし、だとすると、非常に不思議なことにならないだろうか。つまり、君たちが近似的に捉えていると主張する、「世界の本当のありさま」が、よりにもよってなぜ君たちのような貧弱な知性に理解可能なものでありえるのだろう。どうして世界の隠れた構造が、君たちの限られた表象能力で表象でき、限られた計算能力で計算できるようなものなのだろうか。これは不思議ではないか。君たちの惑星にはイヌという動物がいるようだね。イヌは君たち以外の動物の中ではかなり賢い部類に属するようだ。しかし、どんなに訓練したところでイヌには量子力学は理解できないだろう。なぜ、世界のありさまが君たちに理解できるようなものであるのだろう。世界の側には、君たちに理解可能な構造を自らの構造とするような義理はないはずなのだがね。

この異星人の問いかけは、筆者にはきわめて重要に思われる。しかし、科学的実在論論争の文脈ではあまり問われることがないようだ。以下では、この問いかけを導きの糸として、考察を進めよう。

（2）制約としての「観点」

ギャリーの観点主義におけるコア概念である「観点（perspective）」は、きわめて雑多なものを含んでいるように思われる。まずは、それらを整理してみよう（cf. Giere 2006）。

(1)どこから世界を見るか、という文字通りの観点。円錐が視点に応じて円に見えたり、三角形に見えたりする、というのが最もありふれた事例だろう。科学の文脈では、次のような事例にも拡大して考えることができる。電波望遠鏡で宇宙を観測するとき、日本のような多湿な環境では、空気中の水蒸気による散乱のため地上に届く電波が弱くなってしまう。そのため、アンデス山脈のような高地に電波望遠鏡は設置されたり、移設されることが多い。このように、どこで観測するか、という意味の「観点」は、手に入るデータの量と質を大きく左右し、結果的にデータモデルの違いをもたらす。

(2)どの範囲の刺激をわれわれが感覚できるか。ギャリーが色の知覚を例にとって観点主義を説明する際に、この意味での「観点」概念が用いられる。われわれが肉眼で見ている世界は、およそ三六〇～八三〇ナノメートルの波長域の電磁波で捉えた世界であり、われわれが聴覚で捉えた世界は、二〇～二〇、〇〇〇ヘルツまでの音波で捉えた世界である。いずれにしても、世界の一部を切り取って捉え、モデル化しているにすぎない。チョウやコウモリは違った「観点」から世界を見たり、聴いたりしている。

(3)観測装置・検出装置の機能と性能の限界。これをギャリーはさらに、機器を用いた観察や検出に一般化している。たとえば、素粒子の検出に用いられる霧箱や写真乾板は、荷電粒子の軌跡しか残さない。ニュートリノのような中性粒子を直接捉えることはできない。顕微鏡、望遠鏡は、分解能を超えるものは識別できない。機械はわれわれの知覚能力を拡張してくれるが、だからといって、それがある観点から世界を切り取ったものでなくなるわけではない。

(4)モデルの用途と実践的関心。地図を科学的モデルのプリミティブな事例として扱っているときに、ギャリーはそれまでとはずいぶん異なったものを「観点」と呼んでいるように見える（cf. Giere 2006 pp.72-80）。地図はある範囲の地域を表象するモデルだが、それを何に使うか、地下鉄をどう乗り継げば目的地にたどり着けるかを知る、天体測量を使いながら航海する、安全に登山をする、治水対策を立案するなどに応じて、何を表象し何を捨てるかを選択することになり、結果として地図＝モデルのあり方は大きく変わる。ギャリーはこれを科学的モデル一般に拡張して適用できると考えている。それは正当だと思われる。原子核を一種の液体と見なすモデル（液滴モデル）は、原子核の質量を質量数と荷電数で表す質量公式（経験式）を説明するために案出された。一方、陽子数や中性子数が或る特定の値のとき原子核が特に安定になる現象（魔法数：magic number）を説明するためには、別のモデル（殻モデル）がつくられた。用途が異なれば、原子核を何になぞらえるか（有効なメタファー）が異なり、モデルも異なる。

これらの「観点」なるものは一見、雑多なものの集まりにすぎないように見える。しかし、これらすべては、「モデル構築を現実的に制約するもの」という共通点をもっている。世界のどの範囲をどのように観測できるかは、結果としてえられるモデルを制約する。同様に、モデルを何のために使うかは、つくられるべきモデルに制約をかける。モデルの範囲を狭めるという意味で、これらの制約は可能なモデル全体からなる論理空間の一部だけをわれわれに見せてくれる、やはり「観点」と呼ぶにふさわしいものだと言える。

さて、このように観点を制約として捉え直すと、本節の冒頭に掲げた疑問に答えることができる。異星人の問いかけは、われわれのモデル、あるいは一般に科学的世界像というものは、二つの側から制約を受けているということに注意を向けさせる。まず第一に、もちろん世界像は世界のあり方から制約を受けている。われわれは科学的世界像を好き勝手に作るわけにはいかない。そして第二に、世界像はわれわれの認知リソースと実践的必要性からも制約を受けている。ここで、モデルに影響を及ぼす認知リソースの制約は、これまでに挙げた、ヒト個体の知覚能力、観測機器の性能、観測を行う場所の制約だけに留まるものではない。心的表象の形成・操作の能力、計算能力の限界、認知パターンとバイアス、データ処理機器の性能限界、手に入れている近似手法・計算アルゴリズムの限界、研究に割くことのできる時間と資金、実験動物の扱い方の規範など多様なものが含まれる。これらが総体として、われわれが科学の名の下に行おうとする活動のうち、何が現実に可能で何が不可能かを決め、最終的には世界像に影響を及ぼす。イヌにはこうした認知リソースが決定的に不足しているため、量子力学的な世界像をもつことができない。しかし、認知リソースに制約されるという点では人間にも同じことが当てはまるはずだ。

(3) 共同作品としての科学的世界像

だとすると、科学的世界像を、われわれの認知リソースと実在のあり方、両方から制約を受け、両方が合作して作り上げている共同作品のようなものとして考えてみることが可能だろう。こうして、科学的世界像はメタファーとしての性格をもたざるを得ない。ある意味で、それは世界のありさまを、われわれの認知リソースによって作成可能で理解可能なものに切り詰め、変形している。しかし一方で、世界からの制約を受け入れるために、それぞれ重要な点である程度まで世界の構造に類似している。

こうした「共同作品」としての科学的世界像は、世界の側から見ると、世界のありさまを或る仕方で反映している、という具合に見える。認知の側から見ると、これはわれわれの認知のリソースが作り出した、われわれの心が生み出した構築物に見える。これまで、いったいどちらが科学的世界像について正しい見方だろうか、といった仕方で議論が展開されてきた。しかし、そのいずれでもないという考え方が可能だろう。そもそも、世界像は両方の側面を持っている。これが構成主義の核心である。

さて、モデルはわれわれが何らかの用途に使うためにつくられる。そして使われるためには、モデルは解釈されれ理解されなくてはならない。と言うより、解釈のルールと組み合わさってはじめてモデルはモデルとして機能するのだと言えるだろう。その解釈のルールは、半ば慣習的で半ば自然的である。地下鉄路線図をわれわれが解釈して、目的地にたどり着くために使えるのは、凡例に示されているように、二重丸は乗換駅を表し、赤い線は丸ノ内線、黄色の線は銀座線を表すといった慣習があるからだけではない。線の上に円がいくつか描かれている図像を見ると、われわれには「円を線が貫いている」ように見えてしまう、という認知システムに備わった自然な傾向が解釈のルールを支えている。そしておそらくこの傾向は進化的に獲得されたものだ。

ものがあって、性質をもっている。性質のうちには、因果的な性質もあって、それは他のものにはたらきかけてその性質を変化させることがある。前者を原因と言い、後者を結果という。原因は結果に時間的に先立つ。原因を変えると結果も変化するが、その逆はできない。こうした「日常的形而上学」は、われわれが世界を理解するときの自然な枠組みになっている。こうした自然な枠組みが、モデルの解釈に制約として働く。これらはモデルの解釈（とひょっとしたらモデルの構築）に、われわれが「もちこむ」制約の一つなのである。

だとするなら、実在論者が自分のコミットメントを述べる際に用いているカテゴリーが、対象、構造、因果的性質という具合に、日常的な形而上学的カテゴリーに由来するものであるのは奇妙ではない。これらは科学以前の世界理解にわれわれがずっと用いてきたカテゴリーであり、それがモデルの解釈規則に制約として働くのはごく自然なことだからだ。

もちろん、モデルが日常的形而上学による解釈と部分的に衝突することはありうる。とりわけ、現代物理学ではそういう事態が生じる。たとえば、量子力学の解釈の問題がそれだ。このとき、どういうことになるかは、一概には言えない。日常的な素朴形而上学にそった解釈を許すようにモデルを変更しようとするかもしれない。モデルをうまく解釈できるように形而上学的枠組みを変化させようとするかもしれない。(9) 日常的形而上学は、われわれにとって非常に自然なものではあるが、不変なものというわけでもない。ある程度の変化は受けつける。しかし、いずれにせよ、こうした「すり合わせ」が起こるということは、モデルにとって日常的形而上学による解釈可能性が、少なくとも緩やかな制約として働いていることを意味している。

（4）二つの形而上学的枠組みを関係づける

形而上学的枠組みの制約としての性格を考慮に入れると、宿題になっていたシロスのチャクラヴァティ批判（第9章）にも答えることができる。シロスの批判は、(1)選択的実在論の一種として半実在論を定式化し、科学理論の内容のうち、どの部分にコミットしどの部分にコミットするべきでないかを明確にすること（形而上学としての科学的実在論）、(2)半実在論を記述し、正当化するための形而上学的枠組み（実在論のための形而上学）を提案すること、という二階建て構造をチャクラヴァティがとっていることをめぐってなされる。このような二階建て構造は半実在論に不必要な葛藤をもちこむ。形而上学としての半実在論は、因果的に検出可能な性質へのコミットを勧め、その他のもの（たとえば補助的性質）には懐疑的な立場をとることを勧める。一方で、実在論のための形而上学は、必然的因果、ディスポジションなどそれじたいは検出可能なものではないものを、検出性質と補助的性質を区別するなどの説明的な役割によって認める。こうして、チャクラヴァティは、形而上学としての科学的実在論においては、単に説明の役に立つだけではコミットメントするには足りないと言い、実在論のための形而上学においては、それに訴えている。つまり一階と二階とで異なる基準を使い分けている。ダブルスタンダード、というわけだ。この批判は、われわれの構成的実在論のための形而上学にも当てはまる（正しいなら）。

しかし、この批判は、形而上学としての科学的実在論と実在論のための形而上学とが同じ仕方で正当化されねばならないということを前提している。おそらく、この前提は正しくない。実在論のための形而上学は、科学的実在論に適用し、その道具的な有効性によって正当化を受けるようなものではない。それは、われわれが日常的にもこれまでずっと使ってきて、これからもおそらく使い続けるという事実によって正当化されるのである（そもそも正当化されるべきものであるならば)。

そうすると、われわれがやらなくてはならないことは、まず第一に、この「われわれの日常的形而上学枠組み」なるものの実相を詳細に記述し、それをわれわれがどう獲得したかを明らかにすることである。たとえば、ものと性質という枠組みを使って、性質が変化しても残る「もの」をトラッキングする、という認知方式を本当にわれわれは行っているのだろうか。それをわれわれはどう進化的に獲得したのか、それにはどんな神経基盤があるのか。そして次に、こうした形而上学的枠組みが、現に制約としてモデルの構築過程や使用に使われていることを記述する。これも、哲学的議論ではなく、徹底して経験的研究として行われねばならない[10]。

三　構成的実在論は実在論なのか

本章の締めくくりに、現時点でおそらく読者が抱くだろう疑念に答えておこう。つまり、構成的実在論は実在論の名に値するのか、という疑問である。確かに、(近似的)真理を基礎概念として組み立てられた実在論に比べると、かなり弱い主張になってしまっていることは否めない。類似性は程度を許す概念なので、「実在システムの忠実なレプリカ」から現象を救うための便宜的な虚構まで、連続的につながってしまう。また、観点主義をとることにより、モデルや科学的世界像は、われわれのもちこむ現実的制約によって構成されたものという性格をもつ。これも構成的実在論の「実在論っぽさ」を低めることは間違いない。

しかし、筆者は、それでもここで概略を描いた構成的実在論は、われわれが科学に期待する実在論的要求を満たしていると思う。おそらく以下の帰結を引き出すことができるからである。

(1)科学のモデルにはいろいろな構成のされ方と使い道があるが、それらに応じて、モデルのうちの少なくともいくつかは、実在システムのあり方の重要な特徴をうまく表象していると考えるのは合理的である。

(2)検出実験に成功したら、その検出された何かはやはりこの世界にあるのだと考えるよい証拠が与えられる。それと同時に、その検出実験を行うのに使われた「何か」についてのモデルは、「何か」のあり方（本性）の重要な特徴を捉えていたのだと考えるのは合理的である。

(3)たしかに、世界全体を余すところなく正確に捉えたモデルは構築できないかもしれない（できないと考える理由もないが、できる保証もない）。しかし、異なる領域について異なる観点から構築されるモデルを増やしていくことで、われわれは世界全体についての理解を進めることができるし、その意味で科学は累積的に進歩している。

(4)たしかに、モデルとその解釈ルールは、日常的形而上学を含むわれわれの認知リソースに制約を受けたものである。したがって、われわれはとりあえず、電子という「対象」があって負電荷という「性質」をもつ、といった言い方をするし、そのように理解もしている。これは文字通りにとれば偽であるかもしれない。しかし、こうした言い回しはメタファーとして理解すべきである。「電子という対象が負電荷という性質をもつ」は、われわれのもつリソースで構成したものにすぎないかもしれないが、この言い方は「当たらずともいえど遠からず」な仕方で実在システムのありさまを言い当てている。

筆者は、これだけのことが言えるなら十分ではないかと思う。世界全体について真であるようなただ一つの理論が（原理的に）存在するとか、どんなモデルも実在論的に理解できるとか、存在論的にコミットできるのは対象（あるいは構造）のみであるといった主張は、余計だったのである。また、これにより、科学的知識は社会的に構築されたものにすぎないという強い構成主義的・反実在論的な主張に対して、信じることは可能だが議論を通じて正当化することはできそうもない極端な実在論的主張で対抗しようとする、といったことも避けられるだろう。(11)

終　章　科学的実在論論争とは何であったのか、また何であるべきか

ミニマルな実在論として本書で最終的に採用した構成的実在論は、延々と続けられてきた実在論論争のありかたに一定の反省を迫るものでもある。そこでこの終章では、そもそもこの論争は何だったのだろうかということを振り返って、実在論論争の膠着状態を超えて進んでいくにはどうしたらいいのかということを考える。

一　懐疑論論駁としての実在論論争

科学的実在論論争の歴史は、その前史を別とすれば、ふつう論理実証主義者の還元主義的プログラムの叙述からはじまる。この歴史叙述の仕方は、論争に参加している哲学者たちが論争をどのようなものとして理解しているかを反映している。つまり、科学的実在論論争は極端な経験主義者が始めた論争だという理解である。この理解は、当然のことながら論争の性格を規定してきた。

経験主義は懐疑論の一種である。感覚経験の証拠能力は疑わないので、全面的な懐疑論（われわれはいかなる知識ももてない）ではないが、世界の感覚経験を超える部分については懐疑論的態度をとる。そうすると、こうした経験主義的反実在論に抵抗する実在論者の議論は、懐疑論論駁の色彩を帯びることになる。

しかし、懐疑論を議論で論駁することはほぼ不可能なのだ。認識論的立場として実在論者と反実在論者を比較すると、どの程度の証拠があれば信じて良いかの基準、どのような推論を使うことが合理的かの基準がそもそも異なる。そうすると、たとえば、最良の説明への推論（ＩＢＥ）を熟慮の末に使うことをやめた人に対して、その使用を認めるよう説得することはほとんど不可能だ。懐疑論論駁として科学的実在論論争を捉えた場合、実在論者にはほぼ勝ち目はない。過剰な正当化を求める哲学ゲームの中ではつねにコミットメントの少ない方が有利だからだ。そうすると、実在論者にできる議論は、経験主義者のような厳しい認識論的基準を採用する動機の恣意性を指摘するか、そもそも懐疑論は議論によって論駁するようなものではないと主張するかのいずれかになるだろう。しかし、これらのいずれも経験主義者を「納得」させはしない。かくして、議論は平行線を辿ることになる。

科学的実在論論争に決着の付け方があるとするなら、一つの有力な仕方は次のようなものだろう。科学の営みについて観察される重要な事実に、経験主義と実在論のどちらが適切なモデルを与えているかを競い合う。つまり、科学の内部で行われている論争の仕方を、科学じたいに当てはめて行うという提案だ。こうすると、今度は説明のためのリソースをより多くもつ実在論が有利になる（ように見える）。

科学的実在論論争では、懐疑論論駁と科学という現象に対する説明モデルの構築という二つの話題が、あまりきちんと区別されずに論じられ続けた。それぞれの課題でどちらが有利な立場にいるかが異なるために、論争はなかなか決着しない。しかし、論争の経過の中で、後者の課題、つまりどちらが科学の営みに適切なモデルを提供できるかという論点が、しだいに明確に意識されるようになってきたのは確かだろう。ファン＝フラーセンの構成的経験主義を、「オズ科学」という代替的科学モデルと見なした上で、オズ科学モデルは、理論の連言化という「科学の営みについて観察される重要な事実」を説明できないとしたシロスの議論は、こうした意識の上で行われている。あるいは、一見、奇跡論法に対する懐疑論的議論に見える悲観的帰納法も、実在論者の科学モデルではラディカルな理論変化という、科学史においてしばしば生じる重要な出来事をうまく扱えない、という批判として解釈し直すことができる。

また、ギャリーは、ファン＝フラーセンの議論は抽象的にすぎ、ときおりミリカンの油滴実験といった現実の科学的実践を例に引くものの、そのレベルでこそ、彼の経験主義は反証されるのだと論じている。ギャリーは、経験的十全性というモデルの認識論的徳を、他ならぬ構成的経験主義が満たしているかどうかを問うべきだとする。その上で彼は、ワトソンとクリックらによる、DNAの二重らせん模型の発見をケーススタディとして次のように主張している。ファン＝フラーセンのモデルでは分子生物学の歴史で生じた興味深い現象を科学的営みとして救うことは難しい。ポーリング、ワトソン、クリックらは、フランクリンのX線回折像と、当時知られていたDNAの化学的性質について、現象を救う説明を与えることを目的にしていたとは見なせないからだ。ワトソンは、DNA分子の（本当の）構造を発見するという実在論的目的の手段としてだけ、X線回折像に関心があったのであり、研究室にいたほとんどの時間を、金属製の分子スケールモデルの核酸同士の角度を測定することに使っていた。それは、モデルがさまざまな原子のすでに知られていた結合角と一致するかを確かめるためであり、こうした行為は、X線回折像の「染み」を説明することだけを目的にしている人間のやることではない。

ようするに、科学という現実の現象の諸側面をうまく説明できるモデルをつくれ、という課題が論じられ競われるようになってきたというわけだ。しかし、この課題が十分に自覚的に議論されてきたと言うことはできないかもしれない。というのも、説明されるべき「科学の営みについて観察される重要な事実」が何なのかについてのコンセンサスがないからだ。むしろこれまでの実在論論争は、この説明されるべき事実群を発見するための過程だったとも言える。そうすると、今後の実在論論争を実り豊かなものにするためには、まずこれらの被説明項（説明を要求する科学についての顕著な事実）をリストアップし共有することから始めるべきだろう。つまり、科学的実在論論争の主題を「きちんと定義された（well-defined）」問題にすることである（cf. Laudan et al. 1988)。

これは自然主義の精神に合致している。自然主義では、哲学的議論を科学と連続したものと見なす。つまり、哲学は科学がスタートするのに先立って、その可能性や限界、用いてよい推論方式の一式を確定し正当化しておくための作業ではない。科学はすでにスタートしているのであり、それなりの歴史をもつ興味深い現象である。この現象の目立つ特徴をうまく説明する科学を立ち上げることが科学哲学の最も重要な課題だ。

二　科学的実在論論争の存在そのものが説明されるべき事実である

前章で見た構成的実在論の立場から振り返ると、実在論論争に対してまた別の興味深い見方をすることができる。実在システムそのものも自分たちの認知リソースの限界もそれ自体としてあらかじめわかっているわけではない。われわれの手許にあるのは、自分たちの認知のしくみについての科学的理解と、世界についての科学的理解だけである。そして、科学的世界像は、世界の側からと、われわれの認知リソースの側の両方から制約を受けた「共同作品」になっている。われわれは、この合作の産物しか持っていないことになる。

だとすると、世界そのものからの制約と、認知リソースの制約の均衡点に位置する共同作品としての科学的世界像から出発し、それに含まれる個々の構成要素について、どの程度どちらから制約を受けていると考えるのが合理的なのかということを腑分けする作業として、実在論論争を捉え直すことができるだろう。世界の側からの制約の方が大きければ、その構成要素に対しては、より実在論的態度をとることが正当になる。逆に、認知リソースからの制約の方がより大きければ、その要素は、認知のための道具の色彩が強くなり、それに対しては反実在論的態度をとることがより妥当になる。そうすると，科学的実在論論争は，二つの立場が対立しているように見えながら，実は補完しあっており，二つ合わせて以上のような作業を，共同作業として営んできたというふうに考えることができる。

この立場をとることによって，新たにいくつかのことが説明すべき重要な科学の特徴として現れる。

(1)同じ一人の現場科学者が，あるときには「電子が存在するのは科学的に確かめられた事実であり，それを疑うことは不合理である」と主張し，またあるときには「科学理論なるものは現象を説明するためのよくできたモデルにすぎない」と主張して，とりわけ矛盾や不整合を感じていないという事実。

(2)つまり，現場科学者は，実在論，反実在論のいずれが正しいか決着させようという営みとしての科学的実在論論争にはきわめて冷淡である（人が多い）という事実。

(3)にもかかわらず，原子の存在をめぐるエネルゲティークとアトミスティークの対立に見られるように，個々のアイテムについては，それが「本当にあるのか」という形で激しい議論がなされることがある，という事実。

ひと言で言うなら，実在論的にも反実在論的にも見ることができ，どっちつかずの態度をとることができ，そういう態度をとっていても科学は進んでいく（ときどき態度決定を迫られることもあるが）ということそのものが，科学についての説明されるべき際だった特徴なのである。

以上から明らかになったのは次の点である。科学的実在論論争は，たしかに論争の形をとってきたけれども，実は相手方と一緒に一つのことを考えようとしてきたと見なすことができる。科学的世界像を構成するそれぞれの要素について，それは世界のありさまとわれわれの認知リソースの双方からそれぞれどの程度制約を受けて成立しているかを探り当てよう。そういう作業としてこの論争を見なすべきだ。そして，それを見て取ったなら，新しい科学的実在論論争を問うべき場所は、哲学的認識論というよりは、歴史的・社会的・物理的現象としての科学の際だった特徴を説明するための科学理論づくりの営み、すなわち「科学の科学」において、ということになるだろう。[1]

注

序　章　科学的実在論論争とは何か

（1）「観察可能」は、哲学者と科学者の間で最も使い方が異なり、それゆえ誤解と摩擦の種になる言葉である。哲学では「観察可能」を肉眼で見たり、耳で聴いたり、手で触ったりできる、という意味で用いる。これは後に述べる経験主義の影響だ。科学においては、装置を介して捉えることも「観察」に入れて考える。本書では、「観察可能」をとりあえず哲学者の意味で用いる（あとで、批判するけれども）。

（2）ロックの哲学を王立協会に集う実験的自然学者たちとの関連で読み直そうという試みとして、（田村　一九九六a、一九九六b、一九九七、一九九九、青木　二〇〇八、二〇一三）を参照した。また、ロックからの引用は、（田村　一九九六a）を参考にさせていただいた。

第1章　還元主義と消去主義

（1）論理実証主義の全体像については、（蟹池　二〇〇七、Richardson & Uebel 2007）参照。また、論理実証主義の中心人物であるカルナップの哲学を現代的文脈で活かそうとする意欲的試みとして（井頭　二〇一〇）も重要。

（2）自然数にその次の自然数（0には1、1には2…）を対応させる関数。

（3）のちにポパーは、線引き基準を意味論的に与えることに反対した。つまり、非科学の言明にも意味はあると考え、科学と非科学の線引きは意味・無意味の基準とは別の基準（反証可能性基準）で与えられるべきだとしたのである。線引き問題については（伊勢田　二〇〇三）が優れた仕事になっている。

（4）センスデータは「感覚与件」とも呼ばれる。感覚を通じて意識に直接与えられているところの何かを意味する。この概念が有用に思われるのは、錯覚や幻覚を説明するときだ。そこには赤い物体はないのに、赤いものが見えているとき、意識には赤さのセンスデータが与えられている。

（5）（Bridgman 1927）参照。シロスによると、ブリッジマンは、温度は間違って一つの量と考えられているが、実はいくつもの量のよせ集めであると考えていた（Psillos 1999 p.5）。しかし、近年ではこうしたブリッジマンに対する見方はいささか戯画的であるとする論者も現れている（Chang 2004 pp.141-52）。

（6）反事実条件法の意味論については、（ルイス 二〇〇七、グッドマン 一九八七）を参照。

（7）知能の測定とはいったい何をすることなのか、そこで測られている知能とは何かといった興味深い問題については、（Trout 1998）が充実した哲学的分析を与えている。

（8）以下の転向後のカルナップの方策については、（Psillos 1999 p.7-10）に依拠している。

（9）科学における道具主義の源流としては他にピエール・デュエム（Pierre Duhem 一八六一〜一九一六）やアンリ・ポワンカレ（Henri Poincaré 一八五四〜一九一二）を挙げることができる。（デュエム 一九九一、ポアンカレ 一九五九、小林 二〇〇七）を参照。

（10）マッハ哲学の包括的研究書としては、（今井 二〇〇一）がある。ここでは、本書の他、（今井 二〇〇七、廣松 一九七一a、一九七一b）を参照した。

（11）ドイツ科学運動については（本多 一九八一）に拠った。

第2章　奇跡論法による実在論の復興

（1）自然主義とは何かを十分に説明しておくことはできないが、ここではとりあえず、科学と哲学とを連続的に捉える考え方、としておこう。そうすると、哲学における議論もなるべく科学で行われている議論と同じやり方、たとえばＩＢＥを用いてなされるのが好ましいことになる。自然主義とは何かについては、（戸田山 二〇〇七、二〇〇三）を参照。

（2）認識論における外在主義については、（戸田山 二〇〇二、二〇〇七、二〇〇八）を参照。

（3）いくつかの前提から結論が帰結するなら、新たな前提を付け加えても、依然としてその結論が帰結しつづける。こういう性質を推論が示すなら、その推論は単調性をもつと言う。演繹は単調な推論の代表例である。

（4）グルーのパラドクスとは、ようするに投射可能な述語とそうでない述語の違いはどこにあるのかという問題である。これまでに調べたすべてのＰがＱであることから、次に調べるＰもＱであろうと推論することを「投射（projection）」と言う。投射は帰納の一種である。たとえば、エメラルドの色を調べているとする。これまでに調べたエメラルドはすべて緑色だった。ここから、次に調べるエメラルドも緑色であると投射することは許されるように思われる。「緑色」というのは投射可能な述語であるように思われる。

グッドマンは、どんな述語も投射可能とは言えないのではないか、ということを示すために、「グルー（grue）」という人工的な述語を案出した（グッドマン 一九八七）。「グルー」とは、単純化して言えば、「調査済みで緑色か未調査で青色」のすべてのものに当てはまる述語である。だとすると、これまでに調べたエメラルドは、すべて緑色であると同時にグルーでもある。そうすると、このことを投射すると、次に調べる予定のエメラルドはグルーであることになる。つまり、次に調べることになっているエメラルドは青色だろうということが予言される。これまでに調べたサンプルの色を「緑色」という述語で記述すると、次は緑色だろうという予言が得られ、「グルー」という述語で記述すると、次は青色だろうという予言が得られる。これはパラドキシカルである。同じデータから、それを記述する述語を取り替えるだけで、矛盾する予言をもつ二つの法則が立てられてしまうからだ。

もちろん、「緑色」を使うべきで「グルー」を使うのはおかしいわけだが、果たして、それは一体なぜなのか。「緑色」を投射可能にし、「グルー」を投射不可能にしている違いはどこにあるのか。これがグルーのパラドクスが投げかける問題の本質である。しかし、このようにパラドキシカルな言い方で問題を立てたのは、かえってミスリーディングであったと思われる。投射可能な述語とそうでない述語の違いは何かという問題を考えたいなら、「調査済み」という述語を例に採ればよい。これまでに調べたエメラルドはすべて調査済みだが、次に調べる予定のエメラルドは調査済みではない。「調査済み」は投射不可能な述語の典型例だ。

第3章　悲観的帰納法による奇跡論法批判

（1）じつは、近似的真理の概念を正確に定式化することはきわめて難しい。ポパーが一九三〇年代にこの問題をとりあげて以来、さまざまなアプローチがためされてきた。本書ではその論争状況をサーベイすることは、紙幅と筆者の能力の限界を超えるため行うことができないが、関心のある読者は次の文献をあたることをお勧めする。(Aronson 1997 ; Barnes 1991 ; Brink & Heidema 1987 ; Britz & Brink 1995 ; Niiniluoto 1987 ; Oddie 2014 ; Zwart 2001 ; ポパー　一九八〇)

（2）ラウダンは同様の精神の下で、科学理論の変化（theory change）についての科学哲学的学説に、現実の科学史のデータで検証・反証することで優劣をつける試みを行っている（Laudan et al. 1988）。

（3）eV（electron volt, 電子ボルト）はエネルギーの単位である。一つの電子が一ボルトの電位差で加速されるときに得るエネルギーを1eVとする。

（4）ただし、紙幅の制限のために、熱素説の検討だけを見ることになる。エーテル説の扱いについて関心をもたれた読者はぜひシロスの原著をあたっていただきたい。

第4章　ケーススタディ

（1）本章は基本的に（Psillos 1999 pp.115–30）に依拠しているが、熱学の歴史とカルノーの業績については以下の文献を参照して加筆している。シロスがカルノーの考えとして紹介している箇所は、カルノーの原著に照らして確認したのちに本章に組み入れてある

(cf. カルノー 一九七三、広重 一九六八、高林 一九九九、山本 二〇〇八〜九)。
（2）直訳すると「力」になってしまう。
（3）ここで「よくある理解」として取り上げたのは、ウィキペディアの「カロリック説」という項目における記述である（二〇一四年一二月二〇日確認）。但し、「カロリック」を「熱素」にするなど、必要最低限の表記の変更は行った。強調は引用者によるものである。
（4）（カルノー 一九七三、九二頁）。また、九七頁には「熱は動力、あるいは、むしろ形を変えた運動にほかならない。熱は一つの運動である。」と書かれている。

第5章 構成的経験主義からの実在論批判

（1）構成的経験主義についてのまとまった文献としては、ファン＝フラーセンのものの他は、(Monton 2007, Monton & Mohler 2012) がある。(Churchland & Hooker 1985) は、構成的経験主義に対する批判論文にファン＝フラーセンが応答を執筆している。
（2）様相的概念とは、可能性、必然性、偶然性、現実性への関わりを含んだ概念の総称である。
（3）認識論における基礎づけ主義については（戸田山 二〇〇二）の第二章を参照。
（4）正確に言うと、ファン＝フラーセンが区別して論じようとしているのは、「理論の内容」と「理論とそれを使用する人間との関係」である（ファン・フラーセン 一九八六、二四頁）。

第6章 決定不全性概念への反省

（1）法定不全性についての包括的研究としては (Bonk 2008) がある。
（2）この「鶴亀算」の例は (Stanford 2013) にあった。ただし鶴と亀ではなく、価格の異なるリンゴとオレンジだったが。
（3）さらにファン＝ダイクは構成的経験主義者は決定不全性を論拠にすることはできないと論じ、ファン＝フラーセンはそれに同意している (van Fraassen 2007 p.347)。ちなみに、シロスはファン＝フラーセンは決定不全性に依拠しているはずだと考えている (Psillos 1999 p.162)。また、アンドレ・ククラは、依拠しているはずだとしながらもその個所を見つけることが難しいと述べている (Kukla 1998 p.59)。
（4）ダーウィンが『育成動植物の変異』（一八六八年）において主張した遺伝についての仮説である。動植物の各細胞にはそれぞれジェミュール (gemmule) と呼ばれる粒子が含まれている。ジェミュールは増殖することができる。この粒子が身体の各部分で獲得した形質を保持したまま生殖細胞に集まり、子孫に伝わることで親の形質が子に遺伝する、と説明される。

第7章　対象実在論

（1）こうした条件は「ケテリス・パリブス（ceteris paribus）」節と言われる。「他の事情が同じならば（other things being equal）」を意味するラテン語に由来する。

（2）カートライトはそもそも最良の説明への推論には批判的である（cf. Cartwright 1983 intro.）。

（3）（ハッキング 一九八六）参照。他に（Hacking 1982, Giere 1988 chap.5）も同様の議論をしている。ハッキングの議論をさらに発展させ、素粒子物理学に適用した労作として（Egg 2014）を挙げておく。

（4）筆者じしん、ハッキングの議論を紹介した際に、或る物理学者から、ボールを例にとればすむようなことを、PEGGY IIを持ち出して論ずるのは虚仮おどしではないかと指摘されたことがある。

（5）こちらが存在することはほぼ自明である。誰も自分がつくり出したものの存在は疑わないだろう。

第8章　構造実在論

（1）この講演は（ポアンカレ 一九五九、第九・一〇章）に再録されている。構造実在論の先駆者としてポワンカレを位置づける論者は多い。ここでは（Psillos 1999 pp.149–51）に拠っている。構造実在論者であるザハールもポワンカレの科学哲学について著書をものしている（Zahar 2001）。他には（Ladyman 2014）も参照。ポワンカレ以外の構造実在論のルーツについては（Gower 2000）がある。

（2）ラムジー文は理論から理論語を消去する一般的方法として（Ramsey 1929）によって案出された。その後、さまざまな文脈で哲学的議論の一つの有力な方法として用いられている。心の哲学においては（Lewis 1970）、数学の哲学においては（Hellman 1989）を参照すると、ラムジー文の役立ち方がわかる。

（3）日本語で読める存在的構造実在論についての優れた論考として（野内 二〇〇九）を挙げておく。本節の執筆においても大いに参考にさせていただいた。

（4）（Worrall 1989b）。フレネルからマクスウェルまでを扱ったその他のケーススタディとしては（Saatsi 2005b）が優れている。

（5）（野内 二〇〇九、一二頁）を参照した。レイディマンがこの方針を示した論文は（Ladyman 1998）。

（6）この種の批判は（Chakravartty 2003, 2007, Busch 2003, Morganti 2004, Psillos 2001）に見られる。野内はシロスとチャクラヴァティからの批判に対するレイディマンらからの応答（Ladyman & Ross 2007 p.155）を検討し、この種の批判が「実質的な効力を持っているとは言いきれない」という微妙な評価を与えている（野内 二〇〇九、一五頁）。

（7）つねにRxxが成り立つときRは反射的であるという。また、任意のxとyについて、Rxyならば必ずRyxでもあるとき、R

は対称的であるという。任意のx、y、zについて、RxyかつRyxならばつねにRxzであるとき、Rは推移的であるという。

（8）このような数学的構造の捉え方は「事物に先立つ構造（ante rem structure）」と言われる。（Shapiro 1997）を参照。

第9章　半実在論

（1）実際、レイディマンは半実在論を構造実在論の変種として位置づけている（Ladyman 2014）。

（2）高階の性質とは何かはわかりにくいので、ここで具体例を挙げておこう。さまざまなスプーンがあるとしよう。これらのスプーンが「対象」である。対象の第一階の性質とは、たとえばそれぞれのスプーンの長さである。それぞれのスプーンの長さ同士は、ある関係に立つ。つまり、「(長さが）同じか、より大きい」といった関係だ（この関係を$\leqq$と書くことにしよう）。これが「対象の第一階の性質同士の関係」にあたる。この関係自体もいろいろな性質を持つ。反対称性（$a \leqq b$ かつ $b \leqq a$ ならば $a = b$, をつねに満たす、という性質）、推移性（$a \leqq b$ かつ $b \leqq c$ ならば $a \leqq c$, をつねに満たす、という性質）、比較可能性（$a \leqq b$ または $b \leqq a$ のどちらかが必ず成り立つという性質）などである。この三つの性質をひっくるめて、$\leqq$は全順序だと言う。反対称性、推移性、比較可能性、あるいは「全順序である」という性質などが、「対象の第一階の性質同士の関係の性質」にあたる。対象の性質（長さがしかじかであるといった性質）に比べて、性質同士の関係の性質は、一つ抽象レベルの高い性質だから「高階の性質」と呼ばれる。

第10章　公理系アプローチからモデル中心的科学観へ

（1）典型例は、相対論を公理化したライヘンバッハの仕事だろう（cf. Reichenbach 1924）。

（2）さまざまな還元の類型を区別する試みとしては（Churchland & Churchland 1991, 1996）を参照。それに対する論評は（戸田山 二〇〇五）にある。

（3）科学におけるモデル、メタファー、アナロジーについてのサーベイとしては（Bailer-Jones 2002）が優れている。

（4）これはブラックによるマクスウェルからの引用から孫引きしたものである。マクスウェルの原著は（Maxwell 1890a pp.159–60）。

（5）（ヘッセ 一九八六）では「第一の体系」「第二の体系」という語を用いているが、これでは分かりにくいので、「原型領域」「第二領域」とした。

（6）（Morrison 1999）はモデルを「自律的なエージェント」と呼んでいる。

第11章　モデル中心的科学観と実在論論争

（1）科学のモデルは、ふつう世界全体についてのものと言うよりは、原子核や市場、ニューロンなど、実在の一部をなす特定の何か

について つくられる。この特定の「何か」を以下では実在システムと呼ぶ。

（2）どのくらい強い関係を両者に求めるかについては議論があった。強いものから並べると①同型性（van Fraassen 1980, Suppes 2002）、②部分的な同型性（Da Costa & French 2003）、③類似性（Giere 1988, Teller 2001）である。

（3）別の言い方をすれば、計算機シミュレーションは実在のプロセスをまねたモデルになっている。シミュレーションにまつわる哲学的問題については（Humphreys 2004, 2009, Hartmann 1996, Winsberg 2001, 2003）を参照。

（4）非標準モデル（non-standard model）は、公理的理論が描写しようとしていた構造（意図されたモデル）とは同型でない構造だが、その理論を真にするようなものを言う。たとえば、ロビンソン算術は自然数全体の集合Nを意図されたモデルとしてもつが、他にもNと構造を保ったままで一対一に対応づけられないモデルもある。（戸田山 二〇〇〇）を参照。

（5）読者はここで、「モデルが表象する」という言い回しに出会って当惑しているかもしれない。確かに、本章の冒頭で導入した理論の意味論的捉え方では、公理系が表象であり、モデルは公理系によって表象される一方、実在システムに対して類似関係に立つ、という具合に述べられる。意味論的捉え方は、モデルと実在システムの関係を、公理系とモデルの関係と区別し、公理系が実在を直接に表象するのではない、と主張する。そのためには、モデルと実在システムの関係は「表象」つまり文とそれを真にするものの関係ではない、と述べた方がポイントを強調できる。

しかし一方で、（数学的）構造としてのモデルと、それを表す方程式（という文の一種）やグラフ・図とを、わざわざ区別しないで語る語り方も一般的だ。図はページ上のインクの染みにすぎず、それが表している構造がモデルなのだと区別しても、普通はあまり意味がない。図とそれが表す構造とを一体にしてわれわれはモデルと呼んでいる。このような立場に立つと、図や方程式が実在システムに類似した構造を表象することによって、間接的に実在システムを表象している、という言い方をしてもよいだろう。実際、ギャリーは、モデルが実在を表象するという言い方を多用している。また、それはギャリーだけのことではなく、たとえば次のような言い方は普通に行われている。「第一に、モデルは世界の選ばれた部分（ターゲット・システム）を表象するものでありうる。ターゲットの性質によって、そうしたモデルは現象モデルとデータモデルに分かれる。他方、モデルは次のような意味で理論を表象する。つまり、モデルはその理論の法則や公理に解釈を与える」（Frigg & Hartmann 2012）。また、本書二四八頁で確認したように、ブラックもモデルが表象するという言い方を使っている。

（Frigg 2006）は、このようにモデルを表象の一種と捉えた上で、二つの哲学的問題を指摘している。(1)モデルはいかにして自分ではない何かを表象できるのか。その仕方は言語が実在を表象する仕方と同じか。(2)モデルが実在を表象する仕方は一つではない。だとしたら、科学にはどんな表象スタイルが現に使われているのか。これらの問いに対する解答の試みとしては、（Bailer-Jones 2003, Contessa 2007, Morrison 2009, Giere 2004, Suárez 2003, 2004, Toon 2011, 2012）を参照。

（6）脳画像についての科学哲学的分析としては（Bogen 2001）を参照。

（7）（Giere 2006）では、ギャリーは類似性という言葉を避け、「フィット」という語を好んで使うようになっている。

第12章　擁護に値するミニマルな実在論

（1）たとえば（大西 二〇一一、二〇一二）は、科学的実在論論争が膠着状態にあるという認識を本書と共有している。その上で大西は現代認識論の知見を論争に導入することにより、論争を決着させるための基準を手に入れようとしている。

（2）認識論的徳とは、何かを知るとか正当化するといった観点から評価した、言明・信念・仮説等々の備えるべき望ましい性質のことの総称である。

（3）この点で、筆者の立場は、科学を科学自身の言葉で理解するようにし、特殊な哲学的基準を科学に押しつけたり読みこんだりしないようにせよと命じる、アーサー・ファインの「自然な存在論的態度（natural ontological attitude）」と一部重なることになる。しかし、なぜ自然な存在論的態度をとるべきなのかを、科学理論のモデル＝メタファー的な一般性格に訴えて説明しようとしている限りにおいて、本書の立場は、やはり自然な存在論的態度から、いくぶん哲学よりにはみ出したものになっている。（Fine 1984, ファイン 一九九二）を参照。

（4）この問題は「科学の偶然性」の問題としてハッキングにより注目された（ハッキング 二〇〇〇、第三章、Hacking 2000）。それがどの程度新奇な問いであるのかも含めて、*Studies in History and Philosophy of Science* 誌上で活発な議論がなされている（Franklin 2008, Sankey 2008, Soler 2008a, 2008b, Trizio 2008）。この論争の存在については、鈴木秀憲さんから教示を受けた。

（5）知識の個人主義、内在主義については、（戸田山 二〇〇二、二〇〇七、二〇〇八）で批判した。また、知識の個人主義を乗り越えようとする試みとして社会認識論という分野がある。（伊勢田 二〇〇四）を参照するとよい。

（6）（中山 二〇〇八）は社会性を科学哲学に組み込もうとした意欲的な試みである。

（7）知識が「もの」という形をとりうるという点については、近年、技術の哲学の文脈で関心が集まっている。たとえば（ベアード 二〇〇五）などを参照。

（8）だからこそ、複雑・膨大なデータを人間に理解可能な形にして図示する技術、つまり scientific visualization が重要な研究領域になってきている（Tufte 2001, Wright 2006）。

（9）たとえば、量子力学により実在論的な解釈を与えるために、逆向き因果（原因が結果より時間的に後ろに来る）を導入しようとする試みなどがこれに相当する。詳しくは、（Price 1994, Aharanov et al. 2010, 白井他 二〇一二、第七章）を参照。

（10）したがって、筆者は形而上学の自然化にシンパシーを抱いている。しかし、そのやり方は、やや入り組んでいる。科学的自然像を抽象化して形而上学的枠組みを取りだすだけでなく、科学的自然像の解釈にもちこまれている日常的形而上学の進化的・神経科学的基盤を解明し、両者をすり合わせる、という手続きになる。形而上学の自然化の可能性と方策は近年、多くの哲学者によって議論されるようになってきた。（Ladyman & Ross 2007）、あるいは（Ross et al. 2013）所収の諸論文を参照。

（11）実際、ギャリーが『観点主義』を執筆した動機の少なくとも一端は、極端な社会構成主義を奉じる一部の科学論者の主張に、科学者たちが熾烈な批判を行った、いわゆる「サイエンス・ウォーズ」騒動に対して、どちらの側の直観もうまくすくい取ることのできる中間的立場を提案することにあった。いわゆる「サイエンス・ウォーズ」については、（Koertge 1998）に収められた論文を参照。

終　章　科学的実在論論争とは何であったのか、また何であるべきか

（1）「科学の科学」の一つの出発点となるのが、認知科学を科学哲学に接合する試みである。（Giere 1992, Churchland 1992a, 1992b, 1997, Bechtel 1996, Livingston 1996, Carruthers et al. 2002, 戸田山 一九九九）を参照。

あとがき

科学的実在論論争は三つの顔をもっている。まずそれは、科学の教えについて素人がもつ素朴な疑問に根ざしている。われわれは、小学校の理科の時間に、「この机もビーカーの中の水もホントウは原子という目に見えないツブツブからできているんですよ」と教わる。えっ、そうなの？　とてもそんな風には見えないけど……。

高校に進学して物理を教わるようになると、さらに悩みは深まる。「身の回りの運動は外から力を加えないといつか止まるものばかりだけど、ホントウのところ、物体は外力が加わらない限り、同じ速度で運動し続けるんですよ。それが物理の基本法則ね」。えっ？　一つも実例がないのに、ホントウとはこれいかに。「ホントウ」とは一体どういうことだろう。こういうことを考えない方が、物理の点数はよくなるのだが。少なくとも私は、そういうことを考えてしまったために、物理が苦手になった。あのとき、「これはね、理想化されたモデルですよ」のひと言があったらどんなに目から鱗が落ちたろう。

科学は観察にもとづいている。そして、どんな仮説も観察・実験で確かめられねばならない、とはよく言われる。しかし一方で、科学は観察を超えたことがらについて何ごとかを主張する。しかも、その主張は正しいように思われる。観察にもとづきながら観察を超える。こんな芸当ができるのは、いまのところ科学だけのように見える。こうして、科学がこの世にあること自体が謎になる。科学のどのような特質が、そうした芸当を可能にしているのだろう。その芸当はどの程度うまく果たされているのだろうか。

まず第一に、科学的実在論論争は、こうした素朴な疑問に答えようとする営みだ。ただし、何事も根底的なところから疑うべし、をモットーにする哲学者たちがやっているので、話はややこしくなる。そもそも、科学は観察を超えたことがらについて語っているのか、と問うたりするわけだ。

科学的実在論論争の第二の顔は、「科学内部での論争」という顔である。一九世紀末には、まさに、マクロな物体が「ホントウは原子という目に見えないツブツブからできている」のか否かが、科学者の間で熱い議論を呼んだ。オストヴァルトは、ホントウは別のもの（エネルギー）でできている、と主張し、マッハは、そもそも「ホントウ」って言うな、目に見えない世界のホントウのありさまを突き止めるのが科学の目的ではない、と主張した。原子といった特定のアイテムのあるなしの問題に見えたものが、原子の存在を主張する十分な証拠があるかという論題を経由して、最終的には科学の目的は何かという問題につながっていく。つまり、科学者が「哲学的」論争に従事することになる。こうしたことを科学者たちはしょっちゅう行っているわけではないが、ときおり巻き込まれる。それを楽しいと思う人と不愉快に思う人がいるわけだ。

昔の科学者は教養として十分な哲学教育の素地があったので、こうした論争状況に対応して、自分で哲学的書物を書いてしまったりする。マッハしかり、ボルツマン、ポワンカレ、デュエムしかり。ほぼ同じ時代に、数学の世界でも似たような論争があった。無限のあるなしをめぐる対立に端を発し、数学とは何だろうかということまでもが問われた。こちらも、数学者自身が膨大な哲学的論考を残した。デデキント、カントール、フレーゲ、ラッセル、ヒルベルト、ブラウワー……。ともかく、一九世紀末から二〇世紀初頭にかけて、科学者・数学者が妙に哲学づいた時期があったわけだ。

興味深いのは、こうした論争がいかにして終結するかだ。原子論論争の場合は、アインシュタインのブラウン運動の理論とペランの見事な実験によって片がついたとされる。数学の基礎をめぐる論争は、論争自体が数学化されることによって、つまり集合論、証明論、計算論という新しい数学（現代数理論理学）が生まれることによって鎮火した。「哲学的」要素をふんだんに含んだ論争に見えたものが、科学的に決着する。少なくとも表面的には。このこと自体、説明を要する興味深い現象だ。

言いたいのは、歴史を辿ってみると、ディシプリンとしての科学哲学は（ひょっとして分析哲学も）、こうした「科学者による哲学的論争」の生み出した副産物に他ならないということである。本書でくり返し強調したように、制度化された科学哲学の起源は論理実証主義にある。彼らはマッハと数理論理学の圧倒的影響下に哲学をはじめた。カルナップやライヘンバッハが米国に亡命した後には、科学哲学の制度化はさらに進んだ。制度化され独立した専門分野となった科学哲学の中で、次世代の科学哲学者が再生産されるようになる。「科学者による哲学的論争」として燃えさかった科学的実在論論争のうち、科学的仕方で鎮火させることのできなかった熾火のようなものが、再びたいまつに移され赤々と灯されるようになる。ただし今度は「哲学者による哲学的論争」として。これが、科学的実在論論争の第三の顔である。

このように歴史を眺めてみると、哲学は論争を終結させるための知恵というよりは、良くも悪くも論争を継続させるための知恵であるように思える。だから、科学者からは「まだやってるの」と言われることになる。はい、まだやっているんです。そして、その「まだやっていること」の功罪は半ばしていると思う。罪は二つあり、互いに密接に関係している。「哲学者による哲学的論争」としての科学的実在論論争は、現場科学者の感覚から遊離したスコラ的なものにならざるをえない、というのが一つ。もう一つは、「哲学的問題」として問い直されたときに、科学的実在論論争の問題設定にさまざまなバイアスが持ち込まれることになったということだ。たとえば、強すぎる経験主義、知識の個人主義、公理系アプローチに見られる文表象への偏愛、メタファーの軽視といった要素である。これらは、科学哲学の生みの親である論理実証主義者が持ち込んだバイアスであり、ラウダンの言葉を借りれば「父祖たちの罪」だ。

こうした原罪を背負った科学哲学ではあるのだが、だとしても、科学的実在論の問題を問い続けることには価値がある。なぜなら、その第一の顔として指摘した「素朴な問い」にはまだ答えが出ていないからだし、それらの問いに答えることは大切だと思うからだ。ただし、その問いの進め方はそろそろ変えないといけない。哲学の米国流制度化の一つの指標は、「コンパニオン」が編纂されることだ。科学哲学コンパニオンの類を繙くと、科学哲学の重要問題が列挙され、それぞれに一章が割かれている。もちろん科学的実在論論争は定番の重要問題だ。それを読んでいくと、科学的実在論論争が何をめぐるどういう問いなのかが簡潔に定式化されている。その論争を理解するのに必要な概念が定義されている。還元主義、道具主義、奇跡論法、構成的経験主義などのさまざまな立場が要約され、それぞれの得失が指摘されている。最後に、必読文献がリストアップされ、場合によっては短い要約とコメントまでついている。……便利だ。自分の学生時代にこういうものがあったなら、とつくづく思う。偉い哲学者のテキスト読解にはまって出られなくなるか、最新論文を闇雲に読んで方向を見失うかの二者択一にはつらいものがあるから。

だから、こうしたコンパニオン的な哲学の始め方を否定するわけではない。学生を能率的にレベルの高い議論水準に導くには最適な方法だし。しかし、落とし穴がある。そこに挙げられている「問い」は、哲学の歴史的・現実的背景によって構成されたものにならざるをえないからだ。つまり、ある背景に根ざしたバイアスに沿って切り詰められ、解き方も一定の作法が要求される、哲学者による哲学者のための問題になっている。したがって、われわれは少なくとも、「科学的実在論の問題」なるものが、その出発点となる素朴な問いや、科学者たちが現に問うてきた問題とあまりに懸け離れたものになっていないかということに絶えず注意を払う必要がある。

地球が誕生したときには科学はなかった。地球史のごく最近になって、地球の表面上に科学という活動が生まれた。科学は地球の一部であるヒトによって営まれる。つまり、ある意味で地球が自分の来し方行く末を自分のうちに射影するようになった。熊澤峰夫さんが『全地球史解読』(東京大学出版会)で、科学の誕生を地球史の第七事件と位置づけたように、これは大ごとではないだろうか。そして、私が宇宙の科学の存在する部分に、存在するときに生きているのも奇跡的なことに思えてくる。

私が知りたいのは、次の素朴な問いへの答えだ。このたぐいまれなる科学という活動の正体はいったい何なのか。それはなぜ、いかにして可能なのか。どのようにしてこの世界に生まれたのか。この素朴な問いに正面から答えようとする学問はまだない。それを仮に「科学の科学」と名づけておこう。科学哲学の最重要の任務は、来るべき「科学の科学」の種を蒔くことにある。科学の内外に「哲学的」な問題を見つけて解くことにあるのではない。科学的実在論論争が重要なのは、いっけん、実在論と反実在論という伝統的な形而上学的問い、懐疑論論駁という伝統的な認識論的問いを、科学を題材としてくり返しているにすぎないように見えながら、その実、科学という活動はどのように特徴づけられるのかという素朴な問いを間接的に問うことになっているからだ。あるいは、このように言ってもよい。科学的実在論論争は、「科学の科学」の中心にあるはずの問いを、現にわれわれが手にしている哲学の中から問い始める一つのきっかけとして価値があるのだと。

そのために、本書では次のことを心掛けた。第一に、この論争に参加しつつ、それがいかに限定的で偶然な諸前提のもとで成立しているのかも明るみに出すこと。第二に、実在論を何であれ擁護しようとするのではなく、擁護に値する実在論のバージョンを探り当てること。このことによって、科学をどのような活動として特徴づければよ言って自信はないのだけれど。

本書の成立の一つのきっかけは、二〇〇五年にＮＨＫ出版から『科学哲学の冒険』という入門書を出したことにある。この本の中で、私は科学的実在論を擁護する立場をとった。これに対して伊勢田哲治さんが、『冒険』ではあまりに安直に実在論が勝ってしまってけしからん、と批判した。それでは、ということで二〇〇六年から、創刊されたばかりの『RATIO』（講談社）誌上で、私と伊勢田さんのメール討論が連載され、緻密な議論では誰にも負けない伊勢田さんが私をボコボコにする様子が人々の目にさらされることになった。で、勉強し直してまいります、という気分になった私が再び書いたのが本書である。どうせまたボコボコにされるのであろう。望むところだ。

名古屋大学出版会との間で、いつ本書の執筆を約束したのかは、もはや記憶の彼方に霞んでしまって思い出せない。今世紀のことであったのは確かだが。科学者との付き合いの中で、科学的実在論論争をそのままの形で問うことの意味にいささか懐疑的になっていた私の筆はいっこうに進まず、普段はとても優しい、担当の神舘健司さんの静かな怒りを買うことになった。申しわけありませんでした。また、最後まで辛抱強くおつきあいいただき、ありがとうございました。

本書の刊行には、名古屋大学学術図書出版助成の援助を受けている。ここに記して感謝いたします。

二〇一五年一月

著　者

《著者紹介》

戸田山《とだやま》　和久《かずひさ》

1958 年生まれ
1989 年　東京大学大学院人文科学研究科博士課程単位取得退学
現　在　名古屋大学大学院情報科学研究科教授
著　書　『論理学をつくる』（名古屋大学出版会，2000）
『知識の哲学』（産業図書，2002）
『誇り高い技術者になろう』（共編，名古屋大学出版会，2004，第 2 版 2012）
『科学哲学の冒険』（日本放送出版協会，2005）
『「科学的思考」のレッスン』（NHK 出版，2011）
『科学技術をよく考える』（共編，名古屋大学出版会，2013）
『哲学入門』（筑摩書房，2014）他

科学的実在論を擁護する

2015 年 1 月 31 日　初版第 1 刷発行
2015 年 3 月 20 日　初版第 2 刷発行

定価はカバーに
表示しています

著　者　戸 田 山 和 久
発行者　石　井　三　記

発行所　一般財団法人 名古屋大学出版会
〒 464-0814　名古屋市千種区不老町 1 名古屋大学構内
電話（052）781-5027/FAX（052）781-0697

印刷・製本　㈱太洋社　ISBN978-4-8158-0801-3
乱丁・落丁はお取替えいたします。

索　引

ア　行

カ　行

サ　行

タ　行

ナ　行

ハ　行

マ　行

ヤ　行

ラ　行

ワ　行

文献一覧

日本語で読める科学的実在論についての概説

伊勢田哲治（2003）『疑似科学と科学の哲学』名古屋大学出版会，第 3 章

内井惣七（1995）『科学哲学入門——科学の方法・科学の目的』世界思想社

オカーシャ，S.（2008）『科学哲学』岩波書店，第 4 章，原著：（Okasha 2002）

戸田山和久（2010）『科学哲学の冒険』日本放送出版協会

西脇与作（2004）『科学の哲学』慶應義塾大学出版会，第 5 章

美濃正（1988）「科学的実在論の問題」内井惣七・小林道夫編『科学と哲学』昭和堂，pp. 213–57

森田邦久（2010）『理系人に役立つ科学哲学』化学同人，第 5 章

ローゼンバーグ，A.（2011）『科学哲学——なぜ科学が哲学の問題になるのか』春秋社，第 4 章，原著：（Rosenberg 2005）

欧文文献

Aronson, J. (1997) "Truth, Verisimilitude, and Natural Kinds", *Philosophical Papers* 26, pp. 71–104

Aharanov, Y., Popescu, S. & Tollaksen, J. (2010) "A Time-Symmetric Formulation of Quantum Machanics", *Physics Today* 63–11, pp.27–32

Bailer-Jones, D. M. (2002) "Models, Metaphors and Analogies", in (Machamer & Silberstein 2002), pp.108–27

—— (2003) "When Scientific Models Represent", *International Studies in the Philosophy of Science* 17, pp.59–74

Baird, D. (2004) *Thing Knowledge : A Philosophy of Scientific Instruments*, University of California Press

Barnes, E. (1991) "Beyond Verisimilitude : A Linguistically Invariant Basis for Scientific Progress", *Synthese* 88, pp.309–39

Bechtel, W. (1996) "What Should a Connectionist Philosophy of Science Look Like?", in (McCauley 1996), pp.121–44

——, Mandik, P. et al. (eds.) (2001) *Philosophy and the Neurosciences : A Reader*, Blackwell

Bird, A. (1998) *Philosophy of Science*, McGill-Queen's University Press

Black, M. (1962) *Models and Metaphors : Studies in Language and Philosophy*, Cornell University Press

Bloor, D. (1976) *Knowledge and Social Imagery*, Routledge

—— (1983) *Wittgenstein : A Social Theory of Knowledge*, Columbia University Press

Bogen, J. (2001) "Functional Imaging Evidence : Some Epistemic Hot Spots", in (Machamer et al. 2001), pp.173–99

Bonk, T. (2008) *Underdetermination : An Essay on Evidence and the Limits of Natural Knowledge*, Springer

Boyd, R. N. (1981) "Scientific Realism and Naturalistic Epistemology", PSA 1980 vol. 2, Philosophy of Science Association

—— (1983) "On the Current Status of the Issue of Scientific Realism", *Erkenntnis* 19, pp.45–90

—— (1984) "The Current Status of Scientific Realism", in (Leplin 1984), pp.41–82

—— (1989) "What Realism Implies and What it Does Not", *Dialectica* 43, pp.5–29

—— (1990) "Realism, Approximate Truth and Philosophical Method", in (Savage 1990), pp. 355–91

Braithwaite, R. B. (1953) *Scientific Explanation*, Cambridge University Press

Bridgman, P. W. (1927) *The Logic of Modern Physics*, Macmillan

Brink, C. & Heidema, J. (1987) "A Verisimilar Ordering of Theories Phrased in a Propositional Language", *The British Journal for the Philosophy of Science* 38, pp.533–49

Britz, K. & Brink, C. (1995) "Computing Verisimilitude", *Notre Dame Journal of Formal Logic* 36–2, pp.30–43

Busch, J. (2003) "What Structures Could not be", *International Studies in the Philosophy of Science* 17, pp.211–25

Butterfield, J. & Pagonis, C. (eds.) (1999) *From Physics to Philosophy*, Cambridge University Press

Carnap, R. (1928) *Der Logische Aufbau der Welt*, Felix Meiner

—— (1932) "Überwindung der Metaphysik durch Logische Analyse der Sprache", *Erkenntnis* 2, pp.219–41

—— (1936) "Testability and Meaning", *Philosophy of Science* 3, pp.419–71

—— (1937) "Testability and Meaning - Continued", *Philosophy of Science* 4, pp.1–40

—— (1950) "Empiricism, Semantics and Ontology", *Revue Internationale de Philosophie* 4, pp. 20–40

—— (1956) "The Methodological Character of Theoretical Concepts", in (Feigl & Scriven 1956), pp.38–76

Carroll, L. (1895) "What the Tortoise Said to Achilles", *Mind* 104, pp.691–93

Carruthers, P., Stich, S. & Siegal, M. (eds.) (2002) *The Cognitive Basis of Science*, Cambridge University Press

Cartwright, N. (1983) *How the Laws of Physics Lie*, Oxford University Press

Castellani, E. (ed.) (1998) *Interpreting Bodies : Classical and Quantum Objects in Modern Physics*, Princeton University Press

Chakravartty, A. (1998) "Semirealism", *Studies in History and Philosophy of Science* 29, pp. 391–408

—— (2003) "The Structuralist Conception of Objects," *Philosophy of Science* 70, pp.867–78

—— (2007) *A Metaphysics for Scientific Realism : Knowing the Unobservable*, Cambridge University Press

—— (2008) "What You Don't Know Can't Hurt You : Realism and the Unconceived", *Philosophical Studies* 137, pp.149–58

—— (2011) "Scientific Realism", *Stanford Encyclopedia of Philosophy*, (http://plato.stanford.edu/entries/scientific-realism/)

Chang, H. (2004) *Inventing Temperature : Measurement and Scientific Progress*, Oxford University Press

Churchland, P. M. (1979) *Scientific Realism and the Plasticity of Mind*, Cambridge University Press

—— (1985) "The Ontological Status of Observables : In Praise of the Superempirical Virtues", in (Churchland and Hooker 1985), pp.35–47

—— (1989) *A Neurocomputational Perspective : The Nature of Mind and the Structure of Science*, MIT Press.

—— (1992a) "A Deeper Unity : Some Feyerabendian Themes in Neurocomputational Form", in (Giere 1992), pp.341–63, reprinted in (Churchland & Churchland 1998), pp.257–79

—— (1992b) "Reconceiving Cognition", in (Giere 1992), pp.475–80

—— (1997) "To Transform the Phenomena : Feyerabend, Proliferation, and Recurrent Neural Networks", in (Churchland & Churchland 1998), pp.289–303

—— & Churchland, P. S. (1991) "Intertheoretic Reduction : A Neuroscientist's Field Guide", *Seminars in the Neuroscience* 2, pp.249–56, reprinted in (Bechtel et al. 2001), pp.419–30

—— & —— (1996) "McCauley's Demand for a Co-level Competitor", in (McCauley 1996) pp. 222–31, reprinted in (Bechtel et al. 2001) pp.457–65

—— & —— (1998) *On the Contrary*, MIT Press.

—— & Hooker, C. (eds.) (1985) *Images of Science : Essays on Realism and Empiricism, with a Reply from Bas C. van Fraassen*, University of Chicago Press

Churchland, P. S. (1986) *Neurophilosophy*, MIT Press

Clark, P. & Hawley, K. (eds.) (2000) *Philosophy of Science Today*, Oxford University Press

Colodny, R. (ed.) (1970) *The Nature and Function of Scientific Theories*, University of Pittsburgh Series in the Philosophy of Science, vol.4, University of Pittsburgh Press

Contessa, G. (2007) "Scientific Representation, Interpretation and Surrogative Reasoning", *Philosophy of Science* 74–1, pp.48–68

Craig, W. (1953) "On Axiomatizability with a System", *Journal of Symbolic Logic* 18, pp.30–2

—— (1956) "Replacement of Auxiliary Expressions", *Philosophical Review* 65, pp.38–55

Craver, C. F. (2001) "Role Functions, Mechanisms, and Hierarchy", *Philosophy of Science* 68, pp. 53–74

—— (2002) "Structures of Scientific Theories", in (Machamer & Silberstein 2002), pp.55–79

—— & Darden, L. (2001) "Discovering Mechanisms in Neurobiology", in (Machamer et al.

2001), pp.112-37

Da Costa, N. & French, S. (2003) *Science and Partial Truth : A Unitary Approach to Models and Scientific Reasoning*, Oxford University Press

Demopoulos, W. & Friedman, M. (1985) "Critical notice : Bertrand Russell's *The Analysis of Matter* : Its Historical Context and Contemporary Interest", *Philosophy of Science* 52, pp. 621-39, reprinted as "The Concept of Structure in The Analysis of Matter", in (Savage & Anderson 1989), pp.183-99

Douven, I. (2002) "Testing Inference to the Best Explanation", *Synthese* 130, pp.355-77

—— (2011) "Abduction", *Stanford Encyclopedia of Philosophy*, (http://plato.stanford.edu/entries/abduction/)

Dretske, F. (1981) *Knowledge and the Flow of Information*, MIT Press

Duhem, P. (1906) *La Théorie Physique : Son Objet, sa Structure*, Chevalier & Riviére

Earman, J. (ed.) (1983) *Testing Scientific Theories*, Minnesota Studies in the Philosophy of Science, vol.X, University of Minnesota Press

Egg, M. (2014) *Scientific Realism in Particle Physics: A Causal Approach*, De Gruyter

English, J. (1973) "Underdetermination : Craig and Ramsey", *The Journal of Philosophy* 70, pp. 453-62

Feigl, H. (1950) "Existential Hypothesis : Realistic versus Phenomenalistic Interpretations", *Philosophy of Science* 17, pp.35-62

—— & Scriven, M. (eds.) (1956) *The Foundations of Science and the Concepts of Psychology and Psychoanalysis*, Minnesota Studies in the Philosophy of Science, vol.I, University of Minnesota Press

—— & Maxwell, G. (eds.) (1962) *Scientific Explanation, Space, and Time*, Minnesota Studies in the Philosophy of Science, vol.III, University of Minnesota Press

Feyerabend, P. (1975) *Against Method : Outline of an Anarchistic Theory of Knowledge*, New Left Books

Fine, A. (1984) "The Natural Ontological Attitude", in (Leplin 1984), pp.261-77

—— (1986a) *The Shaky Game*, University of Chicago Press

—— (1986b) "Unnatural Attitudes : Realist and Instrumentalist Attachments to Science", *Mind* 95, pp.149-79

—— (1991) "Piecemeal Realism", *Philosophical Studies* 61, pp.79-96

Franklin, A. (2008) "Is Failure an Option? Contingency and Refutation", *Studies in History and Philosophy of Science* 39, pp.242-52

French, S. (1998) "On the Withering Away of Physical Objects," in (Castellani 1998), pp.93-113

—— (1999) "Models and Mathematics in Physics : The Role of Group Theory," in (Butterfield & Pagonis 1999), pp.187-207

—— (2006) "Structure as a Weapon of the Realist", *Proceedings of the Aristotelian Society* 106, pp.1-19

—— & Ladyman, J. (2003) "Remodelling Structural Realism : Quantum Physics and the

Metaphysics of Structure", *Synthese* 136, pp.31-56

Frigg, R. (2006) "Scientific Representation and the Semantic View of Theories", *Theoria* 55, pp. 37-53

—— & Hartmann, S. (2012) "Models in Science", *Stanford Encyclopedia of Philosophy*, (http://plato.stanford.edu/entries/models-science/)

Giere, R. N. (1983), "Testing Theoretical Hypotheses", in (Earman 1983), pp.269-98

—— (1985) "Constructive Realism", in (Churchland & Hooker 1985), pp.75-98

—— (1988) *Explaining Science : A Cognitive Approach*, University of Chicago Press

—— (1999) *Science without Laws*, University of Chicago Press

—— (2004) "How Models Are Used to Represent Reality", *Philosophy of Science* 71 (Supplement), pp.S742-52

—— (2006) *Scientific Perspectivism*, University of Chicago Press

—— (ed.) (1992), *Cognitive Models of Science*, Minnesota Studies in the Philosophy of Science, vol.XV, University of Minnesota Press

Godfrey-Smith, P. (2008) "Recurrent, Transient Underdetermination and the Glass Half-Full", *Philosophical Studies* 137, pp.141-8

Gooding, D., Pinch, T. & Schaffer, S. (eds.) (1989) *The Uses of Experiment : Studies in the Natural Sciences*, Cambridge University Press

Goodman, N. (1955) *Fact, Fiction and Forecast*, Harvard University Press

Gower, B. (2000) "Cassirer, Schlick and 'Structural' Realism : The Philosophy of the Exact Sciences in the Background to Early Logical Empiricism", *British Journal for the History of Philosophy* 8, pp.71-106

Hackenberg, T. D. (2009) "Realism without Truth : A Review of Giere's *Science without Laws* and *Scientific Perspectivism*", *Journal of the Experimental Analysis of Behavior* 91-3, pp.391-402

Hacking, I. (1982) "Experimentation and Scientific Realism", *Philosophical Topics* 13, pp.71-87

—— (1983) *Representing and Intervening*, Cambridge University Press

—— (1985) "Do We See Through a Microscope?", in (Churchland & Hooker 1985), pp.132-52

—— (1999) *The Social Construction of What?*, Harvard University Press

—— (2000) "How Inevitable are the Results of Successful Science?", *Philosophy of Science* 67, pp.58-71

Hardwig, J. (1985) "Epistemic Dependence", *The Journal of Philosophy* 82, pp.335-49

Harman, G. (1965) "The Inference to the Best Explanation", *Philosophical Review* 74, pp.88-95

Hartmann, S. (1996) "The World as a Process. Simulations in the Natural and Social Sciences", in (Hegselmann et al. 1996), pp.77-100

Hegselmann, R., Müller, U. & Troitzsch, K. (eds.) (1996) *Modelling and Simulation in the Social Sciences from the Philosophy of Science Point of View*, Kluwer

Hellman, G. (1989) *Mathematics without Numbers*, Oxford University Press

Hempel, C. G. (1958) "The Theoretician's Dilemma", Minnesota Studies in the Philosophy of Science 2, pp.37-98, reprinted in (Hempel 1965), pp.173-226

—— (1965) *Aspects of Scientific Explanation and Other Essays in the Philosophy of Science*, Free Press

—— & Oppenheim, P. (1948) "Studies in the Logic of Explanation", *Philosophy of Science* 15, pp. 135–75, reprinted in (Hempel 1965), pp.245–90

Hesse, M. (1963) *Models and Analogies in Science*, Sheed and Ward

—— (1966) *Models and Analogies in Science*, 2nd ed., University of Notre Dame Press

Hoefer, C. & Rosenberg, A. (1994) "Empirical Equivalence, Underdetermination, and Systems of the World", *Philosophy of Science* 61, pp.592–608

Hume, D. (1739–40) *A Treatise of Human Nature*, Norton, D. F. & Norton, M. J. (eds.), Oxford University Press, 2000

Humphreys, P. (2004) *Extending Ourselves : Computational Science, Empiricism, and Scientific Method*, Oxford University Press

—— (2009) "The Philosophical Novelty of Computer Simulation Methods", *Synthese* 169, pp. 615–26

Iseda, T. (1999) "Use-novelty, Severity, and the Systematic Neglect of Relevant Alternatives", *Philosophy of Science* 66 (Proceedings), pp.S403–13

Kitcher, P. (1993) *The Advancement of Science : Science without Legend, Objectivity without Illusions*, Oxford University Press

Koertge, N. (1998) *A House Built on Sand : Exposing Postmodernist Myths About Science*, Oxford University Press

Kuhn, T. (1962) *The Structure of Scientific Revolutions*, Chicago University Press

Kukla, A. (1993) "Laudan, Leplin, Empirical Equivalence and Underdetermination", *Analysis* 53, pp.1–7

—— (1998) *Studies in Scientific Realism*, Oxford University Press

Ladyman, J. (1998) "What is Structural Realism?", *Studies in History and Philosophy of Science* 29, pp.409–24

—— (2000) "What's Really Wrong With Constructive Empiricism? Van Fraassen and the Metaphysics of Modality", *British Journal for the Philosophy of Science* 51, pp.837–56

—— (2004) "Constructive Empiricism and Modal Metaphysics : A Reply to Monton and van Fraassen", *British Journal for the Philosophy of Science* 55, pp.755–65

—— (2014) "Structural Realism", *Stanford Encyclopedia of Philosophy*, (http://plato.stanford.edu/entries/structural-realism/)

—— & Ross, D. (2007) *Every Thing Must Go : Metaphysics Naturalised*, Oxford University Press

Lakatos, I. (1978) *The Methodology of Scientific Research Programmes*, Philosophical Papers vol. 1, Cambridge University Press

Lange, M. (2002) "Baseball, Pessimistic Inductions and the Turnover Fallacy", *Analysis* 62–4, pp. 281–5

Laudan, L. (1981) "A Confutation of Convergent Realism", *Philosophy of Science* 48, pp.19–48

—— (1984) *Science and Values*, University of California Press

—— (1996) *Beyond Positivism and Relativism : Theory, Method and Evidence*, Westview

——, Donovan, A. & Laudan, R. (1988) *Scrutinizing Science : Empirical Studies of Scientific Change*, Springer

—— & Leplin, J. (1991) "Empirical Equivalence and Underdetermination", *Journal of Philosophy* 88, pp.449–72, reprinted in (Laudan 1996), pp.55–73

Leplin, J. (ed.) (1984) *Scientific Realism*, University of California Press

Lewis, D. (1970) "How to Define Theoretical Terms", *Journal of Philosophy* 67, pp.427–46

—— (1973/1986) *Counterfactuals*, Harvard University Press, revised edition, Blackwell

Lewis, P. (2001) "Why the Pessimistic Induction is a Fallacy", *Synthese* 129, pp.371–80

Lipton, P. (2007) "*Scientific Perspectivism* by Ronald N. Giere", *Science* 316–5826, p.834

Livingston, K. R. (1996) "The Neurocomputational Mind Meets Normative Epistemology", *Philosophical Psychology* 9–1, pp.33–59

Locke, J. (1975) *An Essay concerning Human Understanding*, Oxford University Press (原著は1690年出版)

Machamer, P., Darden, L. & Craver, C. F. (2000) "Thinking about Mechanisms", *Philosophy of Science* 67, pp.1–25

——, Grush, R. & McLaughlin, P. (eds.) (2001) *Theory and Method in the Neurosciences*, University of Pittsburgh Press

—— & Silberstein, M. (2002) *The Blackwell Guide to the Philosophy of Science*, Blackwell

Magnus, P. (2006) "What's New About the New Induction?", *Synthese* 148, pp.295–301

—— & Callender, C. (2004) "Realist Ennui and the Base Rate Fallacy", *Philosophy of Science* 71, pp.320–38

Massimi, M. (2004) "Non-Defensible Middle Ground for Experimental Realism : Why We are Justified to Believe in Colored Quarks", *Philosophy of Science* 71, pp.36–60

Maxwell, G. (1962) "On the Ontological Status of Theoretical Entities", in (Feigl & Maxwell 1962), pp.3–27

—— (1970a) "Structural Realism and the Meaning of Theoretical Terms", in (Winokur & Radner 1970), pp.181–92

—— (1970b) "Theories, Perception and Structural Realism", in (Colodny 1970), pp.3–34

Maxwell, J. C. (1890a) *The Scientific Papers of James Clerk Maxwell I*, Cambridge University Press

—— (1890b) *The Scientific Papers of James Clerk Maxwell II*, Cambridge University Press

McCauley, R. (ed.) (1996) *The Churchlands and their Critics*, Blackwell

McMullin, E. (1987) "Explanatory Success and the Truth of Theory", in (Rescher 1987), pp. 51–73

—— (1992) *The Inference that Makes Science*, Marquette University Press

Monton, B. (ed.) (2007) *Images of Empiricism : Essays on Science and Stances, with a Reply from Bas C. van Fraassen*, Oxford University Press

—— & Mohler, C. (2012) "Constructive Empiricism", *Stanford Encyclopedia of Philosophy*,

(http://plato.stanford.edu/entries/constructive-empiricism/)
—— & van Fraassen, B. (2003) "Constructive Empiricism and Modal Nominalism", *British Journal for the Philosophy of Science* 54, pp.405–22
Morgan, M. & Morrison, M. (1999a) *Models as Mediators : Perspectives on Natural and Social Science*, Cambridge University Press
—— & —— (1999b) "Models as Mediating Instruments", in (Morgan & Morrison 1999a), pp. 10–37
Morganti, M. (2004) "On the Preferability of Epistemic Structural Realism", *Synthese* 142, pp. 81–107
Morrison, M. (1990) "Theory, Intervention and Realism", *Synthese* 82, pp.1–22
—— (1999) "Models as Autonomous Agents", in (Morgan & Morrison 1999a), pp.38–65
—— (2009) "Fictions, Representations and Reality", in (Suárez 2009), pp.110–35
Nagel, E. (1935) "The Logic of Reduction in the Sciences", *Erkenntnis* 5, pp.46–52
—— (1949) "The Meaning of Reduction in the Natural Sciences", in (Stouffer 1949), pp.99–135
Neurath, O. (1932) "Protokollsätze", *Erkenntnis* 3, pp.215–28, translated and reprinted in (Neurath 1983), pp.91–9
—— (1983) *Philosophical Papers 1913–1946*, Cohen, R.S. & Neurath, M. (eds.), Reidel
Newman, M. H. A. (1928) "Mr. Russell's Causal Theory of Perception", *Mind* 37, pp.137–48
Newton-Smith, W. H. (ed.) (2000) *A Companion to the Philosophy of Science*, Blackwell
Niiniluoto, I. (1987) *Truthlikeness*, Reidel
Nola, R. (2008) "The Optimistic Meta-Induction and Ontological Continuity : the Case of the Electron", in (Soler et al. 2008), pp.159–202
Oddie, G. (2014), "Truthlikeness", *Stanford Encyclopedia of Philosophy*, (http://plato.stanford.edu/entries/truthlikeness/)
Okasha, S. (2002) *Philosophy of Science : A Very Short Introduction*, Oxford University Press
Papineau, D. (1996a) *The Philosophy of Science*, Oxford University Press
—— (1996b) "Introduction", in (Papineau 1996a), pp.1–20
Piccinini, G. & Craver, C. (2011) "Integrating Psychology and Neuroscience : Functional Analysis as Mechanism Sketches", *Synthese* 183, pp.283–311
Poincaré, H. (1902) *La Science et L'Hypothese*, Flammarion
Pojman, P. (2009) "Ernst Mach", *Stanford Encyclopedia of Philosophy*, (http://plato.stanford.edu/entries/ernst-mach/)
Popper, K. R. (1963) *Conjectures and Refutations*, Routledge
Price, H. (1994) "A Neglected Route to Realism about Quantum Mechanics", *Mind* 103 (411), pp. 303–36
Psillos, S. (1999) *Scientific Realism : How Science Tracks Truth*, Routledge
—— (2000) "The Present State of the Scientific Realism", in (Clark & Hawley 2000), pp.59–82
—— (2001) "Is Structural Realism Possible?", *Philosophy of Science* 68 (Supplementary Volume), pp.S13–24, reprinted in (Psillos 2009), pp.125–35

—— (2006) "The Structure, the Whole Structure and Nothing But the Structure?", *Philosophy of Science* 73, pp.560–70, reprinted in (Psillos 2009), pp.136–46

—— (2009) *Knowing the Structure of Nature : Essays on Realism and Explanation*, Palgrave Macmillan

Putnam, H. (1962) "What Theories are Not", in (Putnam 1975b), pp.215–27

—— (1975a) "What is Mathematical Truth", in (Putnam 1975b), pp.60–78

—— (1975b) *Mathematics, Matter and Method*, Cambridge University Press

—— (1981) *Reason, Truth and History*, Cambridge University Press

Quine, W. V. O. (1951) *From a Logical Point of View*, Harvard University Press

Radnitzky, G. & Andersson, G. (eds.) (1978) *Progress and Rationality in Science*, Boston Studies in the Philosophy of Science, vol.LVIII, Reidel

Ramsey, F. P. (1929) "Theories", in (Ramsey 1931), pp.212–36

—— (1931) *The Foundations of Mathematics and Other Logical Essays*, Braithwaite, R. B. (ed.), Routledge

Redhead, M. L. G. (2001a) "Unification in Science", *British Journal for the Philosophy of Science* 35, pp.274–79

—— (2001b) "The Intelligibility of the Universe", *Philosophy* 48, pp.73–90

Regt, H. de (1999) "Ludwig Boltzmann's *Bildtheorie* and Scientific Understanding", *Synthese* 119, pp.113–34

Reichenbach, H. (1924) *Axiomatik der Relativistischen Raum-Zeit-Lehre*, English translation : (1969) *Axiomatization of the Theory of Relativity*, University of California Press

Rescher, N. (1987) *Scientific Inquiry in Philosophical Perspective*, University Press of America

Resnik, D. B. (1994) "Hacking's Experimental Realism", *Canadian Journal of Philosophy* 24, pp. 395–412

Richards, I. A. (1936) *The Philosophy of Rhetoric*, Oxford University Press

Richardson, A. & Uebel, T. (eds.) (2007) *The Cambridge Companion to Logical Empiricism*, Cambridge University Press

Rosen, G. (1994) "What is Constructive Empiricism?", *Philosophical Studies* 74–2, pp.143–78

Rosenberg, A. (2005) *Philosophy of Science : A Contemporary Introduction*, Routledge

Ross, D., Ladyman, J. & Kincaid, H. (2013) *Scientific Metaphysics*, Oxford University Press

Russell, B. (1927) *The Analysis of Matter*, Routledge Kegan Paul

—— (1948) *Human Knowledge : Its Scope and Limits*, George Allen and Unwin

Ruttkamp, E. (2002) *A Model-theoretic Realist Interpretation of Science*, Kluwer

Saatsi, J. (2005a) "On the Pessimistic Induction and Two Fallacies", *Philosophy of Science* 72, pp. 1088–98

—— (2005b) "Reconsidering the Fresnel-Maxwell Theory Shift : How the Realist can Have her Cake and EAT it too", *Studies in History and Philosophy of Science* 36, pp.509–38

Salmon, W. (1984) *Scientific Explanation and the Causal Structure of the World*, Princeton University Press

Sankey, H. (2008) "Scientific Realism and the Inevitability of Science", *Studies in History and Philosophy of Science* 39, pp.259–64

Savage, C. W. (ed.) (1990) *Scientific Theories*, Minnesota Studies in the Philosophy of Science, vol.XIV, University of Minnesota Press

—— & Anderson, C. A. (1989) *Rereading Russell : Essays on Bertrand Russell's* Metaphysics and Epistemology, Minnesota Studies in the Philosophy of Science, vol. XII, University of Minnesota Press

Schaffner, K. (1967) "Approaches to Reduction", *Philosophy of Science* 34, pp.137–47

Sellars, W. (1963) *Science, Perception and Reality*, Routledge & Kegan Paul

—— (1967) *Philosophical Perspectives*, Charles Thomas

—— (1977) "Is Scientific Realism Tenable?", PSA : Proceedings of the Biennial Meeting of the Philosophy of Science Association 1976, pp.307–34

Shapiro, S. (1997) *Philosophy of Mathematics : Structure and Ontology*, Oxford University Press

Sklar, L. (1975) "Methodological Conservatism", *Philosophical Review* 84, pp.384–400

—— (1981) "Do Unborn Hypotheses Have Rights?", *Pacific Philosophical Quarterly* 62, pp. 17–29

Smart, J. J. C. (1963) *Philosophy and Scientific Realism*, Routledge & Kegan Paul

Soler, L. (2008a) "Are the Results of our Science Contingent or Inevitable?", *Studies in History and Philosophy of Science* 39, pp.221–9

—— (2008b) "Revealing the Analytical Structure and Some Intrinsic Major Difficulties of the Contingentist/Inevitabilist Issue", *Studies in History and Philosophy of Science* 39, pp.230–41

——, Sankey, H. & Hoyningen-Huene, P. (eds.) (2008) *Rethinking Scientific Change and Theory Comparison : Stabilities, Ruptures, Incommensurabilities?*, Springer

Stanford, K. (2006) *Exceeding Our Grasp : Science, History, and the Problem of Unconceived Alternatives*, Oxford University Press

—— (2013), "Underdetermination of Scientific Theory", *Stanford Encyclopedia of Philosophy*, (http://plato.stanford.edu/entries/scientific-underdetermination/)

Stouffer, R. C. (ed.) (1949) *Science and Civilization*, University of Wisconsin Press

Suárez, M. (2003) "Scientific Representation : Against Similarity and Isomorphism", *International Studies in the Philosophy of Science* 17, pp.225–44

—— (2004) "An Inferential Conception of Scientific Representation", *Philosophy of Science* 71 (Supplement), pp.S767–79

—— (ed.) (2009) *Fictions in Science : Philosophical Essays on Modelling and Idealisation*, Routledge

Suppe, F. (1989) *The Semantic View of Theories and Scientific Realism*, University of Illinois Press

—— (2000) "Craig's Theorem", in (Newton-Smith 2000), pp.65–7

Suppes, P. (2002) *Representation and Invariance of Scientific Structures*, CSLI Publications

Teller, P. (2001) "Twilight of the Perfect Model", *Erkenntnis* 55, pp.393–415

Thomson, J. J. (1897) "Cathode Rays", *Philosophical Magazine* 44, pp.293–316

Toon, A. (2011) "Playing with Molecules", *Studies in History and Philosophy of Science* 42, pp. 580–9

—— (2012) *Models as Make-Believe : Imagination, Fiction and Scientific Representation*, Palgrave Macmillan

Toulmin, S. (1958) *The Uses of Argument*, Cambridge University Press

Trizio, E. (2008) "How Many Sciences for One World? Contingency and the Success of Science", *Studies in History and Philosophy of Science* 39, pp.253–8

Trout, J. D. (1998) *Measuring the Intentional World*, Oxford University Press

Tufte, E. R. (2001) *The Visual Display of Quantitative Information*, Graphics Press

Uffink, J. (2014) "Boltzmann's Work in Statistical Physics", *Stanford Encyclopedia of Philosophy*, (http://plato.stanford.edu/entries/statphys-Boltzmann/)

Van Dyck, M. (2007) "Constructive Empiricism and the Argument from Underdetermination", in (Monton 2007), pp.11–31

van Fraassen, B. (1980) *The Scientific Image*, Oxford University Press

—— (1985) "Empiricism in the Philosophy of Science", in (Churchland & Hooker 1985), pp. 245–308

—— (1989) *Laws and Symmetry*, Oxford University Press

—— (1994) "Gideon Rosen on Constructive Empiricism", *Philosophical Studies* 74–2, pp.179–92

—— (2002) *The Empirical Stance*, Yale University Press

—— (2007) "From a View of Science to a New Empiricism", in (Monton 2007), pp.337–83

Winokur, S. & Radner, M. (eds.) (1970) *Analyses of Theories and Methods of Physics and Psychology*, Minnesota Studies in the Philosophy of Science, vol.IV, University of Minnesota Press

Winsberg, E. (2001) "Simulations, Models and Theories : Complex Physical Systems and their Representations", *Philosophy of Science* 68 (Proceedings), pp.S442–54.

—— (2003) "Simulated Experiments : Methodology for a Virtual World", *Philosophy of Science* 70, pp.105–25

Worrall, J. (1978a) "The Ways in Which the Methodology of Scientific Research Programmes Improves on Popper's Methodology", in (Radnitzky & Andersson 1978), pp.45–70

—— (1978b) "Research Programmes, Empirical Support, and the Duhem Problem : Replies to Criticism", in (Radnitzky & Andersson 1978), pp.321–38

—— (1989a) "Structural Realism : The Best of both Worlds?", *Dialectica* 43, pp.99–124

—— (1989b) "Fresnel, Poisson and the White Spot : The Role of Successful Predictions in the Acceptance of Scientific Theories", in (Gooding et al. 1989), pp.135–57

—— (1994) "How to Remain (Reasonably) Optimistic : Scientific Realism and the "Luminiferous Ether"", PSA : Proceedings of the Biennial Meeting of the Philosophy of Science Association 1994, pp.334–42

—— & Zahar, E. (2001) "Ramsification and Structural Realism", in (Zahar 2001), pp.236–51

Wright, H. (2006) *Introduction to Scientific Visualization*, Springer

Zahar, E.（1973）“Why Did Einstein’s Programme Supersede Lorentz’s?”, *The British Journal for the Philosophy of Science* 24, pp.93-123 & 223-62
——（2001）*Poincaré’s Philosophy : From Conventionalism to Phenomenology*, Open Court
Zwart, S. D.（2001）*Refined Verisimilitude*, Kluwer

翻訳文献

カルナップ，R.（1977）『カルナップ哲学論集』永井成男ほか訳，紀伊國屋書店
カルノー，S.（1973）『カルノー・熱機関の研究』廣重徹訳・解説，みすず書房
グッドマン，N.（1987）『事実・虚構・予言』雨宮民雄訳，勁草書房，原著：(Goodman 1955)
クワイン，W. V. O.（1992）『論理的観点から』飯田隆訳，勁草書房，原著：(Quine 1951)
クーン，T.（1971）『科学革命の構造』中山茂訳，みすず書房，原著：(Kuhn 1962)
コペルニクス（1993）『コペルニクス・天球回転論』高橋憲一訳・解説，みすず書房
チャーチランド，P. M.（1986）『心の可塑性と実在論』村上陽一郎ほか訳，紀伊國屋書店，原著：(Churchland 1979)
デュエム，P.（1991）『物理理論の目的と構造』小林道夫・熊谷陽一・我孫子信訳，勁草書房，原著：(Duhem 1906)
トゥールミン，S.（2011）『議論の技法――トゥールミンモデルの原点』戸田山和久・福澤一吉訳，東京図書，原著：(Toulmin 1958)
ハッキング，I.（1986）『表現と介入――ボルヘス的幻想と新ベーコン主義』渡辺博訳，産業図書，原著：(Hacking 1983)，ちくま学芸文庫から改訳版出版予定（2015 年）
――（2006）『何が社会的に構成されるのか』出口康夫・久米暁訳，岩波書店，原著：(Hacking 1999)
ヒューム，D.（1995）『人間本性論・第一巻・知性について』木曾好能訳，法政大学出版局，原著：(Hume 1739)
ファイヤアーベント，P.（1981）『方法への挑戦――科学的創造と知のアナーキズム』村上陽一郎・渡辺博訳，新曜社，原著：(Feyerabend 1975)
ファイン，A.（1992）『シェイキーゲーム――アインシュタインと量子の世界』町田茂訳，丸善，原著：(Fine 1986a)
ファン・フラーセン，B. C.（1986）『科学的世界像』丹治信春訳，紀伊國屋書店，原著：(van Fraassen 1980)
ブルア，D.（1985）『数学の社会学――知識と社会表象』佐々木力・古川安訳，培風館，原著：(Bloor 1976)
――（1988）『ウィトゲンシュタイン――知識の社会理論』戸田山和久訳，勁草書房，原著：(Bloor 1983)
ブローダ，E.（1957）『ボルツマン――人間・物理学者・哲学者』市井三郎・恒藤敏彦訳，みすず書房
ベアード，D.（2005）『物のかたちをした知識』松浦俊輔訳，青土社，原著：(Baird 2004)
ヘッセ，M.（1986）『科学・モデル・アナロジー』高田紀代志訳，培風館，原著：(Hesse

1966）
ペラン，J.（1978）『原子』玉虫文一訳，岩波文庫
ポアンカレ（1959）『科学と仮説』河野伊三郎訳，岩波文庫，原著：（Poincaré 1902）
ポパー，K.（1980）『推測と反駁——科学的知識の発展』藤本隆志・石垣壽郎・森博訳，法政大学出版局，原著：（Popper 1963）
マッハ，E.（1969）『マッハ力学——力学の批判的発展史』伏見譲訳，講談社
——（1971a）『感覚の分析』須藤吾之助・廣松渉訳，法政大学出版局
——（1971b）『認識の分析』廣松渉・加藤尚武編訳，法政大学出版局
ラウダン，L.（2009）『科学と価値——相対主義と実在論を論駁する』小草泰・戸田山和久訳，勁草書房，原著：（Laudan 1984）
ラカトシュ，I.（1986）『方法の擁護——科学的研究プログラムの方法論』村上陽一郎ほか訳，新曜社，原著：（Lakatos 1978）
ルイス，D.（2007）『反事実条件法』吉満昭宏訳，勁草書房，原著：（Lewis 1986）
レーニン，V.（1999）『唯物論と経験批判論・上・下』森宏一訳，新日本出版社

日本語による研究文献

青木滋之（2008）「実験哲学の認識論——フック，グランヴィル，ロック」『Nagoya Journal of Philosophy』7巻，pp.54-84
——（2013）「ロックの経験論のルーツ——実験哲学から経験主義へ」『イギリス哲学研究』36号，pp.29-42
伊勢田哲治（2004）『認識論を社会化する』名古屋大学出版会
——（2005）「科学的実在論はどこへ向かうのか」『Nagoya Journal of Philosophy』4巻，pp.35-50
井頭昌彦（2010）『多元論的自然主義の可能性』新曜社
今井道夫（2001）『思想史のなかのエルンスト・マッハ——科学と哲学のあいだ』東信堂
——（2007）「自然科学の哲学1——ドイツ語圏における展開」飯田隆編『哲学の歴史第11巻——論理・数学・言語』中央公論新社，pp.52-84
江沢洋（1976）『だれが原子をみたか』岩波書店
大西勇喜謙（2011）「認識論的観点からの実在論論争——信頼性主義を例に」『Nagoya Journal of Philosophy』10巻，pp.37-57
——（2012）「認識論的観点からの実在論論争」『科学哲学』44-1，pp.65-81
蟹池陽一（2007）「ウィーン学団とカルナップ」飯田隆編『哲学の歴史第11巻——論理・数学・言語』中央公論新社，pp.432-75
小林道夫（1993）『デカルトの自然哲学』岩波書店
——（1995）『デカルト哲学の大系——自然学・形而上学・道徳論』勁草書房
——（2007）「自然科学の哲学2——フランス語圏における展開」飯田隆編『哲学の歴史第11巻——論理・数学・言語』中央公論新社，pp.84-126
白井仁人・東克明・森田邦久・渡部鉄兵（2012）『量子という謎——量子力学の哲学入門』勁草書房

菅原裕輝（2014）「心理学は神経科学に還元されるか？」『科学哲学科学史研究』8 号，pp. 21–41
高林武彦（1999）『熱学史 第 2 版』海鳴社
田村均（1996a）「ジョン・ロックの自然科学の哲学」『哲学』47 巻，p.207–16
——（1996b）「経験的知識の成立——所与・効用・社会」森際康友編著『知識という環境』名古屋大学出版会，pp.147–71
——（1997）「哲学的認識論はいつから科学オンチになったのか？」『科学哲学』30，pp. 29–42
——（1999）「哲学者は科学を考えているか」岡田猛・田村均・戸田山和久・三輪和久編著『科学を考える』北大路書房，pp.338–65
戸田山和久（1999）「科学哲学のラディカルな自然化」『科学哲学』32–1，pp.29–43
——（2000）『論理学をつくる』名古屋大学出版会
——（2002）『知識の哲学』産業図書
——（2003）「哲学的自然主義の可能性」『思想』948 巻 4 号，pp.63–92
——（2005）「脳科学・コネクショニズム・還元と消去」『現代思想』33 巻 2 号，pp. 148–59
——（2007）「「知識を自然の中に置く」とはいかなることか——自然化された認識論の現在」野家啓一編『シリーズ　ヒトの科学第 6 巻　ヒトと人のあいだ』岩波書店，pp.143–74
——（2008）「エクスターナリズム」『岩波講座哲学 04　知識／情報の哲学』岩波書店，pp.180–223
——（2009）「心の科学におけるモデルと還元」『人工知能学会誌』24 巻 2 号，pp.260–7
——（2012）「集団心に形而上学的問題はない。あるのは方法論的問題だけだ」唐沢かおり・戸田山和久編『心と社会を科学する』東京大学出版会，第 6 章
中山康雄（2008）『科学哲学入門——知の形而上学』勁草書房
野内玲（2009）「存在的構造実在論の妥当性」『科学基礎論研究』37–1，pp.9–18
広重徹（1968）『物理学史 1』培風館
——（1973）「熱の科学と技術——熱力学の歴史的背景」（カルノー 1973），pp.1–36
廣松渉（1971a）「マッハの哲学——紹介と解説に代えて」（マッハ 1971a），pp.322–55
——（1971b）「マッハの哲学と相対性理論——ニュートン物理学に対する批判に即して」（マッハ 1971b），pp.136–73
本多修郎（1981）『現代物理学者の生と哲学——マッハからアインシュタイン』未来社
森田邦久（2004）「科学理論の意味論的概念による物理学的方法論の分析」『科学哲学』37–2，pp.119–31
山本義隆（2008–9）『熱学思想の史的展開』ちくま学芸文庫